神になりたかった男 徳田虎雄

医療革命の軌跡を追う

山岡淳一郎

平凡社

神になりたかった男 徳田虎雄◆目次

第五章　王国崩壊、生き残ったものは……

神になりたかった男　徳田虎雄

まえがき

徳田虎雄がつくった徳洲会は、巨大で不思議な病院グループである。

最初に徳田病院を開院してから、わずか数十年で日本一、世界屈指の病院グループに成長した。政界を震撼させた「徳洲会事件」も、何とか乗り切った。グループ内には多くの法人が併存し、一時の勢いは薄れたものの、いまなお増殖中だ。

グループ全体の年商は四二〇一億円、職員数三万八〇〇人、病院数が七一、クリニックや介護、福祉系施設の数は一四五。一日の平均入院患者数が一万七三〇〇人、同じく外来患者数は二万四〇〇〇人に上る（二〇一七年六月現在）。

かくも巨大な民間病院グループを、徳田はなぜ一代で築き上げることができたのか。徳田のカリスマがけん引したにしても、ひとりで実現できるものではない。医療変革の旗印のもと、徳田と一緒に奔走し、働いた医師や看護師、事務職員らがいる。

これまで徳洲会イコール徳田、徳田イコール徳洲会という見方が強く、実践者たちの動きはヴェールに包まれていた。だが、二〇一三～一四年にかけて徳洲会事件が世情を騒がせ、「政治と金」の疑惑や、多数の公職選挙法違反者が出た。徳田一族と徳洲会の関係は断たれ、徳田と病院グループを切り離して眺められるようになった。

ともすれば徳田は、医療の「善」と政治の裏舞台での「悪」という両極端の顔を併せ持つ異端者と見られてきた。筋萎縮性側索硬化症（ＡＬＳ）を発症し、全身不随で肉声を失ってからも、ギロリ、ギロリと眼で文字盤を追って意思を伝える。旺盛な生命力から「異形の病院王」ともいわれる。

しかし、善と悪、白か黒かの二分法で語れるほど人間は単純ではない。白から黒へのグラデーションにこそ、一代で巨大病院グループを築いた徳田の本質が隠れている。

そのグラデーションは、彼とともに医療革命へ走った徳洲会の現職、ＯＢ、あるいは袂《たもと》を分かった人たちにインタビューし、資料に当たらねば見えてこない。外向けの徳田像ではなく、側近や伴走者が体感した徳田像こそが、巨大病院グループが短期間に形成され、徳洲会事件で解体の危機に直面しながらも、規模を維持している謎を解く鍵になるだろう。

そう考えて、取材をスタートさせ、本書を著した。

思えば、徳洲会は「たった一人の反乱」から始まった。高度経済成長のまっただなか、大都市圏でも休日、夜間の救急患者を受け入れる病院は極めて少なく、「医療砂漠」と呼ばれる医療空白地帯が広がっていた。そこに単身、徳田は乗り込み、現状に反旗を翻し、年中無休、二四時間、誰でも診ると宣言して病院づくりにとりかかった。

年中無休の医療現場は、野戦病院さながらであった。「アメリカ帰り」の医師が先頭に立って担ぎ込まれる重症患者の治療に当たる。アメリカ帰りは、日本育ちの医師の二倍、三倍働いた。徳田は「日本じゅうに病院を建てる」とぶちあげ、猪突猛進する。旧態依然とした医療を変革し、無医地区を無くそうとする使命感の裏に〝打算〟があったのも事実だ。

徳田は周到に調べて進出先を選び、チェーン店舗を増やすように病院をつくった。経営の基軸は徹底的なコストダウンである。コロンブスの卵のような発想だった。

その手足となって動いたのが、「七人衆」と呼ばれる側近だ。土地の買収から、医師や看護師の人材確保、医薬品や医療機器の購入など、一般社会からは見えにくい業務に彼らは邁進する。徳洲会は一種の社会運動体と化した。全共闘世代の医師が加わり、右も左も巻き込みながら規模を拡大する。その前に立ちふさがったのが、医師会であった。

地元の開業医が中心の医師会は、徳洲会の進出に猛反発した。患者を奪われると怯え、スクラムを組む。行く先々で徳田は医師会員から罵声を浴びせられる。「さっさと故郷の徳之島に帰れ」とまで言われた。頼みの綱は「民意」だ。医療を渇望する住民たちが徳田の背中を押した。

徳田は、転んでもただでは起きない。医師会と衝突を重ねるうちに「政治力」の必要性を痛感する。政治力を持てば行政に圧力をかけられ、病院建設への抵抗を抑えられる。つまり政治力があれば病院を増やせる。衆議院選に徳田は立った。自民党の世襲政治家と血みどろの闘いを展開し、落選。また落選。三度目の挑戦に向けて、背水の陣を敷く。

政治は、魔物である。選挙運動に大金を投じている間に徳洲会の台所は火の車になっていた。ついに経営を銀行に牛耳られる。徳田は医療法人徳洲会の「理事長辞任」の念書まで書かされた。

徳田は、銀行管理が迫る難局をはたして突破できるのか。側近たちは御大を当選させるためにどんな手を打ち、いかにして裏金を捻り出すのか……。

徳田の当選に向けて幹部が一丸となって突き進む姿には、善悪を超えた活力が横溢している。「生命だけは平等だ」という理念で結束した医療集団の底力といえばいいのだろうか。徳田は、三度目の正直で国会の赤じゅうたんを踏んだ。

政界に躍り出た徳田は、自民党入りを画策するも、叶わず、無所属議員を集めて「自由連合」を立ち上げる。いずれ集団で自民党入りを、ともくろんでいたが、思惑は外れ、政界漂流が始まった。資金力のある徳田にはさまざまな政治家がすり寄ってくる。

徳洲会は、次から次に訪れる危機を、むしろエネルギーに変えて巨大化してゆく。その原動力は、目の前の患者を助けなくて何が医療だという根源的な自己規定であった。

だが、組織が膨張するにつれて、巨大な恐竜が環境への適応力を失うように徳田王国にも弱みが生じる。そのひとつが資金調達だ。グループ病院を増やし続けるには新たな資金調達先を見つけねばならず、徳田は「ワンワールド・バンカー」(国際金融勢力)と手を組む。

「強欲」の体現者たちは手ごわかった。徳洲会は、医療機関の自立性を奪われそうな、ぎりぎりのところで外資系銀行の「長い腕」を振り払う。

息つく間もなく、徳田がALSの告知を受け、王国に激震が走る。親族が経営に介入し、徳田の右腕の大番頭と火花を散らす。徳洲会事件が勃発した。事件後、徳洲会が解体を免れた背景には

「大きすぎて潰せない」というありふれた言葉では語れない、深い事情が横たわっている。

湘南鎌倉病院一五階の完全看護の特別室で、ALSが進行した徳田は、しだいに覚醒している時間が短くなっているという。夢と現《うつつ》の狭間でも病院をつくろうと命の炎を燃やしているのだろう。そのあくなき執念からは人間を超えた「神」への憧れが立ち昇ってくる。

徳田虎雄とは、いったい何者なのか。

「理事長」あるいは「徳田先生」と呼ばれた男は、本人のみならず、彼と真剣にかかわったひとり一人の内面に存在していた。固有名詞を超えた、いわば「共同幻想」として徳洲会を支配したのだ。理事長という呼称に込められた統合力が徳洲会を世界屈指の病院グループへ押し上げた、と私は思う。白衣の聖性と経営の俗性を溶け合わせるには「人殺し以外は何でもやる」裏の差配も求められた。その現実から目をそむけては巨大病院グループを語れない。形の違いはあれ、徳洲会的なものはわれわれの社会に散在している。徳田と側近たちの軌跡は、高度成長期以降の日本の自画像である。

では、徳田王国の栄枯盛衰の物語の扉を開こう。


（本文中、可読性を考慮し、敬称を省略させていただきました）

第一章　アメリカ帰り

医療砂漠

活力と刺激に満ちた大都市も、ひと皮めくれば、生と死のどちらに転ぶかわからない、紙一重の「生命」が折り重なっている。ときは高度経済成長のまっただなか、「医療砂漠」の四文字が、連日、紙面に躍っていた。

病院が集中し、医師が多いはずの都市部でも、休日、夜間は救急搬送の受け入れ先が見つからず、患者がたらい回しにされて命を落とす。病院に医師がいない盆暮れや真夜中に重い病気を発症したり、大けがを負ったりすれば「運が悪い」と見放された。

都会なのに医療不毛の地、砂漠と化していたのである。

そんな医療砂漠に挑みかかり、病院という木を植えようとする無謀な男がいた。

大阪湾に臨む泉佐野市、市立泉佐野病院（現りんくう総合医療センター）の医局は、大阪大学医学部附属病院から出張してくる外科医の噂話でもちきりだった。

「もうすぐ南の島の酋長の息子がくるで。子どもがぎょうさんおるんや」

若い医師が笑いながら言った。言葉のはしに何となく棘《とげ》がある。

「へぇ。きっとカトリックなんやわ。宗教的に中絶が許されないのよ」

きまじめな看護婦、久保悦子は真顔で返した。

「来たらわかる。南の島のな、ほんまに変わったやつやで」と言い残し、医師は外来診療に出た。

泉佐野は、泉州タオルの産地で知られる。大阪圏の衛星都市として急速に人口が増えていた。整備が遅れた道路に自動車が溢れ、「交通戦争」と呼ばれるほど事故が頻発し、救急車がひっきりなしに行き交う。市立病院は市民の命綱であった。

久保は、手術補助に病棟管理、外来の患者対応とすべてをこなした。頼まれたら嫌といえない性格で、決められたシフトどおりに働いているうちに三十路《みそじ》にさしかかった。伊予の八幡浜で暮らす両親の「早く、嫁いでおくれ」と懇願する声も間遠になりつつあった。公立病院は給料が安いけれど職員の身分は安定している。公務員なので休みも多い。久保はとりたてて不満もなく、淡々と働いていた。

新任の外科医は、麻酔科を専攻し、盲腸の手術もするらしい。開業を視野に整形外科の技量を身につけたくて泉佐野にくるのだという。

少し、手術が増えるかな、と久保は予感した。

一九七一（昭和四六）年夏、噂をしていた外科医が現れた。

中肉中背のがっしりした体軀に赤銅色の大きな顔が載っている。鉄カブトのような剛毛が頭を覆う。眼鏡越しに目をらんらんと光らせて、麻酔医は「徳田虎雄です」と名乗った。

異彩を放つ徳田は、たちまち病院の職員たちを混乱の渦に引きずり込んだ。

昼夜を問わず、救急搬送の患者を、すべて受け入れたのだ。

徳田の当直では、交通事故で意識不明の患者も、脳卒中で倒れた高齢者も、肺炎で高熱を発する子どもも、あらゆる救急患者を入院させた。ひと晩に二〇台以上の救急車が、遠くは和歌山、奈良県境から患者を運んでくる。徳田が当直すると聞きつけた救急隊員は、拒絶されないのを見越して先を争うように患者を送ってきた。

問題は受け入れ態勢である。泉佐野病院のベッド数は一〇〇床程度で、そのうち救急用は数床しかなかった。ふだん内科医が当直していれば「外科がいないので対応できない」と救急を断っていた。外科医の当直なら「内科がいないから」と拒む。どちらにしても断るのだが、救急ベッドの不足を理由に正当化された。

医師は、断り役を当直管理の看護婦や、直接電話を受ける守衛に押しつけていた。上に立つ医師は汚れ役を嫌った。

医療界には大学医学部の教授を頂点に、権威主義のピラミッドがそびえていた。看護婦は医師に服従すべし。看護婦の間では婦長が絶対的な権限を持っている。上がダメと言えば下は逆らえない。ましてや夜警のガードマンが救急を断って良心の呵責を感じたところで歯牙にもかけられず、公立病院が休日や夜間の急患を拒むのは当然とみなされていた。

ところが、徳田は、この方針に反旗を翻したのである。

「患者さんが苦しんでるのに、何で受け入れない。全部、受けるんや。このまま帰したら、何が起きるかわからん。朝まで状態を診て、他に移してもええんや」と言い張る。

徳田が当直すると病院はかき回された。久保は夜勤が徳田の当直に重なると、青ざめた。徳田の急患受け入れ指令に「救急ベッドは満杯です」と応じたら、「病棟のベッドが空いてるやないか」とはねつけられる。

確かに久保が受け持つ整形外科病棟にも患者が寝ていないベッドが二つ、三つあった。ただし、それらは「予約ベッド」と呼ばれ、数日後に入院する患者のために空けてあった。たいてい金持ちの患者が予約をしていた。入院も金次第ではあったが、それもルールだ。

「かまわん。予約なんか関係ない」

と、徳田は怒鳴った。

「先生、そんなことしたら、わたしたち殺されます」。久保は震えながら言った。病院の秩序を乱し、上に逆らえば「殺される」ほど厳しく叱られる。人事考課もマイナスだ。

「ベッドは、いま苦しんでいる人のためのものや」と徳田は押し切った。

整形外科病棟は若い骨折患者が多かった。患部を痛めていても体はピンピンしている。元気な(?)患者のなかに血まみれの重傷者や感染症の患者を入れるものだから、すぐにあちこちから不平不満が噴き出した。案の定「入院管理、不行き届き」と久保は上長に叱責される。久保は徳田と顔を合わせるのも嫌になった。まさか、数年後、徳田がつくる病院グループの看護部門の責任を担おうとは、ゆめゆめ考えもしなかった。

徳田は泉佐野に通いながら他に三つの病院の当直も掛け持ちした。週に四日の当直は、並大抵ではない。どの病院でも救急患者を受け入れるので、まわりは慌てふためく。現場の混乱も、しかし徳田の眼中にはなかった。

徳田は、一九三八（昭和一三）年、兵庫県高砂市で生まれ、二歳のときに両親の故郷、東シナ海と太平洋の境に浮かぶ奄美群島のひとつ、徳之島に移り住んだ。農業をたつきとする家は貧しく、爪を岩壁に立ててよじ登るようにして医者になった。三人の弟も医学部に進ませたい。妻と翌年には七人になる子らを養わねばならぬ。徳田一族の長として成り上がり、成功して故郷に錦を飾るには迷ってはいられない。早く、病院を建てて経営をしよう。信じた道をまっしぐらに突き進もう、と野心を燃やした。

「そもそも医療とは何か」と徳田は自問する。庶民の命と生活を守るものだ。医者の都合で救急患者を断るのはもってのほか。すべて受け入れよう。患者さえ集まれば病院は経営できる。医療が手薄な過疎地こそ、患者は多いはずだ、と見通した。

この直線的な発想と、人間離れした活力の源には「怒りと悲しみ」が逆巻いていた。

救急車のサイレンが鳴り響くたびに幼い弟が亡くなったときの光景が脳裏をよぎる。

それは虎雄が小学三年、奄美群島が米軍政府に統治されていたころの逸話である。

ある晩、わら葺《ぶき》の粗末な家のなかで、三歳の弟が激しい嘔吐と下痢をくり返していた。夜半、虎雄は母に起こされ、「医者を呼んできて」と頼まれた。医者のいる村まで山道とサトウキビ畑が二キロも続いている。夜道は怖かった。行かずに済ませられないかと弟を見にいくと、目玉を裏返して気を失っていた。恐怖は吹き飛び、虎雄は弾かれたように外へ飛び出た。

真っ暗闇の山道で石や木の根につまずいて何度も転んでは立ち上がり、走った。医者は馬に乗って往診するのが常だった。帰りはきっと優しい医者が馬の背の後ろに乗せて連れて帰ってくれるだろうと期待しながら駆けた。ようやく医家に着いて往診を頼んだところ、なぜか医者は腰を上げなかった。夜道を、虎雄はふたたび走って戻った。

弟の容態は悪化した。夜が明けて、虎雄は別の医者を呼びに行く。状態を聞かれ、「白目をむいている」と伝えた。昼を過ぎてようやく医者が来たが、すでに手遅れで弟は冷たくなっていた。たとえ助からない病気だったにしても、医者にも診てもらえずに死んだ弟が哀れで仕方なく、怒りと悲しみが込み上げる。

弟が死んだ夜、虎雄は夢を見た。弟が生き返ったのだ。慌てて起きて見にいくと、弟は青白い顔のまま寝かされていた。夢は夢でしかなかった。

徳田は自伝『生命《いのち》だけは平等だ。』（ＰＨＰエディターズ・グループ）に、弟の死についてこう記している。

「次の日、葬式が終わってから、私はまた弟の夢をみた。だれかと私が、弟の手を引っ張り合いしている。死の淵にいる弟を、なんとかこちらに引きもどそうと、私は一生懸命弟の手を引っ張っていた。すると、弟の手が体から抜けてきた。ああ、可哀そうだ、どうしても向こうに行くんだったら、手を元どおりにつけて行かせてやりたい。もう引っ張るのをやめよう、そう思ったところで、ハッと目がさめた。

取り返しのつかない弟の死を目の前にして、少年の私の心をゆさぶった強烈な印象は、いまもそのまま私の心の中に、鮮明に生きている」

都合のいい脚色が散見される自伝のなかで、この部分は事実であろう。専門家が夢分析をすれば興味深い深層心理が解き明かされるかもしれないが、弟の死という原体験が「怒りと悲しみ」のエネルギーをもたらし、「どんな患者でも診る」方向に徳田を突き動かした。

もっとも、市立泉佐野病院で徳田の原体験を知る者はいなかった。「南の島の酋長の息子」は、とんだ紊乱者《ぶんらん》だった。誰が何と言おうと急患を受け入れ続けた。

看護婦の夜勤表は、一か月前に組まれる。久保は、夜勤が徳田の当直と重なりそうになると、替えてほしいと婦長に申し出た。

「あんた、いつも文句を言わない子なのになんで。用事があるの？」と聞き返される。

「どうしても叔母の家に行かないといけないので」とその場をとりつくろう。

そうして、やれやれ、今晩は早目に帰れると組み替えた夜勤に入ると、そんな夜に限って、廊下の向こうから不気味な口笛が聞こえてくる。公開後、人気沸騰していた洋画「ゴッドファーザー」のテーマソングだ。この映画は、イタリアのシチリア島にルーツを持つニューヨーク・マフィアのボスと一族の盛衰を描き、アカデミー賞を受賞している。テーマソングは、歌手の尾崎紀世彦が日本語で歌って大ヒットしていた。

徳田は地中海に浮かぶシチリアに故郷の徳之島を、ボスのドン・コルレオーネに自らを投影し、意気揚々と口笛を吹いた。徳之島も、日本のマフィア、山口組系暴力団の人材供給源であった。「医者でなければ、ヤクザになっていた」と公言するほど徳田には激しい血が流れている。白衣のポケットに両手を突っ込み、「ひろい世界の片すみに……」と歌詞を思い浮かべて口笛を吹きながら、徳田は長い廊下を歩いてきた。

迎えた久保は、落胆のあまり、つい「今日、当直ですか」と訊ねた。

「ああ、当番の先生にな、結婚記念日だから代わってくれって頼まれたんや」

当直を厭《いと》わない徳田は同僚に重宝された。万事休すである。いつもの夜勤なら午前一時には上がれるけれど、今夜は入院に追われて管理記録をつけ終わるのが午前三時、四時になるだろう。明日は日勤だ。寮で寝られるのは一時間か、二時間かと久保は天を仰ぐ……。

と、間もなく、大音量のサイレンが近づいてきた。

雑念が瞬く間に吹き飛ばされる。

「ドクター、シーピーアール（心肺蘇生法）！」

「ドクター、シーピーアール！　救急外来！　救急外来！」

院内放送が甲高く叫んだ。徳田と久保は急患のもとへと駆けだした。


徳田のたった一人の反乱は、地元の住民には大歓迎された。「現代の赤ひげや」と崇《あが》められる。ただ、江戸の小石川養生所を舞台に貧しい病者に尽くした赤ひげ物語の主人公と異なり、徳田には「病院をたくさんつくる」という野望があった。いつでもどんな患者でも診る病院を全国に建てて医療を変革したいと本気で考えていた。

徳田の内面には、白衣に象徴される「患者のために」という聖性と、事業者の「拠点を増やす」俗性が混然一体となっていた。徳田は大阪大学の医学生時代に親族の美容院経営に肩入れし、一時は多くの店を持ってチェーン化のうまみを覚えた。人に騙《だま》されて美容院は手放したが、商売っ気は十分だ。いずれにしても、聖と俗、双頭の怪物として徳田は医療界に登場したのであった。

見方を変えれば、徳田の聖俗ないまぜの野心が新鮮に映るほど医療全体が病んでいたともいえる。たとえば救急医療の後進性は大阪圏だけでなく、全国に共通する難題だった。徳田が口笛を吹きながら廊下を歩いていたころ、国会は、東京消防庁が提出した交通事故死亡者の追跡データで大揺れに揺れていた。東京二三区で、一九六八年と六九年の二年間に交通事故で死亡した人の数は一五五二人。東京消防庁は、その死体検案書をつぶさに追って救急患者の実態を露《あらわ》にした。

死亡者一五五二人のうち約二二％の三四八人は現場から病院への搬送途上で亡くなっていた。病院で死んだ一二〇四人の収容先医療機関は、じつに三一六か所に及び、医師一人の診療所から総合病院まで「救急病院」の看板さえかかっていれば、本人や親族の意志とは関係なく、運び込まれていた。収容先の九割ちかくが中小病院だった。

一二〇四人の死亡者のなかで、最初の収容先から六時間以内に治療に適した病院に移されたのはわずか三七例にとどまる。しかもその半分は小病院から小病院への転院であり、開頭や開腹の手術ができる総合病院への搬送例はごく少数だった。

調査対象の二年間に救急車で搬送された交通救急患者は五万二〇〇〇人にのぼるが、大多数が民間の中小病院で治療されており、総合病院で扱われた数は、わずか五％である。とりわけ国公立病院への救急搬送は極めて少なかった。手術を受ければ助かる救急患者の多くが、その機会を与えられないまま死んでいる。

なぜ、交通救急患者はたらい回しの末に中小病院に運ばれてしまうのか。

開業医側は「転送しようにも公的病院が引き受けてくれないから」と主張し、公的病院側は「開業医が患者を手放さない」と反論した。国会で、東京消防庁の追跡データを突きつけられた厚生省（現厚生労働省）医務局長の松尾正雄は、こう答えている。

「病院間で患者を転送するバトンタッチシステムがほとんどできていない。交通事故患者は健康保険にくらべ割高の医療費が請求できる自由診療で扱えるので、病院が患者を手放したがらない」

（「アサヒグラフ」一九七二年六月二日号）

交通事故患者が中小病院に集中するのは、公的病院の受け入れ態勢のほかに治療費の多寡が影響していた。交通事故患者には公的な健康保険を適用せず、割高の自由診療枠で診る民間病院が多かった。患者を囲い込んで、金を儲けたい医者の本音が垣間見える。医療もきれいごとでは済まない。死生一髪、修羅の巷の営みであった。

「僕に生命保険を掛けるんや」

徳田は、診療の合間に白衣から背広に着替え、病院の建設用地を探した。医師免許の他に信用のない徳田の土地探しは難航する。大阪の市街地は地価が高くてとても手が出ない。

最終的に白羽の矢を立てたのは、松原市の近鉄河内天美《かわちあまみ》駅の周辺だった。線路沿いにキャベツ畑がひろがり、溜池が水をたたえていた。質素な木造モルタル二階建てアパートの「文化住宅」が点在する。長屋に比べれば便所や台所が各戸についている分、文化的なのだというが、風呂はない。日が暮れると、あたりにはパチンコ屋の広告塔だけが明々と光った。

身なりを気にしない徳田は、蓬髪《ほうはつ》にくたびれた背広をひっかけ、カカトがすり減った靴を履いて駅のまわりを歩き回った。小さな酒屋で女店主が店番をしていた。

「母さん、地の人かね」と徳田は大きな声で聞いた。

「そうやけど……」。女店主は徳田の頭のてっぺんから爪先まで視線を這わせた。

「この辺に土地はあるかね」。構わず徳田は訊ねる。

「ぎょうさんあります。土地のことなら周旋屋に行きや」

「周旋屋には行かない。僕がこの目で確かめる」

「けったいな人やなあ」と女店主はあきれ顔だったが、妙に波長が合った。徳田は、その後もたびたび酒屋に顔を出し、話し込んだ。ある日、「いい匂いがするなぁ」と徳田が店に入ってきた。女店主は「寿司巻いてんね。食べるか」と勧めた。徳田は巻き寿司を食べながら目の前のキャベツ畑をじっと食い入るように見た。

キャベツ畑と道一本隔てて長い塀が続いている。塀の向こうは近鉄の線路が何本も走り、電車の車庫が連なっていた。常識的には線路沿いの土地は、病院経営に最悪とされる。線路には人が住んでおらず、空白の診療圏である。おまけにだだっ広い車検場が横たわる。ここに病院を建てても患者の数はたかが知れている、とふつうなら考える。

だが、徳田に選択肢は残されていなかった。もちろんキャベツ畑は売地ではない。畑では、農家の人がせっせと青菜の出荷作業をしている。徳田は女店主に聞いた。

「あの土地の持ち主、知ってるか」

「よう知ってますがな。行ってみたらええ」と女店主は言い、徳田に地主の家を教えた。

「歩いて行けるかな」

「行けない距離ではないけど、そうや、これに乗って行ったらええよ」

と女店主は言い、倉庫にしまっていた自転車を出してきた。

線路沿いの土地という不利な条件でも、徳田には成算があった。松原市の人口に対する診療所数、病床の不足率や救急車の市外搬送率、たらい回しの実情などを丹念に調べてみると、大阪府下でワースト自治体のひとつだった。典型的な医療過疎地で、医療砂漠のまっただなかである。交通の便のいい河内天美駅の近くに病院を建て、いつでも誰でも診れば、必ず患者は集まってくると確信していた。

地主に会った徳田は、率直に問いかけた。

「ここらへんの地盤は柔らかいですか。堅いですか。ビルは建つでしょうか」

「あんた何するつもりや」。地主は怪訝《けげん》な表情で聞き返した。

「じつは病院をつくりたいんです」

地主は、しばらく黙考した後、

「そうか。ここは先祖伝来の土地で、売るつもりはなかったんやけど、ほんまに病院をつくるんやったら、考えてもええわ」と答えた。

土地の価格は二二〇〇万円、すぐに二〇〇万円の手付を打つ条件で話をつける。数日後、徳田は酒屋を訪ね、「あの土地、買うたでぇ」とこぶしを握りしめて女主人に報告した。

キャベツ畑の土地は一五〇坪、そこに五階建て七〇床の病院を建てるプランを、徳田は作成した。土地と建物に設備、医療機器すべて含んで総予算は約一億六〇〇〇万円。自己資金は微々たるものだ。当直のアルバイトを掛け持ちし、年末年始に働いても、給料は大家族の生活費と弟たちの学資に消えてしまうだろう。資金づくりの苦行が始まった。頼る先は銀行だ。

折しもアメリカのニクソン大統領が、金とドルの交換停止などの新経済政策を発表し、世界経済は動揺していた。ドル・ショックの到来である。ドル切り下げで円高は必至、輸出で潤ってきた日本経済は低成長への転換を迫られた。大企業は設備過剰に悩み、中小企業も投資をしぶる。金融機関は融資先を探し始めた。

好機到来とみた徳田は、妻の秀子に「ヒデ、ヒデ、明日から銀行を回ってくれ」と申し渡した。徳田より一歳下の秀子は徳之島高校を卒業した後、しばらく銀行に勤めた経験があった。徳田と所帯を持ってから近畿大学薬学部に入学し、薬剤師の資格も取った。妻と母とビジネス・パートナー、三つの役割を秀子は担っている。

夜、子どもたちを寝かしつけると、秀子と徳田は額を寄せ合ってノートの罫線に細かい数字を書き込み、事業計画書をこしらえる。

「どこから突っ込まれても答えられるように、ヒデ、しっかり頼むぞ」と徳田は促す。「パパ、任しといて」。緻密な計算が秀子は得意だった。七人目の子を宿していた秀子は、夜なべで作った計画書を携え、炎天下、乳飲み子を背負い、三人の幼子を乳母車に乗せて、銀行から銀行へと訪ね歩いた。顔から汗を滴らせ、子連れで銀行を回る女の姿は、どこか鬼気迫るものがあった。しかし、融資担当に面会を申し込み、計算書を開いて説明するが、相手はけんもほろろ。肩すかしの連続だった。

十数行目で「ご主人を連れてきなさい」と好感触を得て、秀子は疲れが吹き飛んだ。徳田は、秀子が開拓した銀行に足を運び、担保なしで一八〇〇万円を貸してほしい、と頼んだ。

通常、土地を担保に融資を受けるが、そうすると医療金融公庫から病院の建設資金が借りられなくなる。銀行に「土地の権利書と委任状を当分預ける」という条件で、一八〇〇万円をひき出した。このあたりの駆け引きのうまさは医者離れしている。

数日間、事業計画書を検討した銀行は、一八〇〇万円の融資を認めた。その金でキャベツ畑の土地を購入し、名義は徳田のものとなった。秀子と徳田は「神様はいるものだ」と手を取り合って喜んだ。

ところが、天にも昇る心地で、さぁ病院建設と勢い込んでいた矢先、徳田家の電話が鳴った。七一年師走三〇日のことである。秀子がおせちの昆布巻きをつくる手を止めて電話に出ると、融資元の銀行からだった。何？　こんな年の瀬に、ただごとではない。

「心苦しいのですが、先日ご融資した一八〇〇万円をご返済いただきたいので、ご主人に銀行まででおいでいただきたい」

「どういうことでしょう」秀子が聞き返しても、相手は「会って説明します」としか言わなかった。秀子は、その場にへなへなと座り込んだ。夜勤中の徳田に電話を入れる。慌てて銀行に駆けつけた徳田に担当者は、「いろいろ内部事情がありまして」と融資の返済を求めた。徳田は必死に頼み込んだが「内部事情」の一点張りだった。

おそらく無担保融資の危うさが内部で問題視され、銀行は豹変したのだろう。

また、ゼロからの振り出しに戻った。大晦日、秀子は徳之島から届いた大ぶりの豚骨を煮て、栗きんとんや黒豆をつくりながら、返済の方法ばかり考えた。夫は、例年どおり、医療が最も手薄な大晦日から正月三日間は当直のアルバイトに入っている。おそらく、ひっきりなしに救急患者が入っているだろう。返済の重圧で治療に専念できなかったらどうしよう、と気を揉《も》んだ。

夫婦は、もう一度、念には念を入れて資金計画書を作成する。正月明けの四日、当直を終えた徳田と秀子は、近鉄電車に乗り、沿線で一番銀行が多い藤井寺で降りた。秀子がリストアップした六件の銀行を回ったけれど、どこにも応じてもらえない。銀行が閉まる午後三時を過ぎて、さすがの徳田も「ヒデ、今日は帰ろう」と弱音を吐いた。

「もうひとつ、残ってるわ。もしかしたら、話を聞いてくれるかもしれない。電話してみます」

「でも、シャッターが下りてるぞ」

「なかにはちゃんと人がいて、仕事してますよ」。秀子は諦めず、公衆電話から第一勧業銀行（現みずほ銀行）藤井寺支店に電話を入れた。銀行の事情を知る秀子の機転であった。

「どうぞ、裏口からお入りください。お話をうかがいましょう」。真っ暗なトンネルの先にわずかな光がさした。運よく支店長と次長がそろって、徳田の話に耳を傾けてくれた。徳田が資金計画書を詳しく説明すると、相手は病院建設費用の一億五〇〇〇万円の出資相談にのる、と関心を示した。が、話はそう甘くはない。

「担保物件と保証人が必要です」と支店長は当然のように言った。

「ありません」と徳田が答えたら、そこで話は流れる。秀子は夫の顔を見た。

「少し、時間をください」と徳田は応じ、その場を辞した。街には、仕事始めの晴れ着姿の娘たちが行き交い、新年会でほろ酔い気分のビジネスマンが小柳ルミ子の「わたしの城下町」を口ずさんでいる。財産も保証人もなく、ただ黙って歩く徳田と秀子だけが、色彩のないモノクロームの繭に包まれているようだった。

不意に徳田が「ヒデ、いいこと思いついたぞ」と顔を明るくした。

「僕に生命保険を掛けるんや」。とんでもないことを言いだす人だ、と秀子は驚いた。

二人は、ふたたび第一勧銀藤井寺支店を訪ねた。支店長は「せめて奥さんが保証人になれませんか」と前回の話を続けた。徳田は、腹案をぶつけた。

「家内は他人です。蒸発するかもしれない。別れるかもしれない。他人に迷惑はかけられません。責任は自分でとります。生命保険を担保にしていただきたい。加入して一年経てば、自殺でも保険金が下りる。事故死で一億七七〇〇万円が払われる生命保険に入って、受取人を貴行にします。委任状をつけて保険証書を預けます」

支店長は黙って徳田を見つめた。

「着工して病院を開くまで一年ぐらいかかります。もしも返済できないとなれば、病院の屋上から頭を下にして飛び降ります」と徳田は言い切った。高校時代に「生か死か」とノートに書き、手が届かないといわれた阪大医学部を目ざしてがむしゃらに勉強していたころと同じ、命がけだった。

支店長は、ついに首をタテに振った。第一勧銀は一八〇〇万円の土地代の肩代わりと病院建設費用一億六五〇〇万円の融資許可を下ろす。第一勧銀が徳洲会のメインバンクとなる端緒が、ここに開かれたのだった。

白衣から背広に着替えた徳田は、情熱と強引さを兼ね備えた事業家に変身した。思考は、徹頭徹尾、具体的で、即物的だった。人間の欲望のツボを押さえてもいた。相手が、金か、名誉か、色か、はたまた理想の追求を欲しているのか、瞬時に見抜いてそこをくすぐる。ある種、天才的な勘を持ち合わせていた。

第一勧銀の融資決定からちょうど一年が経った七三年一月五日、河内天美の線路沿いの畑のなかに「徳田病院」がオープンした。ベッド数七〇の診療所に毛が生えたような病院が産声を上げる。この小さな種子が、一代で七一病院、二万六〇〇〇床、約三万人の職員を擁する日本最大、世界屈指の病院グループ「徳洲会」という巨樹に成長しようと、誰が想像しただろう。徳田と秀子すら借金の重圧におし潰されそうで夢にも想っていなかった。

徳田病院はささやかだけれど、地元の人に愛される病院だった。そこから始まった徳洲会が、どのようにして巨大病院チェーンに成長し、政治と深くかかわっていくのか。なぜ資金の闇が広がるのか。徳田の難病発症を機にファミリーが経営に介入する裏で、どんな動きがあって、組織解体の危機に瀕したのか……。

栄枯盛衰のドラマは、徳田という強烈な個性を持つ創業者の一人芝居ではなかった。良くも悪くも徳田の放つ光が強すぎて、徳洲会という医療集団の実体はかすみがちだった。しかし、徳洲会を時代背景とともに複眼的に眺めれば、興亡の物語は徳田の磁力に引きつけられて集まった医師や看護師、事務方の職員たちの群像劇としてくり広げられたことが鮮明になる。群像劇の登場人物たちは、ときに影法師のように徳田につき従い、またあるときは徳田と激しく衝突して訣別した。激しい軋轢《あつれき》をエネルギーに変えて徳洲会は膨らんでいく。徳洲会は徳田個人の創造物ではなく、ひとつの社会運動体であった。

そこが、小さな野草のような病院が巨樹へと育つ縁起である。

もうしばらく「原点」にこだわってみよう。

二八時間勤務

開院初日、市立泉佐野病院で勤務を終えた久保は、二年先輩の看護婦と一緒にお祝いの花束を持って徳田病院を訪れた。日はとっぷりと暮れていたが、院内はまぶしいほど電灯が輝き、患者でごった返していた。待合室に入りきれない患者が、狭い廊下にあふれている。その数は、五〇人以上だった。

「うわぁ、これはいかんわ」と久保はうめき、反射的に「すいません。予防衣ふたつ、貸してください」と事務室に向かって叫んだ。割烹着に似た予防衣を久保と先輩は身に着け、患者の整理にとりかかる。来院者の受付をして、病歴を記録し、診療を受けさせて会計、薬を渡して帰す。文字にすれば簡単なようだが、開院に合わせて急募した看護婦、職員の寄せ集めチームは右往左往するばかりだった。久保と先輩のふたりが一時間ほど患者をさばいて、ようやく落ち着いた。

徳田は久保に哀願するように言った。

「これでは手術もできない。手伝ってくれんか」

「手伝ってもいいですけど、市立病院の婦長さん、看護部長さんたちに話を通してください。勝手にお手伝いするわけにはいきません」

「わかった」と徳田はうなずき、すぐに久保の上司に連絡をした。それから、久保は市立病院の非番の日や、シフトに余裕のあるときに徳田病院に顔を出すようになった。あくまでも手助けにすぎなかったのだが、ひと月ばかりで抜き差しならない状態に陥った。大阪大学医学部出身の医師と看護婦、事務職員の何人かが示し合わせて「こんなのやってられへん」と辞めてしまったのだ。

いつでも誰でも診るという徳田の方針に従わず、集団脱走したのである。

事務職の一人は医薬品を納める製薬会社からバックマージンを取っていた。事情を知った徳田は激怒し、即座にクビにした。徳田はスタッフが裏で何か画策しているのではないか、と耳をそばだてる。徳田は猜疑心の強さも並外れていた。

医学生時代、親戚が営む美容院の拡大をサポートし、店舗を増やしたのはいいが、間に入った人物に騙されてすっからかんになった。素朴な医学生だった徳田は生き馬の目を抜くような手口にしてやられ、それ以来疑り深くなった。

反発するスタッフは、給料が安い、過重労働だ、と不満をぶちまける。

「医療への熱意や使命感がないやつは去れ」と徳田は平然と見送ったものの、すでに大勢の患者が入院していた。外来患者も、救急搬送もひっきりなしにやってくる。

当直のアルバイトをした病院の関係者に徳田は「ＳＯＳ」を送った。久保にも「正式に勤めてほしい」と申し込んだ。市立泉佐野病院の同僚は「大変な目にあうから、行かんほうがええよ」と引き留めたが、久保は「でもねぇ。困っておられるし、患者さんが大勢いるんやから」と振り切った。情にほだされた、と言えばそれまでだが、人と人の縁とはわからないものだ。

七三年三月末で久保は市立病院を退職し、徳田病院に移った。引っ越しの荷をほどく間もなく、激務が襲いかかる。何と「二八時間勤務」で病院は動いていた。

朝七時から日勤が始まり、入院患者の回診に付き添う。食堂で朝食をかきこんで午前中は外来診療、午後は手術が待っている。手術に使うメスや鉗子《かんし》はこまめにオートクレーブで高圧蒸気滅菌しなくてはならない。診療の合間を縫って薬の在庫を調べ、入院患者の看護をする。午後五時から八時の夜間外来に仕事帰りの患者がつめかける。深夜、明け方もおかまいなく救急車は入ってくる。仮眠はとれるけれど寝られたためしはなく、翌朝の回診、外来までこなし、解放されるのは昼前だった。血尿が出るくらい忙しかった。

院長の徳田はというと、病院の五階の院長室に寝泊りして二八時間勤務の先頭に立っていた。ときどき、「体力が落ちたら困る」とコンクリートブロックを両手に持って一階から五階まで階段を昇ったり、降りたりしている。

徳田は、近くの文化住宅を二戸合わせた家に家族を住まわせ、自分は病院から一歩も出なかった。三度の食事も院内でとり、診療に没頭する。狭い病院にこもっているために拘禁反応が出そうになった。抑うつ状態で気が滅入って仕方ない。危ないと感じた徳田は運動不足の解消と称してブロックを両手に持って階段を昇降した。

何しろ、経営が軌道に乗らなければ、「屋上から頭を下に飛び降りて」借金を返さなければならないのだから、徳田も死にもの狂いである。週末の夜、たまに子どもたちを病院に呼んで四階の食堂で夕食をとった。つつましい一家団欒であった。

徳田の窮状を聞きつけて、旧知の病院から看護婦が一人、二人と転入してきた。内科は非常勤の女医が二人、脳外科や整形外科の手術は阪大で徳田と同期だった医師や先輩がカバーしてくれた。「見るに見かねて」「やむにやまれず」手を差し伸べたスタッフが集まり、徳田病院は苦境を脱した。

二八時間勤務を承知で、徳田と手を携えた医師や看護婦がいたことは、たまたまそうだったのではなく、医療の本質に根ざしている。軽く見てはいけないだろう。いつでも誰でも診る徳田の実践は、関心のない者の反感を買う一方で、共感者を強く惹きつけた。医療者の本能を刺激したのだ。

この事実は、美談のレベルで納得するのではなく、人間の存在にかかわる「ケア（他人の世話）」と結びつけて考えたほうがいいのではないか。二〇世紀の哲学者で重要な業績を残したマルティン・ハイデガーは、大著『存在と時間』で、人間はケアのなかで生まれ、ケアとともに生き、ケアのなかに死んでいく存在だと説いた。そして、ケアの根本にある「気遣い」について、こう述べている（カッコ内筆者注）。

「気遣いは、根源的な構造全体性として、現存在（自己の存在に関心をもち、それを了解する唯一の存在者、すなわち人間）のあらゆる現事実的な『態度』や『状態』に実存論的に、またア・プリオリ（超越的）に『先立って』いる、言いかえれば、あらゆるそれらのうちにつねにひそんでいる。だから気遣いということの現象は、理論的態度に対する『実践的』態度の優位というものを言いあらわすのでは断じてない」（『存在と時間Ⅱ』中公クラシックス）

気遣いはあらゆる態度や状態の奥に前もって含まれており、何かをしようとして発揮されるものではない、とハイデガーは言い切る。つまり、人間は自分の存在の根源を、気遣いのなかに宿しているのだ、と。その例証としてハイデガーは、ギリシャ神話の女神クーラの寓話を引く。大意は、次のようなものだ。

昔、クーラ（気遣いの神）が川を渡っていたとき、白亜を含んだ粘土を見つけた。クーラは思いにふけりつつ、粘土を取って形をつくり始めた。すでにつくりあげたものに思いをめぐらせていると、ユピテル（収穫の神）がやってきた。クーラはユピテルに、粘土でつくったそれに精神を授けてくれるよう頼んだ。ユピテルは喜んで願いをかなえてやった。

そこで、クーラがその像に自分の名前をつけようとすると、ユピテルはさえぎって、自分の名前こそふさわしいと言った。二人が言い争っていると、テルス（大地の神）が身を起こし、自分の体の一部を像に提供したのだから、自分の名前がそれに与えられるべきだと求めた。三人はサトゥルヌス（時間の神）に裁きを仰ぎ、こんな判決が下る。

「ユピテルよ、おまえは精神を与えたのだから、この像が死ぬとき、精神を受け取りなさい。テルスよ、おまえは体を与えたのだから体を受け取りなさい。

さて、クーラよ、おまえは最初にこれをつくったのだから、このものが生きている間は、これを所有しなさい。ところで、このものの名前について、おまえたちは争っているが、このものは明らかに土（humus）からつくられたのだから、人間（homo）と呼ばれるべきだろう」

寓話は哺乳類霊長目ヒト科ヒト属の学名「ホモ」の由来も示し、粘土から形をつくった気遣いこそが生きている人間の根源だと「時間の神」に語らせている。ハイデガーは、世界内で人間が存在している限り、気遣いという根源によって引きとどめられ、「支配しぬかれるということ、このことにほかならない」と論じた。

気遣いはケア、医療へと連なる。いつでも誰でも診る献身的な医療は、気遣いの結晶であり、強い磁力を秘めている。これは医療者の存在の奥深くへ「おまえはいったい何をしているのか」と詰問の矢を放つ。見るに見かねて徳田病院にきた医師や看護婦たちは女神クーラに呼び寄せられたのである。と、同時に「支配しぬかれる」というハイデガーの指摘は、徳田と、そのまわりに集まった人たちの将来を暗示してもいる。

まるで野戦病院

いつでも誰でも診る医療が人を惹きつけることを徳田は体験的に知った。まる一年、病院に泊まり込んで経営を安定させた徳田は、次の病院建設にとりかかる。事務職員に松原市と同じく、医療過疎地である大東《だいとう》市に新病院建設の話を持ち込ませた。

大東市側は、すぐに反応した。市議会議員が来訪し、「救急医療の遅れに困惑しており、市有地を払い下げるから、総合病院をつくってほしい」と申し込んできた。土地の払い下げは、しかし簡単ではなく、市が購入した用地を「競争入札」で、しかも割高で購入しなくてはならなかった。徳田は生命保険の掛け金を八億円に引き上げて二〇〇床の病院建設に踏みきる。

その傍ら、「徳之島出身のおれが、なぜ大阪に病院をつくるのか」と自問した。徳田は「なぜ大阪に」と悩んだ。故郷徳之島への底知れぬ愛着と、その反動の「後ろめたさ」が徳田を「考える人」に変えた。

徳之島を含む奄美群島は、古くは琉球王朝、近世に薩摩藩、明治維新後は鹿児島県、そして戦後はアメリカの支配下に置かれ、入れ代わり立ち代わり、圧政にさらされた。

かつて徳之島の農民が汗水たらしてつくったサトウキビは、薩摩藩にすべて召し上げられ、農家の幼子が一本かじっただけで一家は棒叩きの刑を受けた。サトウキビを密売した者は死刑に処せられた。その後も本土には奄美への差別意識が残り、米軍が徳之島を統治下に置いたのも、沖縄の基地建設の労働力を確保するためだったともいわれる。

徳田が小学生のころ、島では奄美群島祖国復帰運動が燃え盛っていた。徳之島の人びとは歴史的屈辱と差別への怒りを胸に、マハトマ・ガンジーの非暴力運動にならって、集落単位でハンガーストライキを行った。小中学生までが血判を押した。

そうした島ぐるみの闘いの末、一九五三年一二月、奄美群島は日本に返還されたのである。翌年、徳之島高校二年の虎雄は、パスポートがなくても行けるようになった本土に渡り、阪大病院で蓄膿症の手術を受けた。憧れの医師に接した虎雄は、「阪大医学部に入るため」と親を説得し、高校二年を終えると姉のいた大阪に向かう。学力が劣る虎雄は、府立今宮高校の二年に編入する。父は、虎雄が出立するとき、こう言い渡した。

「成功するまでは生きて帰るな。死ぬんだったら、鉄道線路もあるし、海もある」

徳之島には「家梁水粥《やんきちしきばん》」という言葉がある。米をひいた粉の粥があまりに薄くて家の梁が映るほどの貧しさに耐えても、親は子どもに仕送りをして教育を受けさせるという意味だ。徳田家は貧しく、家梁水粥の見本のようだった。父は、長男に命がけの覚悟を求めた。

けれども、人より文字を読むのが遅い虎雄は成績が伸びず、教師に阪大は諦めろと告げられる。退路を断たれた心境を、徳田は、こう語っている。

「徳之島には帰れないわけですよ。島の人達に『阪大医学部に入る』と公言して出てきたわけだから、嘘をつくことになる。徳之島の人は島国だから気が小さい。それを僕は、徳之島根性というんだけど、『お前は嘘をついた』と言われたら、もう死んだと同じ感じになる」（「現代」一九七九年四月号）

徳田は猛烈な受験勉強を続けた。二年浪人し、高校時代の重複を含めると三年遅れて、阪大医学部に入り、麻酔科を専攻する外科医となった。徳之島という重い十字架を徳田は背負っている。徳之島のために生きなくてはならない。なのに、どうして大阪で次々と病院をつくるのか、と問わずにはいられなかった。

「徳之島で小学校、中学校、高校と徳之島の税金で出してもらい、徳之島のイモと米を食べて、島に残してきたものは糞だけしかないわけですよ。それに目をつぶって大阪に病院を建てるのは、おまえの心の中には病院を造って、いい生活をしたいという気持ちがあるのではないか。そのようにつめて考えると、非常に後ろめたい」（同前）と告白している。さりとて徳之島に病院をつくろうにも、離島には医師が来たがらない。そこで、こんな「屁理屈」をひねり出した。

「僕が今帰って開業しても外科しかできない。島には開業医もいるし、本当に徳之島に貢献できるのは総合病院を建てる以外にない。そのためには僕は阪大出身だから、阪大の医師たちに協力してもらって、大阪に五つも六つも病院を建てる。そうして医者をプールして、大阪で三年勤めたら、半年か一年徳之島へ派遣するという方式をとれば、総合病院を徳之島に造ることも可能なんじゃないか。そのために今、大阪に病院を建てているんだ、と屁理屈をつけたわけです」（同前）

それでも「後ろめたさ」は拭えない。自分が建てる病院はほかの多くの病院と何が違うのか、とふたたび問う。いつでも誰でも診る、理想の病院とはどのような病院なのか……。この問いかけから、ふたつの理念を導いた。

「生命を安心して預けられる病院」

「健康と生活を守る病院」

口に出せば、当たり前で拍子抜けしそうなフレーズだが、それを言い続けるところに徳田の強さがある。抽象的な言葉ではなく、「わかりやすさ」を優先した。

こうして七五年一月、医療法人徳洲会が船出した。徳洲とは徳之島の別称である。徳洲会とは、徳之島会の謂《いい》だ。実際に徳之島出身者の親睦団体が徳洲会と名乗っていた。徳田の徳洲会は徳之島という「核心」を内包していた。徳田が「屁理屈」と謙遜した離島への医師派遣策は、徳洲会を成長させるミッションへと昇華していく。まずは病院を増やさねばならない。

その第一歩、「野崎病院（現野崎徳洲会病院）」が、一〇月、大東市にオープンした。

「おい、まだか！　いつまで待たすんや」

苛立《いらだ》った患者が受付に向かって怒声を張り上げる。

「あんた、何を怒ってる。今日は日曜やで。ほかの病院が休んでるから混雑するんや。ここは休日でも開けてくれてる。文句を言いたかったら、よその病院に行って怒ってこい」

隣の患者が説教口調で戒めた。その横を、血まみれの男性がストレッチャーに乗せられて運ばれていく。続いて腹に包丁を突き刺したままの女性が搬送されてくる。こちらも血だらけだ。夫婦げんかが度を越して夫は妻に心臓を一突きされ、即死状態。手遅れだった。妻は自殺を試みて腹に包丁を突き立てている。

「抜くな、抜いたら危ない」。阪大病院の特殊救急部から野崎病院に招かれた外科医が言った。久保は緊張して手術の準備にとりかかる。輸血をするための血液型を適合判定しなくてはならない。ペーパーの上で患者の血清と輸血用血液の血球を手早く、混ぜ合わせる。久保が短く告げた。

「B型、凝集ありません」

「オーケー」。執刀医がうなずく。患者は着衣をとられ、全身を消毒される。酸素吸入をし、点滴で麻酔が打たれる。徳田が麻酔の調整をしている。包丁は、肝臓から腎臓、十二指腸をかすめて後腹膜まで届いていた。難手術が始まった。

「ペアン（手術用鉗子）を」

「はい」と久保は手早く、執刀医に渡す。

「ハサミ」「はい」。「額、汗。もっとガーゼを」「はい」。「メス」「はい」……。

手術中も急患が運び込まれ、徳田が血のついた手袋を外してようすを見にいく。容態が切迫していないのを確かめると「しばらく待ってもらって」と言い置き、手術室に戻った。

包丁を腹に刺した女性の手術は何とか成功し、一命をとりとめた。

野崎病院は、野戦病院さながらだった。救急患者の多さ、症状の重さ、どちらも徳田病院とはくらべものにならない。久保は、手術補助ナースとして子宮外妊娠や、胃穿孔、交通事故で腕を切断された人に腕をつける凄絶な手術にも立ち会った。八時間かけて腕が接合されたときは、感動が込み上げた。

久保は徳洲会という「止まらない特急列車」に乗ったようだった。

七五年の暮れから正月にかけて、野崎病院はインフルエンザ患者が集中して極限に達した。まわりの病院が休んでいるものだから、救急車が途切れることなく入ってくる。しかも車扉を開けると高熱で顔を火照らせた患者が一人、二人、三人、四人……ぞろぞろと降りてきた。救急車の手配が間に合わないので、搬送途中に乗り合いタクシーのように次々と患者を拾って連れてくる。

一日に四〇〇人ものインフルエンザ患者が押し寄せ、病院はパンクしかけた。待合室は、椅子に座れず、立って待つ患者で立錐の余地もない。診察室が足りなくなって、徳田は廊下に机を出して患者を診る始末だ。医師だけでなく、看護婦や放射線技師、薬剤師らのパラメディック、事務職員も泊まり込んでインフルエンザの嵐に立ち向かった。

何日もろくに寝ていない徳田は、硬い診察台で仮眠をとっていて何度も転がり落ちた。そのつど、ここはどこ？　と泡を食う。あ、病院やった、と気づいて、また診察台によじのぼる。寝ついたとたん、「急患です！」と叩き起こされる。

久保が手術室の片づけや消毒、術後の管理でへとへとに疲れていた日のことだった。非番のナースが子どもを背負い、親子汗だくで後片づけをしてくれていた。久保は、扉の陰で思わず、手を合わせた。

「名もなく貧しく美しく」という言葉が久保は大好きだった。もとは戦後の困難な時代の実話に基づく映画のタイトルである。映画は、幼いころに病気で聴覚を失った女性が、逆境にも挫けず、同じ聾唖者の夫と生きる姿を描く。絶望と希望の間で揺れながら、「貧しくとも幸せだ」と夫婦は手話で語り合う。そのけなげさに久保は心を打たれ、人生の指針にした。庶民は弱そうで強く、強そうで弱い。患者の泣き笑いに寄り添いたいと久保は願った。

付け届けは受けない

徳洲会の発足は、庶民の側からの医療変革のスタートを告げる号砲だった。

徳田は、理念の実行方法として「年中無休・二四時間オープン」「患者さまからの贈り物は一切受け取らない」「健康保険の三割負担金も困っている人には猶予する」「生活資金の立替・供与をする」と掲げた。一年三六五日、一日も休まず、二四時間診療し、患者からはミカン一個も受け取らない、と宣言した。生活困窮者の自己負担は猶予し、生活資金まで出すという。医療界の常識を覆す、画期的な声明だった。

徳田は、わかりやすいマニフェストで庶民の心をわしづかみにした。

患者からの贈り物を拒む理由を、徳田はこう語った。

「徳田病院時代、僕たちも最初はもらっていたんですよ。人間誰でももらいたいですからね。しかし、ちょっと気持ちが悪いわけですよ。そこで、こんどは共犯者を作るわけですよ。それで、夏と冬に洋酒とかなんとか、職員にくじ引きで渡したわけです。（略）やっぱり、チラッとひっかかる。やっぱり、患者の負担を考えると大変ですからねえ。

例えば八人部屋で、ある人だけ見舞客が多いと、見舞いの品を看護婦さんに渡すでしょう。そういうことが、五回、六回と続くと、同室の患者も、看護婦さんに何か渡さざるを得ないような心理状態に追い込まれていく。そういうことは、やっぱりいけないことですよ」（「現代」一九七九年四

月号）

患者からの付け届けは病院内の和を乱す、とも言う。

「患者さんは、医者には例えば五万円の謝礼を贈る。看護婦さんには一病棟に二十人ぐらいいますから、一人一人にパンティストッキングを一足ずつ贈る。事務や受けつけの人に贈り物をする患者はまずいないでしょう。すると、医者五万円、看護婦パンティストッキング、事務員ゼロと……病院内のチームワークは乱れるわけです」（同前）

即物的に付け届けの弊害を説くところが徳田らしい。こうした理由から徳田病院では贈り物をいっさい受け取らない実験をやってみた。

「人間意志が弱いから、持ってこられれば受け取りたくなりますよ。だから、近所の酒屋さんや果物屋さんを歩いて回って『うちの病院は絶対に受けとらんから』と言ったんです。

おばあちゃんが養老年金をもらって、院長にビールでも送ってほしいと来るそうだけど、酒屋が『このごろ院長は偏屈になってしもうて絶対に何ももらわん、と言いだした』というと『そうですか、いい先生ですね』といって帰るそうです。そんな話を聞けば聞くほど、こちらは単細胞だから、嬉しくなって、必死に守るわけです」（同前）

当初、奄美群島出身の患者に対しては三割自己負担を「免除」していた。徳之島からくる患者も、関西在住の奄美出身者も等しく、自己負担をゼロした。それではしかし、依怙贔屓《えこひいき》になってしまう。奄美出身者以外の患者でも困っている人からは自己負担金を取るべきではないだろう。「免除」にすると医療保険の秩序から逸脱する怖れがある。税法上も問題が生じる。そこで免除ではなく「猶予」に変えた。

生活費の立替・供与を行うようになったのは、徳洲会がスタートして間もなく、愛媛県宇和島市で起きた一家心中がきっかけだった。徳田は述懐する。

「心中したのは、宇和島市のある病院のボイラーマン一家だったと記憶しています。理由は、子どもさんが心臓の手術をして、お金を使い果たしたんですね。そして、悪いことは重なるもので、下のお子さんが関節の手術でまた入院したっていうんです。で、無事退院したんだけど、サラリーマン金融にお金を借りたかして、生活資金に困って、列車に飛び込んだっていうんですよ。せっかく、心臓の手術をし、関節も治って、健康なお父さんとお母さんと心中するなんて、こんな馬鹿なことはありませんよ。

そこで考えたわけですよ。僕たちが一生懸命医療をしても、自殺すれば元も子もないわけです。僕は、そのとき以来、生活資金の立て替え、供与をすることにしたんです。無利子、返済期限なし、貸付けではなくて、立て替えるんだということです。供与は、文字通り供与で返す必要はない」

（同前）

徳洲会の庶民目線の医療変革運動は、南方海上に発生した熱帯低気圧のようだった。次第に渦を巻き、かかわる人びとのエネルギーを取り込んで台風に成長してゆく。徳洲会の活動は社会運動と一体化していた。

ただし、組織を成長させるには、機動力を備えた運営部門が必要だった。徳田は、早くから「医療と運営の分離」を志向した。病院長の医師が診療に目を光らせながら、医薬品や医療機器の購入、経理、人事の管理、土地の入手まで掌握するのは難しい。個人病院ならともかく、全国展開のチェーン病院には中央集権的な運営部門が不可欠だ。病院の医療は院長に任せ、自分の手足となって動く運営部門を編成しようと徳田は考える。そのためには一に人、二に人、三に人。人材をかき集めなければならなかった。

徳洲会の七人衆

天王寺駅の裏通りは、狭い路地が入り組み、方向感覚を狂わせる。製薬会社の研究部門を辞めたばかりの田中良子は、面接先の小さな病院になかなかたどり着けなかった。田中は、薬科大学を卒業して四年間、製薬会社で微生物の研究に明け暮れた。試験管を振ってばかりの生活に倦《う》み、人と接する薬剤師の仕事に就きたくなった。病院の薬剤師募集を知って応募し、面接に足を運んできたのだが、肝心の病院が見つからない。

「すみません」とタバコ屋のガラス窓を開けて田中が道を尋ねていると、ちょんちょんと誰かに肩をつつかれた。ふり返ると初老の婦人が立っていた。

「病院を探しているんですね」

「はい。そうですけど」

「ところでご職業は?」

「薬剤師です」

「じつは、野崎に、徳洲会っていう医療法人が病院を開院したばかりなんやけど、薬剤師が全然いないのよ。働いてみませんか。理事長は三七、八歳で若いけど、全国にたくさん病院つくりたいって言うてね、がんばってるんやわ。どう、薬剤師で働きませんか」

二六歳の田中は面食らった。いきなり路上で高齢の女性にナンパもどきの就職勧誘をされて「気色、悪う」と身構えた。返事に詰まっていると、

「ご連絡先、教えてくれませんか。連絡しますから」と相手はずけずけと言う。

「……もし、アレだったらこっちから電話しますから、そちらの連絡先を」と田中は切り返す。

半信半疑だった。婦人と別れ、小さな病院を見つけて面接を受けたが、条件が折り合わず、就職を見送った。翌々日、新聞に野崎病院の求人広告が載っていた。募集職種に薬剤師はなかったのだが、ああここだったのか、と田中は思い、電話をかけてみた。

「薬剤師さんですか、ぜひ、一回、来てください」と担当者は言った。田中の電話を受けたのは、前年、建売住宅の不動産会社から徳洲会に転職した服部拓だった。服部は、看護婦寮に使う住宅二棟を売りこんだのが縁で、徳田に「きみ、そんなしょうもない仕事せず、うちにこんか」と誘われて徳田病院に入った。

徳田の出入り業者との商談は異様だった。夜八時に夜間診療を終えると、徳田は製薬会社や医療機器メーカーの代理店、不動産会社などの営業員を一堂に集め、床に車座にすわって、買って来たギョウザや焼きそば、シューマイなどを取り分けて食べながら大望を語って聞かせた。奄美スタイルの会食で徳田は、医療に恵まれない地域にどんどん病院をつくり、日本を変える、全国に病院を建てたら、東南アジアの貧しい国々に病院をつくり、アメリカ、ヨーロッパに進出する、と吹きまくった。

内心、「大風呂敷を広げて、ほんまかいな」と聞き流す営業マンもいれば、服部のように身を乗り出す者もいた。一方的に徳田が喋るばかりで、交渉にならない。

それを承知で徳田は夢を語るのだった。交渉の時間を与えず、言い値で押し切る腹だったのだろう。服部も住宅の売買契約は交わしたけれど、夢の片棒を担ごうと徳洲会に入ったために、その後の決済がどうなったのかはわからなかった。

不動産の知識がある服部は、徳洲会の土地確保部門の先頭に立つのだが、それまでにはもう少し時間がかかる。野崎病院がスタートしたばかりである。

何も事情を知らない田中が面接にきた。服部は開口一番、「薬剤師だからって、薬のことだけやってもらったら困るんです」と言った。

「何をすればいいんですか」と田中は聞いた。好奇心は旺盛だった。

「人手が足りないので注射器を洗ったり、消毒したり、看護婦さんの手伝いをしたりです。できますか?」と服部は田中の顔を覗き込んだ。

「やります」。田中は即答した。何だかおもしろそう。それが理由である。

いざ、入ってみると野崎病院は、まっ白なキャンバスどころか、職員が自由気ままにスケッチを描きなぐった抽象画のようだった。当時は、病院で薬を処方し、患者に渡すのが主流だったのだが、院内に薬剤を管理する「薬局」がなかった。驚いたことに職員が勝手に薬を調合して出していた。救急患者の処方箋すらなく、看護婦が医師のオーダーを書いたメモを片手に薬を選ぶ。薬を取り出した後はメモを机に放り投げていた。

危ない、いつ事故が起きてもおかしくない、と田中はゾッとした。一日も早く、薬と処方箋を管理するしくみをつくらなければ、と奮い立った。

が、しかし……、当の田中も薬剤師と臨床検査技師の資格はあるものの、研究所で実験ばかりしていて病院での実務経験はゼロだった。おまけに実家は漢方薬局で、病院で処方される西洋薬とは無縁の生活を送ってきた。病気にかかれば漢方薬で治したので、西洋薬の錠剤やカプセルは見たことも、飲んだこともなかったのである。

どうやって混乱を解消し、薬剤の管理システムを立ち上げようか……。田中は、まず院内すべての薬の添付文書を集め、名前と形状、成分、効能、用量、副作用などを片っ端から頭に叩き込んだ。寝る間を惜しみ、通勤電車のなかでもひたすら添付文書を暗記する。ひと月ほどで何百種類もの薬剤の知識を蓄えた。

年末年始のインフルエンザの嵐が去り、少し落ち着いたところで田中は一計を案じた。徳田が地方へ出張した隙に大部屋をひとつ潰し、棚をすえ、蛍光灯もつけて薬剤と、注射器や針、ガーゼなどの医薬消耗品を一括して管理する倉庫に変える。一々、了解をとるのは時間の無駄と、電光石火の早業で薬と医薬消耗品の管理拠点をつくったのだ。田中は小柄な体に満々たる闘志を秘めていた。

「勝手なことをするな」と徳田に雷を落とされるのを田中は覚悟していた。帰ってきた徳田は、薬剤倉庫に化けた部屋を見て、じっと黙りこむ。しばらくして、田中に命じた。

「おい。無影灯を入れるから、メーカーと交渉してみ」

「はっ？」。無影灯と言われても田中にはピンとこなかった。

「ほら、テレビドラマの手術シーンでよく出てくるやろ。オペ室にあるタコ坊主みたいなライト。岸和田に新しい病院を建てる。そこに入れるやつや。どこのメーカーがいいか、値段はいくらにするか、交渉してみろ」

徳田は「できる」と見込んだ部下には仕事を全面的に任せた。人使いの妙がここにある。田中が猛勉強をして無影灯のメーカーを絞ると、徳田はさらに要求する。

「岸和田は三五〇床や、大型病院で徳洲会の顔になる。医療機器も最新鋭のものをそろえないとだめだ。人工透析センターも稼働させる。血管造影のＣＡＤ、バイタルサインモニタ、透析機器……、野崎にないものもぜーんぶ、おまえが交渉して決めろ」

徳洲会に入って一年経つかどうかの田中に億単位の商談が委ねられたのだった。田中は持ち前の吸収力と度胸のよさで医療機器の購入もまとめた。のちに田中は製薬会社の営業員に「徳洲会の女帝」の異名をつけられる。

徳田は、白衣を脱ぎ、完全に診療から離れた。まわりには「理事長」と呼ばせ、理念の実践を切り札に組織拡大へと仕事の重心を移した。

七七年五月、岸和田徳洲会病院が開院した。秋には徳洲会大阪本部が大阪市中央区南本町のヨドコウ本社ビルに設けられる。前年に全国展開の布石、東京本部が永田町の山王グランドビルに開設されていたが、グループの司令塔は大阪本部に置かれた。

大阪本部に徳田の「分身」たちが集められた。事務全般を把握して新病院の立上げを担う「オープン屋」の中川和喜、会計事務所出身で「金庫番」の今岡正則、三菱系の労働組合委員長上がりで「医師確保」に奔《はし》る宮崎仁宏、「土地対策」の服部拓、「薬剤管理」を統括する田中良子、久保悦子は医療現場から「看護婦採用と教育」にシフトして加わり、運営部門の原型ができた。

そこに関西学院大学を出て新卒採用された能宗《のうそう》克行が入る。能宗は徳田のかばん持ちを振りだしに影法師のように徳田に付き従って仕事を覚え、やがて「裏」の実務を取り仕切る。彼ら、徳田側近の運営幹部は、「徳洲会の七人衆」と呼ばれるようになる。

七人衆は、職業経験もばらばらで能宗以外は転職組である。たまたま徳洲会で行き会ったかに見えるが、ひとつだけ共通点があった。みな、庶民の子なのだ。戦争の痛苦が人びとの記憶に残る「昭和」という時代の、市井に生きるもろもろの民の子らであった。泥くさく現場に張りついて、今日より明日はきっとよくなると信じて暮らす平和的な日本人だった。

徳洲会が上昇気流に乗るか、失速するかは岸和田病院の成否にかかっていた。最先端の救急医療を謳う岸和田は、徳洲会の試金石でもあった。

徳田は、岸和田の病院長に「アメリカ帰り」の医師を三顧の礼で迎えた。

アメリカなら「当然」

泉州の岸和田は、「だんじり祭」で名高い。数十人が曳《ひ》く大きな山車《だし》が疾走する途中で家の軒を壊し、電信柱をなぎ倒すこともある。海に近く、気性の荒い地域だった。

岸和田徳洲会病院が開院してまだ日も浅かったころの出来事である。入院中の患者が治療の甲斐もなく、他界した。街が寝静まった深夜、亡くなった患者の家族という若い男が年長の友人を連れて病院を訪れた。

院長の山本智英は「来たか」と直感した。山本は男たちを丁寧に迎え入れ、応接室に通し、茶菓を出す。相手が治療に不満を持っているのは間違いない。不満は同じ人間なのに対等に扱われていないと感じるから高まる。山本は、真摯に話を聞く場を設け、男たちと向き合った。他の病院のように院長がクレームから逃げて、事務職に処理を任せたら、よけいに話はこじれる。逃げたらだめだ、と自らに言い聞かせ、「私が院長です」と挨拶をした。

若い男は、じろりと睨んで話を切りだした。

「ここは、最新鋭の医療機器も使ってて、検査も二四時間やってくれる、医師の腕もいいと聞いて、安心したから、入院させたんや。なぁ、先生、まさか、死ぬとはなぁ、思うわけないやろ。家族みんな、がっかりやで。どういうことなんや」。ねっとりと絡みつく口調だった。

「お気持ちはお察しします。心より、お悔やみを申し上げます。われわれも残念で仕方ありません」。山本は背筋を伸ばして答えた。

「なんで死んだんや。何でやねん」。男は質問をくり返した。

山本は、治療方法をかみ砕いて説明した。検査結果がこうで、そのためにこの薬をこのように使った。用法に間違いはない。ところが、意に反して容態が悪化して危篤に陥った。病変自体は医学的にありうることで手の施しようがなかったと諄々と説いた。

「そんなこと言われても、死んだもんは生き返らへん。どうしますか。うちの兄弟で、病院に殺されたって怒っててね、血の気の多いのもおるんや。やっぱり、誠意を見せてもらわな」

暗に金銭を要求している。だが、絶対に話をそちらに向けてはならない。一度、譲ってしまったら、二度、三度とつけ込まれ、ドロ沼にはまる。怖気《おじけ》づいてはいけない。気持ちで負けたら、終わりだ。山本はボディランゲージで威厳を保ちつつ、返答した。

「ご期待に添えず、申しわけありません」と頭を下げた。謝罪は譲歩ではない。謝るのは態度で示せばいい。その一線を崩してはならなかった。

「謝られてもしゃーない。誠意、誠意やねん」

「すみませんでした。治療に問題があったとお感じなら、その問題を解決するように私どもも努力します。第三者を入れた調査委員会を設けることもできます」

すると、そこまで黙って聞いていた年長の友人が割って入った。

「いやいや、先生、そこは大人の話やからね。大人の話をするために、わしもこいつに頼まれて一緒に来たんや。大人の話をしましょう」

相手は素人ではなかった。医療事故の調査委員会に諮《はか》った場合、多額の金銭補償が生じるケースはほとんどなかった。向こうはそれを知っている。年長の男の語気がやわらいだ。

「まぁ、先生も、苦労しとるなぁ。こんな夜中まで働いてねぇ、休みもとらず、この若造の相手もしてくれて、ほんま、頭が下がるわ。現代の赤ひげやな。ありがたい話や。じつはね、こいつも、こいつのやんちゃな兄弟も、わしの舎弟ですねん。先生、どうでっか、わしに任せてもらえまへんか。わしがこいつら家族を説得して話をつけまっさかい」

一瞬、地獄に仏か、と山本はホッとしかかった。が、おっと危ない、その手にのったらまずい、とわれに返った。ここで、そうですか、よろしくお願いします、それでは今日はこの辺で、と話を打ち切ったら、大ごとになる。後日、ようやく話がつきました、と向こうは必ず金銭を要求してくる。二人が連れ立ってきた時点で、漫才のボケとツッコミではないけれど、役割は決まっていたのだ。懐柔策にのったら、問題は尾を引く。

「ご心配いただき、ありがとうございます。お言葉は嬉しいのですが、やはり医療の問題は、われわれ医師の責任です。わかっていただけるまで、私がお話をさせていただきます」と山本は誘惑を断った。

東の空が白々と明けるまで二人の男は山本をつるし上げた。根負けした男たちは、舌打ちをして帰って行った。それ以降、二度と病院には現れなかった。

アメリカで世界最高峰の医療を身につけ、臨床の厳しさを叩き込まれた院長が、体を張って病院を守った。山本は、ベッド・サイドで若い医者を鍛え、権威主義に縛られた日本の医療を変えようと奮闘した。山本の来し方も反骨で貫かれていた。

山本は、一九六四年に大阪大学医学部を卒業すると立川米軍病院で臨床研修を受けた。ほとんどの研修医が阪大附属病院の医局に入り、無給のインターンで滅私奉公するなかで、山本は臨床指導が充実していて、なおかつ給料の出る米軍病院を選んだ。

一年後、阪大に呼び戻されて大学院に入る。四年かけて医学博士号を取るのがお定まりのコースだったが、体系的なプログラムがあるわけではない。医局のボスに研究テーマの相談に行くと、「勝手にやれ」と突き放された。研究費も「自分で稼げ」と冷淡だった。これでは結婚をして、家族のいた山本は暮らしていけない。

大学病院は、いわゆる「医局講座制」という権威主義のピラミッド構造で成り立っていた。これは、明治中期、帝国大学（現東京大学）がドイツを真似て取り入れたしくみだ。帝国大学は、学生を教育するために二〇の医学講座を設け、一六人の教授を就任させた。教授たちは附属病院では診療科ごとに頂点に立ち、助教授、講師、助手を従えて「医局」を束ねる。診療と教育の組織が同一化し、どちらも医局単位で行われるようになった。

その結果、閉鎖的でパターナリズム（家父長主義）の濃い医局ができあがる。教授の胸三寸で、配下の医師の勤務先や序列が決まり、忠誠心が試される。医局は、医師を派遣する市中病院への影響力を持ち、不満があれば医師を引き揚げた。医局間の交流は少なく、診療技術が高まらない。医局は利権と結びつき、権力闘争がくり返される……。

山本は、ボスが統《す》べる医局に背を向けて大学院を中退し、妻子を連れてアメリカに渡った。ロードアイランド病院の内科レジデント（泊まり込み医師）に就き、月に一五日間の当直をこなす。心筋梗塞から糖尿病、食中毒まであらゆる患者を診た。二年間、レジデントを務めた後、指導医の推薦状を携えてハーバード大学ソーンダイク研究所に移る。

「ベッド・サイドの疑問は研究室で解決する」という方針の下、患者の役に立つ研究に二年余り没頭した。甲状腺を専攻し、臨床的学者のトップクラスに位置づけられた。

すると、阪大病院の医局のボスが「就職口があるから世話をしたい」とメッセージを送ってきた。大学病院に勤務できると思って山本は帰国した。山本の顔を見るなり、ボスは言う。

「外来の尿検査をやれ、嫌ならやめろ」。だまし討ちにあったようなものだった。

「臨床の腕はいいかもしれんが、医局への貢献度が低い。なかなか入れない大学院をボイコットして渡米した。けしからん」とボスは懲らしめるために山本を帰国させたのだ。

山本は一年間、尿検査ばかりやらされた後、大阪府成人病センターの勤務医に転じた。有名私大が教授で呼ぶという話もあったが、彼の弟、山本義隆が元東大全共闘議長だったという理由で立ち消えたともいわれる。野崎病院の院長と山本が大学で同期だった。院長に頼まれて臨床診療を教えに行ったのがきっかけで徳田と接点ができた。

徳田は山本を、「日本の医療を変えたい。手伝ってほしい」と口説く。山本は意気に感じ、「医師のあり方、臨床教育のデタラメさを変えたい」と院長を引き受けたのである。

徳田が「アメリカ帰り」をスカウトしたのは大成功だった。というのも山本だけでなく、アメリカで腕を磨いた医師の多くが、帰国後は不遇をかこっていた。向上心旺盛で医局から飛び出た者は、いくら研鑽を積んでも、帰ってきたらなかなかポストを与えられなかった。医局のピラミッドのなかでは、アメリカで身につけた医療技術や知識は正当に評価されなかった。そこに徳洲会病院の院長という椅子が差し出されたものだから、意気に感じて全力で尽くす。

岸和田の次に八尾にも徳洲会病院ができた。ここの院長にもアメリカ帰りの医師が招聘された。内科、外科、脳神経外科、産婦人科……と、山本を筆頭にアメリカ帰りが続々と集まってくる。

彼らは検査を重視して科学的な医療を心がけ、無駄な投薬、薬漬けを嫌った。診療への責任感は強く、日本育ちの医師の二倍、三倍働いた。厳しいレジデント生活で鍛えられており、患者のために働くのは当たり前だった。「年中無休・二四時間診療」と言われても彼らは驚かず、アメリカなら当然、と受け入れる。

医療変革を目ざす社会運動にアメリカ帰りが勢いをつけた。病院の稼ぎ頭は医師である。医師の質と量が経営を決定づける。徳洲会の成長基盤は、まぎれもなく、アメリカ帰りの医師たちがつくった。徳田は彼らを院長にすえると、医療面の全権を委ねた。自立意識の高い病院が増えていく。岸和田病院を預かった山本も、創設期は医師が足りず、外科医の徳田に応援を求めたくなるのも一度や二度ではなかったが、「理事長には頼らない」と決めた。支援を頼めば、院長の存在価値が失われる。だから、どんなトラブルが起きても院内で片づけようとした。強面《こわおもて》のクレームにも自分と事務長で対処する。アメリカ帰りのプライドが支えであった。

徳田病院に始まり、野崎、岸和田、八尾と、わずか五年で四つの病院を徳田は建てた。銀行は生命保険を担保にしなくても融資に応じるようになった。徳田は次の照準を沖縄に合わせる。じつは沖縄には、徳田が手本とした病院があった。沖縄県立中部病院である。

太平洋戦争末期、沖縄では米軍と日本軍が死闘をくり広げた。沖縄県民のおよそ四人に一人が戦争で亡くなった。とくに沖縄本島南部は、「鉄の暴風」と呼ばれる米軍の艦砲射撃で甚大な被害を受けた。一家全滅も珍しくはなかった。

敗戦後、アメリカの統治下に置かれた沖縄の医療事情は劣悪だった。一九四六年四月、米軍が設けた治療施設が中頭郡越来村《なかがみごえく》（現沖縄市）に移転し、沖縄中央病院として開院する。若い世代が激減した沖縄では医師や看護婦が全然足りなかった。

琉球政府は医師確保のために日本国内の大学に学生を「留学」させる制度を立ち上げた。だが、本土の大学医学部を卒業しても、沖縄には臨床教育の施設や臨床研修プログラムがなかったので、留学生は本土の病院に残り、沖縄の医師不足を解消できなかった。

そこで、沖縄中部病院（中央から改称）は、一九六七年にハワイ大学と提携して臨床研修プログラムをスタートさせた。指導医をアメリカから迎えた。一転して、中部病院は、米国式の厳しく、科学的な臨床研修で注目を浴びる。

沖縄の本土復帰後も中部病院の医師教育は高水準を保った。先輩医師が後輩を教え、後輩医師がその下の後輩を教える、いわゆる「屋根瓦方式」の指導が受け継がれた。そこには、大学ごとの「医局講座制」に縛られた閥はない。どの大学の出身者であれ、先輩が後輩を教える。中部病院は学閥とは関係なく発展を遂げた。

沖縄中部病院は、徳洲会よりも早く、「二四時間、三六五日、すべての人々に平等に医療を提供」「離島医療を支援し、予防医療を担う」と標榜していた。徳田は何度も中部病院へ見学に行き、岸和田病院を開設する際は、二人の医師を紹介してもらった。中部病院は、宮古や八重山に医師を派遣して離島医療を支えていた。奄美の病院構想においても中部病院は徳田のモデルだった。

ある日、沖縄中部病院の院長、新垣浄二が「大阪の人口密集地の駅の近くばかりにきみは病院をつくっているが、私の故郷の無医村、東風平村《こちんだ》（現八重瀬町）では無理でしょうなぁ」と徳田に語りかけた。「調べてみます」と徳田は応じ、沖縄に触手を伸ばした。

沖縄本島南部の東風平村は、一面、サトウキビ畑が広がっていた。所々に豚舎がある。用地担当の服部が地元に密着し、村長、助役と十数人の地権者を集めて病院新設の説明会を開く。糸満市を含めて本島南部は沖縄戦の傷跡が深い。医療の空白地であり、救急患者は一時間以上かけて那覇に運ばれていた。地元の期待は大きく、土地の目途は立った。

ところが、医師、看護婦がいない。本島南部は病床不足率がじつに七九％、医師、看護婦の数は全国平均の三割にも満たなかった。沖縄全県を見回しても医療従事者は大幅に不足していた。病院を建てれば患者は殺到するだろうが、その前に医師と看護婦を集めるのが至難の業だったのだ。

土地が造成され、病院建設が始まる。計画は進むのに「人材」がそろわない。さすがの徳田も胃がキリキリと痛んだ。

建物の工事が進み、新病院名が「沖縄南部徳洲会病院」と決まっても、院長、副院長、総婦長、事務長の四役が未定だった。徳田は、沖縄に出張するたびに「いっそ乗った飛行機が落ちてくれたらいい」と周囲に洩らすほど追いつめられる。土壇場で沖縄中部病院の新垣が、部下の平安山栄達《へんざんえいたつ》を南部徳洲会の院長に推薦し、ようやくトップ人事が定まった。

平安山もまた「アメリカ帰り」であった。徳田は初対面の平安山に「子どものときに鎌で草を刈っていてできたんや」と手の傷痕を見せた。平安山は同い年の徳田に「同じような境遇で育ったのだな」と共感を覚えた。平安山は、少年期を戦争に翻弄され、異色のコースをたどって医療界に入っている。

平安山は農家の四人兄弟の長男に生まれた。小学校に入学して間もなく、沖縄戦が始まり、強制的に本部町《もとぶ》から辺野古《へのこ》に移住させられる。その後、一家は本島最北端の国頭村《くにがみ》に移った。平安山は中学を終えると高校進学を諦め、弟たちを勉学させるために農林業を継ぐ。馬にソリを引かせて材木を一本運んで一ドルの手間賃を得ながら通信教育で学び、二一歳で文部省の大学入学資格検定（大検）に合格した。二三歳で国費留学試験にパスし、国立鹿児島大学医学部に入る。一九六八年に卒業して沖縄中部病院の臨床研修を二年間受けた後、渡米。ペンシルバニア州フィラデルフィアのアルバート・アインシュタイン医学センターでレジデント生活をスタートさせた。

一年目、英語が十分に喋れなかった平安山は病理に回され、毎日、死体の解剖を命じられた。一人で一体を受け持ち、主に胸部、腹部を開いて臓器を、必要に応じて脳や脊髄も取り出す。摘出した臓器は肉眼観察して写真に撮り、ホルマリンに漬ける。組織標本を作製して顕微鏡で観察し、異常を詳しく調べる。カルテをまとめて一体の解剖を終えると心身ともに消耗するが、黒人の指導医は、情け容赦なく「はい。次」と死体を送ってきた。

夜を徹して解剖、また解剖。昼間は図書館で医学書と首っ引きで病理の知識を深めた。

頑健な平安山が「地獄」と感じる日々だった。その後、一般内科に回り、二年目はメリーランド州ボルチモアの病院でＩＣＵ（集中治療室）、ＣＣＵ（心臓血管疾患集中治療室）を担当する。一日交代の当直を四か月続け、やっと「奴隷」のような境遇を脱した。

三年目にチーフレジデントに昇格して人間らしい生活に戻れた。平安山は臨床血液学を修め、アメリカの内科専門医、米連邦医師免許の試験にも合格した。一部の州を除き、いつでも米国内で開業できる資格を得た。「このままアメリカに残ればいいじゃないか」と周囲の医師たちは言ったが、「沖縄が恋しい」と帰国した。

五年の滞米生活で平安山は臨床医の階段を駆け上がった。沖縄中部病院に戻り、内科の指導医に就く。最も脂がのったところで沖縄南部徳洲会の院長に選ばれたのだった。

一枚の写真がある。人の背丈ほどもあるサトウキビの畑のなかで、背広姿の徳田が女性四人と男性四人を従えて写したものだ。ヘルメットをかぶった工事関係者がおり、南部徳洲会病院の建設予定地だとひと目でわかる。徳田は着工前の高揚感で目が輝き、男性の事務職員も笑みを浮かべているけれど、傍らの久保悦子は憂い顔である。

看護婦の確保を命じられた久保は、途方に暮れていた。沖縄には知人がおらず、どこから当たっていいか見当がつかなかった。国や沖縄県の看護関係者に片っ端から会って看護界の重鎮にたどりつき、福岡県の国立小倉病院（現国立病院機構小倉医療センター）看護部長を辞めたばかりの松木好子を紹介される。そこから先がひらけた。

徳洲会の「二四時間診療・年中無休」の方針に松木は懐かしさを覚えた。久保は松木と相談し、沖縄の開院に合わせて一〇名以上の看護婦を福岡から送り込む。松木の看護人脈がなければ、沖縄のオープンは支えきれなかっただろう。

松木は、「自分の権利ばかり主張する国立病院の労働組合が嫌で仕方なかった。自殺したくなるぐらい辛かったわ」と久保に洩らした。そして「徳洲会って、ただひたすら、傷つき、病む人のために、すべてを燃焼させていた時代を思い出すのよ」と言った。松木の原点は、戦争中の従軍看護にあった。彼女は朝鮮の鎮海（現韓国慶尚南道昌原市）の海軍病院に派遣され、二年間、傷病兵を看護した。鎮海のようすを、こう書き残している。

「空爆こそなかったが、近海で機雷に触れ轟沈したり、爆破されたりした艦の兵隊がかつぎこまれることがしばしばあった。あの頃、昼夜の別なく、滅私奉公これ一筋にお国のため、患者の看護につくすことを、自分の本分としていたから、疲れはおぼえなかった。若さのせいばかりではなかったのだろう」（「徳洲」年月不詳）

終戦は鎮海で迎えた。大混乱に巻き込まれる。

「終戦となり、ひときわ緊張の日がつづいた。院内に多くの現地の人を雇っていたから、それらの人が終戦の翌日、全員職場放棄したので、忙がしさは眼が回るほどだった。

駅頭で日本人が射殺されたり、将校官舎が暴徒に襲われたり、米軍が釜山に上陸したため婦女子が山へ逃れたり……。しきりとデマが飛び交い、私達もどうなるか分らず、『従軍看護婦としての誇りを失なう前に服用せよ』と青酸カリを渡されたものである。日毎に激化する朝鮮と内地人との〝対立〟は看護婦の噂にものぼり、京城出身の看護婦が、苦悩のあげく、青酸カリを服用し自殺されたこともあった」（同前）

この事件を契機に青酸カリは取り上げられ、松木は一二〇人の患者とともに帰還船に乗って故国の土を踏んだ。

「いままた教科書問題などで韓国との間が硬化していることを見聞きするにつけ、胸がいたむ」と松木は記す。四歳で終戦を迎えた久保に戦争の記憶はない。しかしながら松木が抱いた看護への思いは久保の胸に染みた。

それは岸和田徳洲会が設立されて間もなくのことだった。新年の松飾りが下がっているのに久保は現場の応援で働きづめだった。珍しく、四国の父から電話がかかってきて、「正月も帰ってこんのは、おまえだけぞ。元気でやりよるか」と聞かれた。「忙しいけん、帰れんのよ」と煩《うるさ》そうに答えて電話を切った。その六日後、父は亡くなった。

久保は大阪で暮らす弟一家と自動車で、愛媛の八幡浜に向かう。岡山に出て、宇高国道フェリーで高松に渡って海岸沿いの道を延々と走り、実家に着いたのは一九時間後だった。「お父ちゃん、ごめんな。こらえてね」と物言わぬ父に頭をさげた。

徳洲会という「止まらない特急列車」は、乗り合わせたメンバーの喜怒哀楽を推進力に変えて、爆走する。徳洲会の土台を築いたのは、アメリカ帰りの医師と、戦火をくぐった従軍看護婦たちであった。昭和の遺産が徳洲会を育てたのである。

徳田は、沖縄南部徳洲会病院を開院させると、福岡県春日市、京都府宇治市、さらに関東進出の第一号を神奈川県茅ヶ崎市に建設しようと突っ走る。ＮＨＫが徳洲会のドキュメンタリーを放送し、雑誌が徳田を医療の革命児ともてはやす。

徳田は「時代の寵児」に躍り出た。

徳洲会は破竹の勢いで全国に総合病院チェーンを拡大するかにみえた。が、そこに……巨大な壁が立ちふさがる。地域の診療所や病院の砦、「医師会」であった。

第二章　けものみち

医師会との闘い

壁一面に張った白地の日本地図に赤い星が点々とついている。

大阪府松原市、大東市、岸和田市、八尾市、沖縄県東風平村……立て続けに開院した病院の所在地だ。余勢を駆って、福岡県春日市、京都府宇治市、神奈川県茅ヶ崎市の土地も徳洲会は買収しており、間髪を入れず、この三市にも星がつくはずだった。

だが、行く手に高い壁がそそり立った。それぞれの地元の医師会が「徳洲会は儲け主義。安売りの低レベル医療で、地域医療を食い荒らし、秩序を破壊する。許せない。出て行け」と立ちふさがったのである。

医師会は、医師個人が会員の職能団体だ。公益社団法人日本医師会は都道府県医師会、郡市区医師会の下部組織に支えられている。実体は地域の開業医の集まりだった。街の診療所や中小病院の医師は徳田虎雄を蛇蝎《だかつ》のごとく嫌った。

それは生活を脅かされる「恐怖」から発していた。

全国に病院を建て、組織を拡大することは、一種の「国盗り」である。医療過疎地とはいえ、患者が無限にわいてくるわけではない。地域の広さや人口分布によって診療圏はおのずと決まり、医療マーケットには限度がある。パイの大きさは決まっている。

そこに斬り込むのだから、地元の医師には徳洲会が縄張り荒らしの「敵」と映った。

相手が強硬であればあるほど、徳田虎雄は国盗りの野心に燃える。

一九七八年一二月一〇日、日本地図を、じっと見つめていた徳田は、「よしッ、行くぞ」と側近に声をかけ、宇治市職員会館へと向かった。

この日、宇治市長のあっせんで徳洲会と地元医師会の話し合いの場が設けられていた。午後三時、宇治久世医師会は会長以下一一名、徳洲会は徳田以下六名、宇治市は市長を含む四名が顔を合わせた。市長が、挨拶に立ち、

「徳洲会病院を建設する法的な手続きは終わっています。市長が医師会との間をとりもつべきだという市民の声もあり、ここで忌憚なく話し合っていただきたい」

と、医師会と徳洲会に対話を促した。医師会長が口火を切った。

「宇治の医師会は、地域医療を充実させるなかで事前に医療機関の適正配置を相談して、地域住民にまんべんなく医療を提供してきた。しかし、徳洲会は昨年十月、行政サイドに働きかけ、国土法の許可が下りるか下りないかという段階になって、はじめて医師会に接触してきた。これは非礼な態度である」（以下、面談の録音テープに基づく「週刊現代」〈一九七九年一月四・一一日合併号〉の記

事を参考に「舌戦」を再現しよう）

医師会長は、ことわりもなく、行政に接触したのは許せん、と怒りをぶちまけた。

徳田が反論する。

「いったい、いつ医師会に挨拶するのがいいのか、私にはいまもってわからない」

「いちばん最初にすべきなのだ。調査の段階で話があれば話し合う用意はあった。勝手に場所を選定し、地域の医師配置を考慮に入れないやり方は、まことに強引、非礼である」

「私は全国に病院を建てるつもりだ。そうすると、全国の医師会に文書でいまから挨拶しなくてはいけないのか。土地も決まっていない段階では、医師会も迷惑ではないのか」

と、徳田は応酬した。

そもそも医師会長の言う「地域の医師配置」が宇治地域は偏っていたから徳洲会はここを標的にしたのだった。宇治市を含む京都府南部は、人口五〇万人に達し、救急患者の三人に二人が市外に搬送されていた。宇治市には救急病院が三つしかなく、救急ベッドはわずか三〇床。徳洲会は宇治市に約六〇〇床の総合病院を建設するプランを立て、土地買収を進めた。最終的にベッド数が削られるのを承知で、攻勢をかけたのである。

話し合いのテーブルにつくまでに徳洲会と医師会は長い前哨戦をくり広げていた。

進出騒動に火がついたのは、この年の六月一九日、京都府が「申請通りの価格で宇治の用地を買収してよい」と徳洲会に通告してからだ。二日後に徳田が宇治の医師会長に会いに行くと、門前払い同然で病院の新設を拒まれた。

進出阻止で固まった医師会は、宇治市に対し、徳洲会の進出を認めるのなら、小中学校の校医をボイコット、予防接種を拒否する、と圧力をかける。八月末、医師会は地方紙に「徳洲会病院進出絶対反対、健全な地域医療の確立にご協力を！」とでかでかと全面広告を載せた。

その直後、宇治市議会で意見を求められた徳田は「医師会の嘘っぱちの宣伝は許せない！」と激昂した。徳田は、建設予定地の住民説明会で「医師会が反対しても、住民の声をかき消すことはできない」と言い切る。医師会も住民説明会を開き、逆襲する。「徳洲会は危険な病院だ」と住民たちに吹聴した。が、かえって「医師会は行政を脅迫して進出阻止をはかっている」「患者の弱い立場につけこんで反対の署名運動をしている」「住民のためになるかどうかはわれわれが決めることだ」と批判を浴びせられる。

困ったのは宇治市である。地域医療の要石ともいえる医師会と、徳洲会の進出を歓迎する市民の板挟みで右往左往。徳洲会から提出された病院建設の建築許可申請を受けつけていいものかどうか迷った。

通常、市が受けつけて申請を京都府に送れば、短期間で許可が下りて着工のはこびとなる。市は医師会の顔色をうかがって建築許可の申請をたなざらしにした。

業を煮やした徳田は、市になぜ建築許可申請を受けつけないのか、と内容証明郵便を送りつけた。

ほどなく、宇治市医療懇談会が開かれ、医師会が「秩序を乱す殴り込みだ」と徳洲会を非難したところ、市長は「住民の求めを受けて仲介にのりだす」と応じる。こうして、ようやく話し合いのテーブルがセットされたのである。

しかし、半年に及ぶ前哨戦を踏まえても、議論はかみ合わなかった。

医師会側が厳しい口調で問い質《ただ》す。

「徳洲会は二四時間オープンというが、全科の先生がいるのか」

「内科、外科、産婦人科、小児科の医師が当直し、他のどの医師も一〇分から二〇分で病院にこられる場所に住んでいる」と徳田は答えた。

「あなた方の宣伝している治療費の健康保険三割負担の免除は、法律違反だ。知っているのか」

「いまは『支払い困難な人は猶予する』という表現に変えている。これはうちの社是で、宣伝のためではない」

論戦は、医学生時代に「生涯を純粋と神聖を貫き、医術を行う」とヒポクラテスに誓った人間たちとは思えないレベルへと落ちていく。医師会のメンバーが言う。

「徳洲会はミカン一個も患者からもらわんという話だが、患者との人間関係まで破壊するのか。生活が苦しくても感謝の気持ちをこめて、たとえばシュークリーム一〇個を持ってきても、もらうとクビにするのか」。徳田はげんなりして返答する。

「一度決めたことは、けじめをつけて守らないといかん。だから毎朝、小学校三年生でもわかるように書いた理念を唱和している」

話は平行線のまま、感情だけが高ぶる。医師会員は自らを「鼠」にたとえて攻めた。

「徳洲会が力で押すから医師会は対抗するんだ。地域の医師会はけっして強くない。『窮鼠猫を嚙む』ということもあるじゃないか。きみは開業医制度を戦車で踏みにじる戦法だ」

「いままで私が開業した病院を見てほしい。周辺の開業医ともうまくいっている。開業医の患者も減ってはいない」と徳田は説いた。

「あんた、最終的には何をやりたいの?」

「最終的には無医村をなくすことで、出身地、徳之島の医療をやりたい」

「それなら、人の嫌がる場所に病院を建てんと、徳之島に帰ったらええやないか。徳之島へ帰りなさい。島へ帰って自分でやればいいじゃないか。帰りなさい」

超えてはいけない一線を、医師会側は超えた。蔑みの混じった「帰れ」発言に、徳田は顔を真っ赤にして、つかみかからんばかりの勢いで言い返す。

「行ったこともなく、知りもしないで徳之島のことがいえるのかッ」

「何だ、暴言だぞ」

「なにが暴言だ」

三時間に及ぶ対話は、実りのないまま終わった。

宇治久世医師会と対決した三日後、こんどは神奈川県茅ヶ崎市で徳田は医師会との折衝に臨んだ。茅ヶ崎市議会文教厚生委員会の「陳情審議」に出席したのだった。

茅ヶ崎医師会も、徳洲会の進出に対し、過激に抗《あらが》っていた。徳洲会が五〇〇〇万円の手付を打って茅ヶ崎駅南口の大日本塗料工場跡地を病院建設用地として入手すると、第一勧銀茅ヶ崎支店に取引停止を通告。医師会員の預金を全額引き出した。茅ヶ崎医師会は徳洲会のメインバンク、第一勧銀に重圧をかける戦術を採ったのである。

しかし、ここでも大多数の市民は徳洲会を歓迎していた。茅ヶ崎消防長が「市内に救急病院は一つしかなく、救急患者の搬送は最初から隣接市に当たる。ひどい例だと収容病院を探すのに二時間、三二回も電話をかけ続けた。茅ヶ崎にはたらい回しという言葉さえない」（「週刊現代」一九七九年一月一八日号）と語るほど医療環境は荒《すさ》んでいた。病院が足りず、お産で入院するには、結婚と同時に申し込まないと入れないありさまだ。

市民は疑問を抱く。医師会が罵るように徳洲会は金儲け主義で粗悪な医療を提供しているのだろうか。ほんとうのところを知りたい……。

茅ヶ崎の市議会議員十数名は、ひそかに「視察団」を編成し、大阪の岸和田や八尾の徳洲会病院を夜間、見て回った。抜き打ちで医療現場を視察した。その結果も踏まえ、市議会は茅ヶ崎医師会長と徳田を招いて文教厚生委員会に「陳情審議」の場を設けたのだった。委員長が、医師会長に問いかけた。

「われわれは一一月、医師会会長も含め一九人のメンバーで、大阪の徳洲会病院を視察に行った。その結果、共同見解として徳洲会はスタッフががんばっている、治療もいい、薬品も一流銘柄だといい点を認めた。けれども、医師会が配っているチラシには徳洲会は不適当、信用できないと書いてある。その点を説明願いたい」

「まず、経営の面で問題がある。これは重大……」と医師会長が答えた。委員長が聞く。

「お医者さんの経営状態が不明確だといえば、日本中のお医者さんが全部不明確。それを理由に不適当というチラシを配ったから、市民は医師会に不信を抱いている」

医師会長は、徳洲会が企業として全国に病院を広げ、地元医師会と協調しようとしないと批判し、こう述べた。

「それから資金。自分の力でやるというが、つまり患者さんからもらった金で八万床（徳洲会の一九八五年までの目標）の病院をつくるということだ。茅ヶ崎の病院だって、大阪の病院で儲けた金でつくるわけで、そのツケはわれわれの患者さんのところへいく。常識外れだ。絶対に容認できない。経理に問題があるとはそういうことです」

さらに医師会長は「安心して命を預けられる病院、というが、徳洲会病院の医者の平均年齢は三〇歳、大学を卒業して二、三年が大部分を占めている。『一生懸命にやっている』と共同見解でいったのは、それぐらいのことしか書くことがないからだ」

徳田が口を開いた。

「事実でないことを事実といって宣伝するのは失礼です。企業というが、うちは医療法人だ。配当を許されていないので公益法人です。それに医師会とは（大阪の）四病院とも協力している。医師会から患者さんが紹介状つきで送られてきている。視察団はその紹介状を読んだはずですよ。茅ヶ崎に大阪の資金をもってくるというが、私がすでに一四回も説明したように、これは全部が借入金で、大阪からは持ってきません」

意外にも、徳田は大阪では「医師会に入っている」と明かした。

「入会金は大東市が一一五〇万円、岸和田が一一九〇万円払わされた（医師会入会金の全国平均は三〇〇～四〇〇万円）。企業秘密は一切ないが、医師会には見せられない秘密がある。それは取引銀行がわかる書類だ。これを見せると、茅ヶ崎医師会みたいに、その取引銀行から預金をおろし、取引を停止して圧力をかけたりするからです」

徳田の「皮肉」もどこ吹く風と、医師会は陳情審議のなかで奇想天外な対抗策を開陳した。突如、徳洲会が入手した工場跡地に東海大学医学部系の病院を建設する、と発表したのだった。

徳田に同行していた徳洲会の土地対策担当、服部拓はあっ気にとられた。狐につままれたようで「そんなはずはない」とつぶやく。あの土地は、地べたを這いずりまわるようにして探し、何度も現地に足を運んで確認し、地域の医療データと突き合わせて手に入れた。地主の大日本塗料に通いつめ、拝み倒して獲得したものだ。

「まさか、二重契約なのか」。服部は悪い夢を見ているようだった。

医師会側は、設立されて間もない医療法人「松和会」が工場跡地に病院を建てると言い放った。

松和会は、神奈川県下と東京の渋谷、青梅に腎臓透析を行う病院を持っていた。東海大学医学部の第一期生が八〇年に卒業する。その受け皿と見られていた。

委員会に出席していた松和会理事長は「じつは一年以上前からこの話はあって、だんだん進んで今週の月曜日、茅ヶ崎の医師会にお話しした」と述べた。だが、委員に「契約書はありますか」と問われると「そこまでの話は……」と口ごもる。

住民の誘致メンバーが、あきれて言った。

「ベッドが足りないのだから、松和会と徳洲会が競争で病院をつくってくれるのは大変けっこう。早くつくってほしい。しかし、徳洲会が病院を建てている土地に建てるというのなら、空中しかないでしょう。どんなえらい人でもそれは不可能だ」

服部はわれに返った。松和会の病院建設は医師会が苦しまぎれに思いついた絵空事だ。可能性は低い。徳田を見ると、憮然たる表情で腕を組んで相手をねめつけていた。

住民に矛盾を突かれた医師会は居直り、威嚇した。

「大学病院と直結して、一次救急は医師会、二次医療は松和会、高度な三次医療は東海大学が担う。地域に密着したシステムでつながる病院、大学から医師やスタッフを連れてくるのがいいのか、それとも徳洲会がいいのか、よくお考えいただきたい」

医師会の恫喝《どうかつ》はエスカレートする。

「はっきりここで申し上げる。医師会は松和会と一体でやる。徳洲会とは一体になれない。その松和会をお断りになることは、一体である医師会をもお断りになると解釈せざるをえない。学校医などの協力を、今後三〇年しないという声明を出したのは、そういう解釈に立っての発言である」

医師会と徳洲会の溝は埋まらず、審議は物別れに終わった。

茅ヶ崎医師会は、終始、高飛車だった。これほど強気でいられたのは「政治」と密接にかかわっていたからだ。医師会の実体は、国の医療行政を左右する政治的圧力団体だった。

その代表が、日本医師会に君臨する武見天皇こと、武見太郎であった。陳情審議の三日後、茅ヶ崎医師会の代表は、宇治久世医師会のメンバーと連れ立って武見天皇へ直訴に行った。

孤立する医師会

武見太郎と政治のつながりは、明治の元勲、大久保利通の曾孫娘を娶《めと》って深まった。政界とのコネクションができた武見は、しばしば銀座の診療所に大物の政治家を迎えた。戦後、日本の通商国家路線を定めた総理大臣、吉田茂とも懇意にしていた。

武見は一九五七年から、二五年間にわたって日本医師会会長を務めた。国民皆保険が成立した六一年には、政府に要求した診療報酬の引き上げなどが認められず、報復的な「全国一斉休診」を断行する。さらに「保険医総辞職」を通告したところ、自民党政調会長の田中角栄（のち首相）が乗りだして土壇場で事態は収拾されたが、「喧嘩太郎」の剛腕に政治家は震え上がる。茅ヶ崎医師会の高圧的なやり方は、親分、武見の物真似ともいえる。

茅ヶ崎、宇治の直訴団は、武見に会うと、徳洲会の悪辣ぶりを言揚《ことあ》げし、進出に歯止めをかけるよう政府に働きかけてほしいと頼んだ。ところが、武見の返答は素っ気なかった。

「地区のことは、地区で片づけたまえ」

武見は誰彼かまわず喧嘩を売るわけではなかった。権力をかざす政治家や官僚には厳しく立ち向かったが、筋の通らぬ話は嫌った。弱者には寛容だった。武見は徳洲会を敵視していなかった。陰では、医師集団について「三分の一は学問的にも倫理的にも極めて高い、三分の一はまったくのノンポリ、残りの三分の一は欲ばり村の村長さんだ」と嘆いていた。直訴にきた連中を「欲ばり村の村長さん」と感じたのだろうか。

武見が見放した時点で、勝負あり、といえる。が、茅ヶ崎や宇治の医師会はなおもファイティングポーズをとった。茅ヶ崎医師会は、市当局に対し、予防接種、日曜・祝日の当番医、休日夜間診療の拒否を申し渡す。京都府と神奈川県の医師会は、厚生大臣・橋本龍太郎（のち首相）に「徳洲会の理念と、その実行方法を誇大に宣伝することは医療法違反」と陳情した。医師会は、徳洲会のような法人病院が他府県に進出する場合は「知事の承認」をあらためて受けるよう規制強化すべき、と唱えた。橋本厚生大臣は「慎重な対応が必要」と言っただけで面会を打ち切った。

医師会は孤立する。

学校医のボイコットは逆効果だった。子どもの生命を人質にとったような対抗策は世論を敵に回す。開業医の不透明な会計処理や「医は算術」と金儲けに走る姿が批判を浴びた。評判を落とした地域の医師会は、それまで行っていなかった休日や時間外の診療を当番制で始める。やればできるのなら、なぜ、もっと早くから取り組まなかったのか、と風当たりは強まる一方だった。

医師会は敗北を喫した。

年が明けて七九年一月四日、徳洲会は神奈川県への建築許可申請書を茅ヶ崎市に提出し、受理される。前後して宇治市も宙に浮いていた徳洲会の建築許可申請を受けつけ、京都府に送付した。両府県は病院の建築許可を徳洲会に与える。こうして徳洲会は、病院を欲しがる「民意」を矛にして、地元医師会の牙城を切り崩したのだった。


医師会が執拗に抵抗したのは、徳洲会の「経営」が理解できなかったからでもある。徳洲会の背後には巨大なスポンサーがいる、もしくは得体の知れない錬金術を使っているに違いない。そうでなければ、わずか数年であちこちに病院は建てられないと疑った。

しかし、急成長の要因は、さほど謎めいたものではなかった。徳田は医療界の常識とかけ離れた経営をしていたのである。

徳洲会が短期間に次々と病院を建設できたのには訳があった。第一に徹底的な「低コスト主義」だ。同時期に開院した埼玉県の越谷市立病院と比べると違いが明らかだ。

越谷市立病院は三〇〇床で、建設費に六九億七〇〇〇万円をかけている。一方、八尾徳洲会病院も三〇〇床だが、建設費は一六億五〇〇〇万円。一床あたり四分の一のコストで建てている。そのカラクリを徳田はこう語る。

「僕に言わせれば、市民病院は市民のためのものではなくて、働く職員のためということです。デラックスで広々とした院長室、副院長室、総婦長室、外科医長室……これらはことごとく、患者にとっては無縁の設備ですよ。これに比べて、僕たちは患者のために病院をつくるわけですから、副院長室、総婦長室なんてものは、最初からつくってないわけです。理事長室なんてものもありませんよ。僕が病院に行ったら、絶えず会議室にいるわけです。だから、六千六百平方《メートル》（約二千坪）に三百床が入るわけです。越谷市民病院の場合は、五十平方《メートル》（十五坪）に一床、僕たちの八尾徳洲会病院は二十平方《メートル》（六坪）に一床です」（「現代」一九七九年四月号）

人材についても「僕は自分より能力のある人間と仕事をする」と徳田は述べ、優秀な人材こそ経営の基盤だと自讃する。

「医師の場合、学閥、教室閥、年功序列にこだわることなく、実力主義で採用してます。他の病院だと、院長は大学教授の古手の天下りが多いけれど、徳洲会病院の場合は、実力とリーダーシップさえあれば、三十代、四十代の若さで院長になってもらっています」（同前）

じじつ、徳洲会の医師は若かった。平均年齢三〇歳の病院もあった。医師の世代はほぼ三つに分かれていた。礎を築く「アメリカ帰り」に、医療改革運動に惹かれた「全共闘」の第二世代が加わる。そこに報道や徳田の講演で影響を受けた若い「研修医」が集まった。

病院の医療と経営は切り離され、経営は事務長以下、事務職の「文官管理」に委ねられた。合理的な経営を求める徳田は、こうも語っている。

「院長の奥さんが経理部長、院長の親戚が事務長なんて形態は異常なんです」（同前）

公と私のけじめの大切さを、徳田が力説していたことは記憶に留めておきたい。徳田は、薬剤師の資格を持ち、金の工面を二人三脚でしてきた妻、秀子はともかく、親族を徳洲会の経営には近づけなかった。病院経営の理想を追っていた。

徳洲会と医師会の闘いは、世論を味方につけた徳洲会に分があった。

しかしながら、低コストで、優秀な人材が集まったにしても、急激な成長には反動がつきものだ。徳洲会の資金は連続的な病院建設に追いつかず、資金繰りが悪化する。

徳田は、七九年に沖縄南部、福岡、宇治、八〇年に茅ヶ崎、八一年には神奈川県大和と、徳田病院から数えて九つの病院を一挙に建てた。ここまでが徳洲会の草創期といえようが、さすがに過剰投資で、財務は逼迫した。

地元医師会の抵抗を押し切って開院した病院は、黒字化が遅れる。八一年四～七月の「病床利用率」の平均を見ると、福岡五三・一％、宇治七七・八％、茅ヶ崎六二・三％、大和五〇・三％（「週刊朝日」一九八一年一〇月二日号）。公立病院では、病床利用率七〇〜八〇％でも赤字に陥るので九〇％前後の維持が目標とされていた。

一般的に新設病院は、少なくとも三年間は空床が多く、財務的に次の新規建設は困難だといわれている。記者の取材を受けた徳田は、コストの低さを強調して「五〇％台でベッドが利用されれば、トントンになるようにしてある」と断言したが、内情は苦しかった。

八〇年度の「決算書」によれば、徳洲会全体の医業収入は、一一一億三〇〇〇万円。医業原価プラス費用は一〇二億五〇〇〇万円。差し引きした医業利益は八億八〇〇〇万円で、支払利息が八億五五〇〇万円。経常利益は一億三〇〇〇万円にとどまっている。

医療法人は「剰余金の配当」が禁じられており、営利目的の株式会社とは一線を画す。利益が少ないのは仕方ないにしても、当時の徳洲会の資本総額は約一八七億円だった。自己資本比率は八％にすぎず、銀行からの借入に依存していた。

では、このような状態の徳洲会になぜ銀行は融資をしたのか。それは「将来の収益」を信じていたからに他ならない。将来の収益は、新たな病院の建設によって生まれる。

つまり、新設の病院の土地や施設を担保にして、さらなる融資を受け、また病院を建てる「無限運動」のサイクルに徳洲会は入った。独楽《こま》が回転を緩めると倒れるように、徳洲会は病院を建て続けねばならない。徳田は、強迫観念に駆られるように病院を建設する。そのためには、まず土地の確保だ。土地があれば、それを担保に銀行も融資をしてくれる。土地対策は、経営に直結した最優先課題だった。

急成長のひずみ

東京・千代田区永田町、全国進出の拠点「東京本部」の一日は、朝八時、八名の職員が全員で「生命を安心して預けられる病院」「健康と生活を守る病院」と理念を唱和するところから始まる。徳洲会の病院や大阪本部と同じ、朝礼の一コマだ。続いて、前日の報告が行われ、その日の「攻撃地区」と交渉相手、戦術が確認されて職員は散る。医師会との衝突が激しくなってからは、しばしば正体不明の「尾行」がつくので職員は電車やタクシーを乗り継いで目的地へ向かった。

土地対策の斬り込み隊長、服部が狙うのは二〇〇〇坪以上のまとまった土地だ。ただし、「駅から徒歩一〇分圏内、坪四〇万円以下にしろ」と徳田に釘をさされている。地価が右肩上がりの首都圏で、そのような好条件の土地はめったにない。

つまるところ、都市計画法で「準工業地域」とされた住宅と工場、遊戯施設などが混在した場末や、「市街化調整区域」と呼ばれる田園地帯に照準が定められる。市街化調整区域でも行政が建築許可を出せば、病院を建てられる。服部は、足を棒のようにして土地を探し、ここぞ、という候補地が見つかると、歩幅で広さや形を丹念に測って地図にプロットした。自分の体を使って正確に土地の形状を把握し、データをまとめた。

この作業には忍耐と自己管理が求められた。新入職員の「資質」を見抜くのにはうってつけの業務でもあった。たまに各病院に事務職で入った若者を東京本部に集め、「土地を探せ」と送りだした。外に出れば、少々サボって油を売ろうが誰も見てはいない。

新人が一定期間の土地探しを終えた後、徳田も出席して会議が開かれる。新入職員は候補地について報告を行う。ここで、地図への書き込みやデータがそろっているかどうかで新人の働きぶりが一目でわかる。資料が整っていても、「じゃあ、これからそこを見に行こう。案内せい」と徳田に言われ、しどろもどろになったり、道順が曖昧だったりすると、「馬鹿野郎、給料泥棒、いったい何をしていたんだ」と叱責される。

徳田は事務職の「手抜き」を許さなかった。「一生懸命やって失敗するのはいい。責任はおれがとる。だがサボってしくじったのなら自分で責任をとれ」と怒った。安易なミスをした事務職を仮借なく、責めた。ある職員が徳田に命じられて、入院数の推移などが記された病院日報のコピーをとったところ、原稿面を傾けてコピーしたために表の一部が切れていた。それを受け取った徳田は、やにわに職員を殴りつけた。

「なんで、きちんと一枚に収まるようにコピーをせえへんのか。誰でもできることをやらんのは、おまえにやる気がないからや」

と、張り倒した。まわりは水を打ったように静まり返る。徳田は「愛のムチ」と称して鉄拳を見舞った。白衣を脱ぎ、背広に身を包んだ徳田理事長は暴君的カリスマの顔を覗かせる。家庭でも長男の哲《てつ》と、次男の毅《たけし》を容赦なく殴った。ふたりの息子たちは、なぜ殴られているかわからないこともあったという。

一方で夢を語る徳田はエネルギーにあふれ、優しさを示し、独特の愛嬌を振りまいた。有言実行の頼もしいリーダーで、現実に病院が建ち続けている。その二面性にカリスマを感じた者は夢に向かって並走し、疑う者は去ってゆく。

カリスマ的支配は、リーダーの非日常的な偉業に情緒的に魅了された追随者が成り立たせている。カリスマは絶えず偉業を求められ、それが止まると支配関係は揺らぐ。病院建設の無限運動は徳田がカリスマであり続けるための必須条件であり、彼は常に土地を求めた。

人の出入りの激しい徳洲会で、服部は四〇年以上も土地対策の先頭に立ち続ける。長いキャリアのなかで、一度だけ、ブローカーに騙されかけた。

長崎県の病院に出張していたとき、東京の不動産ブローカーが二名、わざわざ訪ねてきた。相手は新宿に事務所を構え、右翼活動もしていると自己紹介をした。ブローカーは、担当職員の名前をあげて「名古屋の土地の件、お聞きになっているでしょう」と言った。服部には初耳だった。「聞いていません」と答えたが、先方はひるまなかった。

「徳田理事長からも早く、進めてくれと言われて手付を打ちました」。服部が聞き返す。

「いくらですか」

「七〇〇万円です」

「領収書はありますか」

「ありますよ。これです」。ブローカーは鞄から領収書を出した。

「契約書は？」

「ああ、契約書は取り寄せます。いま、ここに東京からファクスをさせます」。長崎の病院に契約書らしきファックスが送られてきた。服部は急いで担当者を探したが、つかまらない。急《せ》いてはことを仕損じる。服部はブローカーに「担当の確認を取りたいので、ひとまず、席を外してください。夕方、もう一度、来てください」と言い渡した。

ブローカーが病院を離れた間に契約書に記された地主の電話番号に連絡してみた。

電話に出た相手は「手付をもらっています」と答えたが、どうも釈然としなかった。ふと、電話番号が違っているのではないかと感じる。服部は契約書の地主の住所を頼りにあちこちに電話をして番号を確かめる。最終的に「一〇四」で地主の電話番号がわかり、そこに連絡した。

女性が電話を取り、「父はいま畑に行っています」と答えた。三〇分後に地主から折り返しの電話がかかってきた。服部が事情を説明すると、

「あんた、何を言ってるの。騙されてるんじゃないの」と地主は応えた。

「何日か前に、地区の農業委員会から『畑を売るのかい』と電話があったよ。そんなつもりはな

いし、何のことかわからん、と電話を切ったんだ」

と、地主は言う。「詐欺だ」と服部は気づいた。夕方、ブローカーは仲間を連れて、のこのこやってきた。服部は相手の鼻づらに叩きつけるように言った。

「この病院の玄関から一歩も入らんでくれ」

「何を言ってるんだ！　わざわざ長崎くんだりまで来てやったのに、その言い草は何だ」

「あんたら人をペテンにかけるために来たのか。地主さんに全部、聞いたんだよ」

「じゃあ、おまえのところの担当にちゃんと確認しておけ」とブローカーは捨て台詞を吐いて姿を消した。後日、担当と名指しされた職員に事情を聞いたが、詐欺師と結託していたのかどうか確証はつかめなかった。その職員は、すぐに辞めた。

北関東の警察署から「前橋の近くで土地を買う約束をしましたか」と、いきなり電話がかかってきたこともあった。予定はありません、と服部が答えると警察官が語った。

「地元の不動産屋が、農家のご主人に『徳洲会さんが、おたくの土地を欲しがっている。病院建てて地域の医療をよくしたいと言ってるんだが、売りませんか』と話を持ちかけましてね。『五〇〇万円あれば、話をつけてあげる』と誘って、お金を受け取った。そのままぷっつり音信不通です。徳洲会は土地を探してましたか。真相はどうなんですか」

「いやいや、徳洲会は、まったくかかわりないですよ」と服部は否定した。しばらくして詐欺師は捕まったようだ。全国各地でそんな類の話が持ち上がった。

医療界の「台風の目」となった徳洲会には素性の怪しい勢力も手を伸ばしてきた。

徳田の「低コスト主義」は、病院の日常業務にも貫かれた。その一例が薬剤や医療機器の仕入れと管理だ。徳洲会が発足して間もなく、徳田は製薬会社のMR（営業員）の出入りを禁じた。MRが個々の医師に接触して薬剤を売り込むのを止めたのだ。大手の製薬会社は「徳洲会は特殊会だな。放っておけ」とせせら笑った。

薬剤の取り引きは、関係者が不透明な利益をあげる温床だった。医療界にはMRから医師への付け届けやゴルフ接待、クラブ通いがはびこっていた。そうやって「人間関係」を培ったMRが売上げを伸ばす。MRは病院内をわがもの顔で歩き、手術室の前で担当する医師を待ちかまえ、手術後に抗生剤の購入を認めてもらったりもしていた。

医薬品には「テンプ」と呼ばれる無料サンプルも大量につけられた。何万錠ものサンプルを横流しして家を建てたMRもいる。

そもそも医薬品の値段が曖昧で、巨額の差益を生んでいた。医療機関は国が定めた「薬価基準（公定価格）」より安く薬剤を仕入れ、患者に使った後に基準どおりの価格で保険請求をする。この差益が隠れた収益源だった。

徳田は収益を生む薬剤に目をつけた。大阪本部の薬局長、田中良子にグループ全体の薬剤の仕入れ値を抑えて一元管理するよう命じた。田中は、各病院の要望を本部がとりまとめ、一括して仕入れて配分するシステムをこしらえる。メーカーとの価格交渉は、グループを代表して田中が一手に行った。同種同効薬のなかで何が最適かを見極めた。

ＭＲの出入りを禁じられた大手製薬メーカーは、当初、徳洲会を異端と見て突き放したが、あれよあれよという間に徳洲会は病院を増やし、関東にも進出した。医師会との激闘も、世論の追い風を受けて制する。風向きは変わり、徳洲会を無視できなくなった。医師会が突きつけられた民意の矛が、いつ製薬会社に向けられるかもしれない。イメージの悪化を極端に怖れる大手メーカーは、掌を返して徳洲会に近づく。

二年に一度の薬価改定期や、新薬の発売前、大阪本部にはメーカーが門前市をなした。朝九時から三〇分おきに武田、三共、山之内、エーザイ……と名だたる製薬会社の幹部が入れ代わり立ち代わり、田中と面談をした。一日に一六社、ぶっ通しの交渉が行われる。

医薬品の仕入れ価格は、概ね公定価格の六割程度だった。病院が増え、薬の使用量が膨らむと、さらなる値引き交渉が行われ、莫大な薬価差益が転がり込んだ。スケールメリットである。

徳田は、医療法人徳洲会と薬剤の仕入れ部門を切り離した。医薬品の「販売及び輸出入」を目的とする株式会社「インターナショナル・ホスピタル・サービス（ＩＨＳ）」を立ち上げる。薬剤を一括購入して各病院に振り分ける会社だ。社長は徳田虎雄で、妻の秀子、母のマツも取締役に名を連ねた。

ＩＨＳは八一年一月二九日付で登記されており、所在地は東京都千代田区永田町だが、業務は大阪府松原市の事務所で行われた。

事務所は各病院から医薬品の注文を受け、薬問屋に発注する。運ばれてきた薬は近くの運送屋から各病院に送られる。IHSの人件費二四〇〇万円の約九割が徳田と妻への給与に充てられていた。事業目的には医療機器の販売や不動産業、建築設計施工なども並ぶ。

医療法人の理事長が別会社を設立するのは法的な問題はない。ただ、医療法人は公益的な性格が強い。大阪府は、医療法人の申請を受ける際、別会社は「トンネル会社」になりがちなので役員には医療法人の親族や役員以外の人物を当てるよう行政指導をしていた。

「週刊朝日」一九八一年一〇月九日号が「『トンネル会社』で不動産売買までやる徳田虎雄一族の経営感覚」と題して、IHSの存在を浮き彫りにすると、徳田は代表取締役を降りた。代わって事務部門の職員が社長に就く。

このあたりから「生命だけは平等だ」と唱えて医療を実践する「表」の顔の他に、徳田と一部の幹部しか知らない金をプールする「裏」の組織がつくられ始める。裏の機構は徳田の権力欲と結びついて拡大していく。IHSは、その後、医療法人徳洲会を中心にして続々と設けられるファミリー関連企業のさきがけであった。

政治に標的を定める

急成長のひずみは、マンパワーにも表れた。過重労働の医師と看護婦は慢性的に不足していた。そこに病院の新設が重なるので、法で決められた定数を満たせなくなる。困った現場は医療法の抜け道を使って「名義貸し」を行った。新設時にグループ病院から医師や看護婦が応援に行くのとは別に名義だけを並べて定数を満たしたようにカムフラージュしたのだ。

当時の医療法は名義だけのやりとりを想定していなかった。医師の絶対数が足りない地方では名義貸しをしなければ経営が成り立たないのが実情だった。国が決める定数が医療の実態とかけ離れていたのである。徳洲会も、名義貸しに手を染めた。

沖縄南部徳洲会病院が沖縄県に出した開設届けには二三人の医師の名前が記されていた。このうち八名は八尾徳洲会病院からの転勤組だが、残り一五名はほぼ全員が名義貸しだ。大和徳洲会病院の開設時には医師定数一八名のうち八名が名義貸しだった。

徳洲会は医師確保に苦しんだ。大和徳洲会病院のオープン前には招いた医師が次々と赴任を辞退する。急場をしのぐために八尾徳洲会病院の研修医が大勢、大和病院に送り込まれた。研修医たちは派遣を拒みはしなかったけれど、事後、「要望書」をメディアに公開した。そこには次のように書かれている。

「今回の大和徳洲会病院の『医師不足』は医療法人・徳洲会が根本的に抱えている問題性を象徴するものである。徳洲会が（昭和）55年12月の大和徳洲会病院の開院に向けて招請した医師が、開院を目前にして招請を辞退した事件は、徳洲会本部の口約束を連発する、安易な『医師集め』によるものと私たちは理解している。

その失策ともいうべき事態を病院スタッフにではなく、研修医を利用して収拾しようとしたことは、私たち研修医を単に安価な労働力としてとらえようとしている徳洲会本部の根本的な発想の誤りをみたような気がする」（「大和徳洲会病院への研修医派遣問題に対する八尾徳洲会病院研修医の統一見解」）


若い研修医のやむにやまれぬ提言は急成長を遂げる組織の弱点をクローズアップした。

「新しい病院をオープンする際に、援助しあうことは必要なことであるし、素晴しいことであると思う。しかし、それは少なくとも、現実にある他の病院への、より過大なる負担、ましてや研修医への負担であってはならないということは今更言うまでもないことである。それは徳洲会のかかげるスローガンからしても根本的な原則であろう。既存の病院の充実を保障せず、結果的には粗悪な医療を大量に生産していくことは、決して国民医療の向上に直結するものではなく、むしろ犯罪的とさえ言いうることである」（同前）

草創期を脱した徳洲会は、あちこちで摩擦が生じる。

それは善悪の物差しを部分的に当てて矯正できるひずみではなく、不完全な人間が集まった組織が背負う「宿命」としか言いようのないものだった。組織には清濁が入り混じる。

最前線の現場は、毎日が「お祭り」の興奮に満ちていた。土地を確保し、先乗りして準備を整え、病院を開いたら、ハイ、次はここ、と新天地が与えられる。開院すれば住民に感謝された。夢が現実に変わり、また夢が膨らみ、祭りの高揚感は持続する。

医療と事業、聖と俗、暴君とリーダー、表と裏……さまざまな要素が混然一体となって徳田のカリスマを補強し、病院は増えた。徳田は組織を統合する美談を欲しがった。

一時期、薬局長の田中は、激務がたたって大病を患い、岸和田徳洲会病院に入院した。岸和田病院には井村和清という内科医がいた。井村は右ひざに悪性腫瘍が発見され、脚を切断する。半年後に仕事に戻ったが、間もなく肺への転移が見つかった。献身的に患者に接する井村は患者、同僚から厚い信頼を寄せられた。その井村が松葉づえをつきながら田中を見舞う。田中の闘病生活は峠を越え、職場復帰が近かった。

後日、余命を宣告された井村は、原稿用紙に「徳洲会の皆さんへ」という自筆の手紙をしたため、「朝礼でみんなに読んで聞かせてほしい」と田中に送ってきた。患者の痛みを経験した田中に思いを託したのだった。そこには、こんな文章が記されていた。

「田中さんは、私より半年近く遅れて、大病に遭われました。病苦と闘うこと数ヶ月。その間に、田中さんの看病のため、家族の方が皆痩せて、その減少した体重を合わせると、三十キロにもなったそうです。そして田中さんは私たちの病院へ戻って来られた。この三十キロという重さは、田中さんの重荷を懸命に担ぎあげていた人々の流した汗の量であったかもしれません。けれども、私が今まで診てきた人々の中には、自分の荷物を背負ってくれる人がなく、その下敷きになって泣いている人が少なくありませんでした。自分の苦しみを分かってくれる人がいない事が苦しい。そのような人が多かった、と感じます」

井村は医師になって五年、いろんな患者と出会い、教えられたと述懐する。「患者さんにとって、苦しいことが三つある」と同僚たちに伝えた。

「それは、自分の病気が治る見込みのないこと。ふたつめは、お金のないこと。そしてみっつめが、自分の病気を案じてくれる人がいないこと。その中で、最も淋しいことは、このみっつめの、ひとりぼっちでいることだろうと思います」

朝礼で手紙が朗読された。徳田は、容態が悪化して故郷の富山へ帰る直前の井村に「本を書け。きみの真実を書き遺すべきだ」と勧めた。

井村は、激痛に耐えながら手記をつづる。こうして、井村の死後、『飛鳥へ、そしてまだ見ぬ子へ』(祥伝社)が出版された。井村は、二歳の長女、飛鳥と、妻のお腹のなかにいた次女に向けて、こう呼びかける。

「目には見えないが、私はいつまでも生きている。おまえたちと一緒に生きている。だから、私に逢いたくなる日がきたら、手を合わせなさい。そして、心で私を見つめてごらん。

いま、私は熱がある。咳きこんで苦しい。けれども、腕が動くあいだに書いておきたいことがある。これは私が父親としておまえたちに与えうる唯一の贈り物だ。(略)さようなら。私はもう、いくらもおまえたちの傍にいてやれない。おまえたちが倒れても、手を貸してやることもできない。

だから、倒れても倒れても自分の力で起きあがりなさい。さようなら。おまえたちがいつまでも、いつまでも幸せでありますように」

単行本は、一〇〇万部を突破するベストセラーとなった。

徳田は、井村が命を削って書いた手記の「映画化」を巧《たく》む。「井村の遺志を受け継ぎ、徳洲会の理念の下に職員が団結してさらなる挑戦を続けよう」と職員を鼓舞した。東宝に企画を持ち込むと渋られて、制作費七〇〇〇万円の半分を徳田が出資する条件でゴー・サインがでる。名高達郎と竹下景子の主演で撮られた映画は、予想に反して大ヒットを飛ばす。配給収入は三億円を超えた。

配収がそのまま徳田の個人収入になると、大半を所得税で納めなければならない。徳田は秘書の能宗克行に「税金で持っていかれるぐらいなら、経費で使おう。使いみちを考えろ」と指示した。

能宗は徳田の故郷、徳之島を中心に奄美群島の市町村で「映画制作記念パーティ兼上映会」を催す。徳田の「凱旋パーティ」である。会場の小中学校には一〇〇〇人単位の住民が集まった。徳之島町の社会福祉協議会から寄付を要請され、一〇〇〇万円を贈る。徳之島町だけではまずい、と奄美群島一五市町村すべてに寄付をした。

たちまち「徳田が選挙運動を始めたぞ」と噂が立った。

発信源は、奄美群島区選出の衆議院議員、保岡興治の陣営だった。沖永良部島の和泊《わどまり》町で開催する予定だった映画制作記念パーティは、急に「場所を貸さない」と会場側に拒絶される。理由は判然としなかった。和泊町は保岡の岳父が長年、町長を務める、保岡派の地盤である。

徳田は、保岡側にガツンと一発かまされ、「その気」になった。政治に標的を定めたのだ。

徳田が政治に強い関心を抱いたのは、徳田病院を建てて間もなく、松原市長選挙で応援した候補が市長に当選してからだといわれる。医療と政治の距離の近さを実感した。永田町に東京本部を設け、いずれ国会の赤じゅうたんを、と静かに野心を燃やし続けていた。

現実に医師会と激しく衝突し、政治の重要さ、うまみを知った。政治権力を持てば、病院進出に抵抗する勢力もねじ伏せられる。厚生省を筆頭に、都道府県の医療行政部局の反応も変わる。近い将来、病院の開設には地域ごとの枠が課せられると予想された。

政治力を持てば、病院開設の許認可権を握る行政に強く当たれる。故郷の徳之島はもちろん、奄美群島各地や沖縄に病院を建て、離島医療を展開するのも夢ではなくなる。

徳田は、住民の病院を渇望する民意を「矛」にして医師会の根城を突き崩した。さらなる進出妨害や、徳洲会排斥運動をはね返すには「盾」となる政治力が必要だと思い至る。

当初、徳田は参議院選挙全国区への出馬を考えたが、全国区は廃止され、政党の得票に応じて議席が配分される「比例代表制」に変わった。政党と距離をとる徳田は、衆議院選挙に照準を移す。大阪で立てば、各病院の力も結集でき、勝てる確率は高い。だが、故郷、徳之島の人たちに認めてもらうには奄美から立候補しなくてはならない。

このころ、衆議院選挙はひとつの選挙区で複数が当選する「中選挙区制」で行われていたが、全国で唯一、奄美群島区だけが「小選挙区制」。たった一人しか当選しなかった。

奄美の議席は自民党の保岡が長く保っていた。その保岡の地盤、和泊で会場を貸してもらえなかったのである。機は熟した。「殴られたら、殴り返さんといかん」と徳田は決心した。後年、能宗は「あの映画がヒットしなければ、徳田理事長の立候補はなかったかも」（『徳田虎雄外伝』主婦の友社）と回顧している。

政治は、しかし魔物である。第一世代の「アメリカ帰り」をはじめ、医師たちは徳田の政界進出に異を唱える。組織は動揺した。徳田はカリスマの新領域をひらこうと、医療と政治が折り重なる「けものみち」へと分け入っていく。徳田が進む「けものみち」を誰かが人の通れる道にしなくては、徳洲会は第二ステージに進めそうになかった。

徳洲会は徳田が国政を射程に入れる前から、ナンバーツーを求めていた。猜疑心の強い徳田は、グループの医師が力をつけるのを疎むが、腹を割って語り合える相棒を欲しがってもいた。

そんな折も折、同郷の徳之島出身で、全共闘の医療改革運動に携わった医師がアメリカから帰国したと徳田は聞きつける。京都大学医学部出身の盛岡正博、顎鬚《あごひげ》を黒々とたくわえた徳田より五つ下の医師であった。

「けものみち」の同行者

八一年盛夏、京都の山科は朝から蟬しぐれが降りそそぎ、木々の梢もざわざわと揺れていた。

徳田は事務職員を伴って盛岡が両親と暮らす家を訪ねた。徳田は徳之島の思い出を振り出しに、離島、へき地に病院をつくる夢を滔々と語った。同郷のよしみで話に花が咲く。その場は、それで終わり、職員の運転する車で徳田は大阪へと戻った。

「あの人とは、つき合わんほうがいい。商売のためなら何でもやるぞ」

盛岡の両親は、徳田を見送った息子にそう忠告した。

ひと口に徳之島といっても、祖父が医師の盛岡家が根を下ろした伊仙と、徳田が育った漁師町の亀徳では気質が違う。徳田の父親は、島言葉で「トッパ」、無鉄砲な男で知られていた。戦後の琉球列島米国民政府の統治下、彼は仲間と「密貿易」をくわだてた。移出を禁じられていたサトウキビの精製糖を、こっそり船で鹿児島に運び、島の三、四倍の値段で売り、豚を買い込んで帰ってくる。庭中豚だらけにして、隣近所に御馳走をふるまった。

もっとも、密輸が成功する確率は低く、目を光らせる警戒船にしばしば捕まり、砂糖や豚は没収される。そのたびに徳田の父は砂糖を提供してくれた百姓に補償をしなくてはならなかった。貧しさゆえに手を出した密輸でかえって首をしめられる。

盛岡の親たちは、徳田家の「トッパ」が何をしたかを知っている。高台の伊仙と海辺の亀徳では家々のたたずまいも異なるが、それ以上に、代々、受け継がれてきた「血」に相容れぬものを感じ取っていた。

徳田が山科の家を出て、二、三時間後、徳洲会の職員から盛岡に電話が入った。

「先生、徳田理事長は、病院のひとつやふたつはお渡しすると言っています。徳洲会に入ってくれませんか」。盛岡は神経を逆なでされたようだった。

「いらんよ。僕は病院が欲しいわけではない。ふざけないでほしい。医療の変革運動には興味があるけれど、家来になるつもりはない。そう伝えてください」

と、盛岡は告げ、電話を切った。やれやれと居間に寝転んで本を読んでいると、また職員が電話をかけてきた。

「理事長が、ぜひ、先生に自宅へ来ていただきたい、と言っております。これからお迎えに上がります。先生をお連れしないと私が怒られるんです。すみません、お願いします」

盛岡は迎えの車に乗り、松原市の徳田の家へと向かった。徳田という男に心は動かされなかった。初対面で「病院の一つやふたつは渡す」と言うあざとさに鼻白らむ。しつこい誘いに根負けしたわけでもない。けれども、徳田に会いに行こうと思った……。

盛岡正博は、一九四三年、徳之島伊仙町阿三に生まれた。石垣がめぐらされた屋敷のまわりにはサトウキビ畑が広がり、少し歩くと目もくらむ千尋の谷に熱帯の原生林が生い茂っていた。まっすぐ西南へ走って崖を下りれば、美しい珊瑚礁が透明な海水に揺れていた。太平洋から上がって東シナ海に沈む太陽は、地球の生命力を感じさせてくれた。

太平洋戦争が終わり、物心つくと島は米国民政府の統治下にあった。島民は、米軍の占領に反対し、本土復帰運動をくり広げた。広場のテントで大人が枕元に水を置いて横たわっていた。「何をしているの?」と聞くと「ハンガーストライキ」と返ってきた。マハトマ・ガンジーを真似たハンストが島の原風景の一部となった。

小学四年に上がる春、ふだんは拳骨ばかり食らわす父が、妙に優しく「こっちにこい」と正博を呼び寄せ、「おまえ、内地に行きたいか」と聞いた。教員の父は何くれとなく島民の相談にのり、島に溶け込んでいるようだったが、腹の底は別だった。正博は島を出ると考えたこともなかったが、父は長男に「ウン」と言ってほしそうだった。こっくりとうなずくと「そうか」と手をぎゅっと握りしめられた。

両親と正博、姉、妹、三歳下の弟の康晃《やすあき》、家族六人は、伊仙町に一軒しかない写真屋でパスポート用の顔写真を撮った。どことなく晴れがましくもあったが、荷物をまとめて亀徳港に出て、鹿児島行きの船に乗り込むと気が滅入った。

船が岸壁を離れ、島が遠ざかるにつれて大切に育んできた何かが断ち切られるようで、とめどもなく涙があふれた。ぬぐっても、ぬぐっても涙が頬を伝った。

移り住んだ鹿児島の風は冷たく、奄美出身者への差別は根強く残っていた。引っ越し先は、四畳半と二畳の板の間、土間が一畳、トイレ半畳のあばら家だった。素麺箱を机にして勉強し、公立中学から私立ラサール高校に進んだ。現役で京都大学医学部に合格して家を出る。弟の康晃も三年後に東京大学医学部に進学し、医師への道を歩んだ。

一九六〇年代の京大は「政治の風」が吹き荒れていた。盛岡は、仲間三人で同人誌を創刊し、劇団でイヨネスコやカミュの不条理劇を上演した。「自分探し」の過程で学生運動にのめり込み、警察が自治会室を家宅捜索したのを逆手に取って三泊四日の総長団交を仕切る。ただ、党派に属する運動家が、ここぞとばかり「沖縄解放、沖縄奪還」と騒ぐのを見ると無性に腹が立った。

軍政下の現実的な困苦を何も知らないくせにえらそうなことを言うな。おれは米軍政府の占領下で生きていた。おまえらみたいなガキに解放だの、奪還だのと叫ばれたくない、と怒鳴りたくなるのをこらえた。

命がけで社会を変えたいと思いつつも、心のどこかで「違うんだよな」と何かが制する。党派に入らず、闘争の本質を体験しようと頭を丸めて髭を剃り、東京に移った。激しい学生運動に加わった。その渦中でフェンス越しに見た富士山が、やけにきれいだった。

全共闘運動が鎮まり、七〇年から九年間、精神科医として民間病院に勤め、閉鎖病棟の開放運動に携わった。時間の経過とともに患者の処遇や疾病論をめぐって精神科医療は内的な混乱をきたす。主導権争いに嫌気がさし、盛岡は開放運動から足を洗う。

先輩の勧めでボストン小児病院に留学した。差別される有色人種や移民の医療を手がけようと考えたが、アメリカに居場所は見つからなかった。二年で客員研究員を終え、日本へ戻ったのだった。一〇歳で徳之島を離れて二八年の歳月が流れていた。

この間、生まれ故郷の島を捨てた後ろめたさがずっと心の底に沈殿していた。幼かった盛岡は両親の人生の選択に従っただけで罪はない。むしろ離岸した船でとめどもなく流した涙、故郷喪失の悲しみのほうが大きかっただろう。だが、京大に進んで医師となり、一応の成功を収めると、島から抜け出た背徳感がいや増す。

島には盛岡よりも優秀で、能力のある子どももいた。島に残った彼らに与えられなかったパスポートを手にできたのはどうしてなのか、と自問する。地上の楽園だった徳之島におまえはいったい何を残してきたのかと吹き来る風がなじる。歴史の陰影に富む徳之島は、濃密な「エートス（社会集団を支配する倫理的な心的態度）」を盛岡の胸に刻み込んでいた。

徳洲会は、その徳之島に病院を建てて離島医療に参入するのだという。大学病院医局のしがらみを断った徳洲会は、可能性を秘めた運動体にも見えた。胸の奥の故郷に対する背徳感と、運動体のほのかな手ざわりが盛岡を徳田のもとへと向かわせた。

車は松原市の木造三階建ての古びた家の前で停まった。玄関に入り、座敷へ通されて、盛岡はぎょっとした。高校三年の長女から小学四年の末子まで、女五人、男二人の子どもが正座をして並んでいた。父親の徳田が「盛岡先生にご挨拶しろ」と言うと、

「いらっしゃいませ」と全員が声をそろえ、三つ指をついて畳に額をこすりつけた。

このパフォーマンスはいったい何ごとだ。しつけのよさをアピールしたいにしても、動物じゃあるまいし。強制された仕儀には窮屈さしか感じられなかった。

子どもたちを退室させ、盛岡と対面した徳田が上機嫌で語りだした。

「将たる者は己よりも優れた者を生かさねばならん。僕は、そう思ってやってきた。アメリカ帰りの山本先生や平安山先生たちを迎えたのも、彼らが僕より優れていると見抜いたからや。秘書からきみの返事は聞いた。見上げた心がけや。同じ徳之島生まれで、こういう人間もおるのかと、正直、感動したよ。どうや、徳洲会に入って一緒に医療改革をやらんか。僕は日本じゅうに病院を建てて、アジアの途上国、世界じゅうに病院をつくって医療を変えたい。生命だけは、貧乏人も金持ちも関係ない、平等や。それを証明してやる。そのためには政治力も持たないとやっていけない。ゆくゆくはノーベル賞を取って、世界大統領になるつもりや。はっはっは」

黙って聞いていた盛岡が、おもむろに口を開いた。

「徳田先生、あなたからはヒトラーか織田信長を連想しますよ」

徳田の眼が冷たく光った。

「僕の手には、ほれ、ぎょうさん傷があるやろ。草刈り鎌でついた傷や。小学三年から朝夕二回、牛の餌にする草を刈った。台風でも来ない限り、痛くても、疲れても休まなかった。きみら兄弟と違って、僕は頭が悪いから、大学の受験勉強も生か死かやった。病院づくりも艱難辛苦の連続や。

苦しい状況に追い込まれたら、いつもそっと傷痕に触ってみる。徳之島の怒り、悲しみを忘れるな、がんばれと傷は僕を奮い立たせてくれるんや。こんな傷だらけの手を持つ、貧乏人上がりの人間が、きみ、ヒトラーなんかにはなれれんよ」

貧乏人が権力を持てば乱用する。ヒトラーは第一次大戦後のドイツに溜まった怒りや憎しみの感情を煽《あお》って大衆の心をつかんだ。戦没兵士を追悼し、傷痍軍人の補償策を糸口に権力を掌握したのだ。世のため、人のためと言いながら狂気の世界に入っている。

あなたにも……と、盛岡は、のど元まで出かかったが、抑えた。そして、こう語った。

「わかりました。徳田先生、あなたから給料をもらっている限り、僕は明智光秀にはなりません。後ろから矢を射かけたり、斬ったりはしませんから、どうかご安心してください。去るときは、……静かに去ります」

盛岡は医療改革の運動体としての徳洲会に人生を預けてみようと思った。

「おお、そうか。決心したか。一緒にやろう。ややこしい話は終わった。奄美の焼酎で祝杯や」。

徳田は相好を崩し、「ヒデ、ヒデ、膳を運べ。肴を持ってこい」と妻に命じた。

一見、冷静で、穏やかな盛岡にも、物事に体当たりする「荒ぶる血」が流れていた。動の徳田と、静の盛岡。灼熱の太陽が照りつける徳之島が二人を結びつけた。

盛岡は宇治徳洲会病院に配属され、三八歳の内科研修医として再スタートを切る。

出勤初日、朝礼に出て盛岡は驚いた。当番の職員が前に立ち、

「徳洲会の理念、生命を安心して預けられる病院、健康と生活を守る病院、理念の実行方法、一、年中無休・二四時間オープン、二、入院保証金、総室の室料差額、冷暖房費等一切無料、三、健康保険の三割負担金も困っている人には猶予する、四、生活資金の立て替え・供与する、五、患者からの贈り物は一切受け取らない……」

と、声を張り上げるのに合わせて全職員が一斉に唱和していた。内容は極めて事務的だ。

「これで世のなかは動いているのか。こんなに簡単なプロパガンダで職員の意識づけができているとは！」と盛岡は仰天した。

インテリは理屈ばかりこねたがるが、世間はまったく違う回路で動いている。それにしても、もう少し、言葉に潤いというか、大脳に響く装いがあってもよさそうだが、飾りはゼロだ。

徳田は、徹頭徹尾、即物的だった。恐るべき単純さに盛岡はかつてない衝撃を受けた。

四〇歳を前にしての精神科から内科への転身は容易ではなかった。盛岡は、岸和田徳洲会病院の山本院長に「頼みます。教えてください」と頭を下げ、基礎からやり直した。三日に一度の当直を続け、二か月目に不整脈が出た。「アメリカのレジデントはこれをやっているんだ」と自戒し、外来待合のソファーに寝て乗り切った。

盛岡を迎え入れた徳田は、埼玉県羽生市での病院新設と、奄美群島区からの衆議院選出馬という「二兎」を追った。二兎を追う徳田に秘書の能宗が影のように添った。

理事長付秘書にまず求められたのは車の運転技術だった。徳田は、病的なほどせっかちで、「速く、速く」と急かした。前に車が走っていると気に入らず、「抜け、抜け」と騒ぐ。赤信号でも「行ってしまえ」と命じるので、運転手は信号無視をくり返し、免許停止、取り消しへと転落する。運転者はころころ変わった。

能宗の前任者は、運転中に徳田の怒りを買い、阪神高速道路の途中で降ろされた。車は徳田が運転して帰った。いつまで経っても同僚が戻らないので、能宗が高速道路の渋滞状況を高速道路公団に電話をして聞くと、「車はスムーズに流れていますが、高速道路を歩いている人がいます。お気をつけください」。高速道路を歩くなんて馬鹿なやつがいるものだと笑っていたら、同僚が高速を歩き通して戻ってきた。

後部座席の徳田は、苛立つとドライバーの頭を足で蹴った。グァバ茶の液体がたっぷり入った缶で運転者の頭を殴りつけ、へこませた。職員たちはへこんだ缶を「記念」に長く、取り置いていた。

一度、徳田は医師会のゴルフコンペに自ら運転して参加した帰りに事故を起こしている。高速道路のインターで、入ってくる対向車に驚いてハンドルを切り損ね、ガードレールにぶつかった。

助手席に倒れ込んだ徳田を見て、対向車のドライバーが一一九番に通報し、徳田は奈良県の病院に救急搬送された。翌朝、「理事長を迎えにいこう」と徳洲会の救急車両が出動し、徳田を連れ帰った。それから自分で運転するとは言わなくなった。

能宗の運転は、織田信長に仕えた木下藤吉郎が草履を懐で温めたような細やかさに満ちていた。スムーズな発進に速さを感じさせない加速、三つ先の信号を視野に入れ、三台前の車の動きを予想して水が流れるように走らせる。事前に行き先を確認し、そのときどきの交通状況で移動時間を予測して出発時間を決めた。

能宗は、移動予定のメモに目標物を詳しく記し、車中で徳田に「あと何分だ?」と聞かれたら、「一一分です」「九分です」と分単位で答えた。事前調査は大変だった。徳田の「いいか、段取り九割、実行一割。準備で決まるぞ」という教えを忠実に守った。

八二年二月、寒波が列島をおおった日に能宗は徳田を車に乗せて埼玉県の北東端、羽生市を走りまわっていた。羽生では交通事故で息子を亡くした父親が病院の誘致に熱心だった。救急体制が整えば救える命がある、と父親は住民運動を先導した。

しかし、地元医師会の反対は激しく、膠着状態が続いた。状況を打破するために「埼玉医療生活協同組合」が結成される。徳洲会に入って一、二年の若い職員三十余人が研修所に合宿し、二人一組で「会員」を開拓して歩く。飛び込みで住民を訪ね、病院建設の大切さを説き、入会金五〇〇〇円を払って会員になってほしい、と営業するのである。半信半疑の相手に「徳田が説明会を開きますので、ぜひおいでください」とつなぎとめる。

その日、徳田は十数か所で開催される準備集会に顔を出し、医療生協設立の意義を語る予定だった。準備集会は、ほぼ同時に開かれるので、ふだんにも増して「急げ！」と催促した。能宗は時速一〇〇キロ以上で一般道をぶっ飛ばす。アクセルを強く踏んだとたん、路肩に左の車輪が脱輪した。

「うおっ」と徳田がうめいた。

三メートル下の田んぼが目の前に迫った。

一巻の終わりか、と見る間に能宗は車の体勢を立て直し、斜めの土手を、車体を傾げたまま五〇メートルほど爆走して道路に戻った。

「危なかったなぁ、美人と一緒ならともかく、能宗と心中するところだったなぁ」と徳田は苦笑いを浮かべる。年間三〇〇回以上の講演をこなす徳田は、いつも急いでいた。

埼玉医療生協は、地元医師会の妨害を押し返して立ち上がった。四万二〇〇〇人の会員が出資し、八三年九月、一六六床の羽生総合病院がオープンする。医療生協の病院なので徳洲会の名前は入っていないが、徳田虎雄の弟で医師の友助が理事長に就いた。京大医学部出身の友助は、兄と違って性格は温厚で、紳士然としていた。病院長が関東の医療法人から迎えられ、医師のラインナップも整った。羽生病院は順調に滑り出したようだった。

ところが、この年の暮れに徳田が衆院選に奄美群島区から出馬し、僅差で敗れると、不協和音が生じる。落選を機に徳洲会は組織内に亀裂が入った。

奄美群島区の選挙は、荒ぶる血の祝祭であった。とりわけ徳之島の選挙は熾烈《しれつ》だった。候補者ごとに支持者が熱烈に応援し、敵を潰しにかかる。殴り合いや刃傷沙汰はつきもので、親子が誰を支持するかで揉めて絶縁した。選挙が原因の夫婦別れも珍しくなかった。

熱さのもとには「賭け」が絡んでいた。徳之島の名物、闘牛に大金が投じられるように選挙も賭けの対象となる。負けるとわかっていても、その候補の支持者はハンディまでもらって賭けた。くせ者は、表面では支持候補を応援して白熱の闘いを演出しつつ、裏で対立候補に賭けて金を懐に入れる。賭けに敗れた者は悲惨だった。選挙に全財産を突っ込んで負け、夜逃げ同然に島を去った。

票固めの買収が横行し、町長選挙においてさえ数億円の札束が乱れ飛ぶ。まして総選挙ともなれば、推して知るべしである。

現職の自民党議員、保岡興治は「田中派」に属する二世議員だった。保岡は、旧内務省の警察畑を歩いた代議士の長男に生まれ、都立日比谷高校、中央大学法学部を卒《お》えて鹿児島地裁に裁判官で赴任する。父の落選、引退を機に政界に転じた。七二年の衆院選で初当選した後、自民党の公認を得て、田中派に属した。派閥の領袖、田中角栄が七六年にロッキード事件で逮捕されると、保岡は弁護士として田中弁護団に加わった。

田中派の強みは公共事業の誘致である。国の「奄美群島振興開発事業（奄振）」枠で八二年度には二五〇〇億円が奄美に落ち、土木建設業者はわが世の春を謳歌した。船の入らない港が造られ、車もまばらな道路が敷かれる。

徳田は、「土建政治」「田中派の金権支配」を攻撃し、「医療福祉の充実」を掲げて選挙戦を仕掛けた。奄美群島区の拠点、奄美大島名瀬市の港通りのビルに「徳田虎雄を支える会」の事務所を設け、ローラー作戦を展開する。徳田は、大きな目玉を輝かせて語った。

「奄美の現状を知って、奄美に生まれ育った者であれば、怒りに震えぬはずはない。鹿児島と沖縄の谷間に奄美は入っている。サトウキビも昨年と比べトン当たり四十円しか上がっていない。反収（一反当たりの収穫高）も落ちてきている。つむぎにしても五年前には一反の織り賃が十二、三万円だったのが、今は九万円に下がっている。奄美全体が不景気のドン底にある。そんな中で公共事業を利用した田中軍団によるピンハネ支配だけが横行している。彼らは奄美を利用しているにすぎない。このままでいったら奄美が食われてしまう。奄美の心がそんなことは許さない」（「現代」一九八三年三月号）

じつのところ、徳田の衆院選出馬に徳之島出身の「実力者」たちは反対していた。暴力団山口組の幹部で佐々木組組長、佐々木道雄（のち一和会幹事長）もその一人だ。佐々木は、建物の落成式で徳之島に帰った際、政界進出を口にする徳田と会い、引き下がるよう説いた。すると徳田は「先輩！　奄美が強姦されているというのに、見て見ぬふりをするんですかッ」とバンバン畳を叩きながら、猛抗議をした。

「こらあーッ、畳を叩くのは暴力団のやることだあッ。オレには勇気はあるが、蛮勇はない」と佐々木がやり返し、決裂した。佐々木は記者のインタビューにこう答えている。

「金権政治を批判している徳田クンが出馬すれば、彼自身が金権政治にもみくちゃにされることは目に見えている。徳之島のある村では〝1億5千万円は用意してもらわなければ〟と現に言っているんだよ」（「週刊宝石」一九八二年九月一八日号）

「徳田降ろし」を断念した佐々木は、「朝潮（元横綱）、上木家の五つ子、泉重千代（日本一の長寿者）、それに徳田クンは神が徳之島にくれた〝宝モノ〟なんだよ。その徳田クンが選挙でキズつかねばよいが……」と憂えた。暴力団の組長が選挙の調整役をこなすのはにわかに信じられないだろうが、その背景は次章で詳しく述べよう。

まわりの反対を押し切って、徳田は衆院選に出馬した。選挙運動中も、徳田は、急げ、急げと能宗の尻を叩いて走り回った。

喜界島で活動中、集会が一日に二〇か所で開かれた。会場を回っている途中、能宗が運転する車は、下り坂で路上の湧き水にハンドルを取られ、サトウキビ畑に前輪を突っ込んで止まった。過密日程で時間がない。徳田と能宗は、警察に事故の連絡もせず、車を残して数百メートル先の集会場へと駆け出す。瞬く間にふたりのスーツの背中に塩が吹いた。

この選挙で能宗は三億円の裏金を用意した。裏金のつくり方は単純だった。高額な医療機器がツールである。たとえば代理店に五億円払って医療機器を買った後、その六割の三億円を現金でキックバックさせるのだ。医療機器の値段は統一的な価格があってないようなものだから、代理店を使った裏金づくりは簡単だった。

保岡側は一〇億円以上の金を選挙に投じたといわれる。初めて挑んだ衆院選で、徳田は一一〇五票の差で負けた。


「当選」を織り込んで「医政分離」を進めていた徳洲会幹部は、落選でつんのめった。大阪本部の事務局長はじめ、岸和田病院の山本院長や八尾病院幹部らは出馬に批判的だった。徳田は、事務職員だけでなく、看護婦を含むパラメディック（医師を補助する医療従事者）も選挙運動に動員しようとした。マンパワーを奪われる現場が反発しないわけがない。

能宗らが奔走し、「徳田が当選すれば、徳洲会の運営権を大阪の事務局長、山本院長らを中心とするスタッフに譲る、その代わり病院も選挙には協力する」方向で話をまとめ、看護婦たちも奄美に入って、選挙活動を支えた。当選した暁には徳田は政治に専念し、運営は現場中心に再編されるはずだった。

だが、選挙で負けて、矛盾が噴き出る。選挙戦を終え、久しぶりに大阪本部に戻った徳田は、周囲が自分を外そうとしている、と猜疑心のかたまりとなる。幹部に片っ端から「忠誠」を誓わせ、批判的な人間の首を切った。

徳田のやり方に最も峻烈に反抗したのが羽生総合病院の医師だった。外部から招かれた院長たちは、徳田のコントロールを脱して自立しようともくろむ。母体の埼玉医療生協の幹部に徳洲会からの脱退を説いて回る。それを察知した徳田は羽生に急行した。

医療生協の意思決定は、理事たちが構成する「理事会」で行われる。理事は住民が大多数を占める「総代会」で選ばれていた。徳田は埼玉医療生協の理事会に乗り込み、

「徳田を取るか、現状の医者たちを取るか」

と鬼の形相で迫った。

理事会は、医療生協の立上げから職員を派遣し、ゼロから病院を立ち上げた徳田を選んだ。

反発した院長以下、医師全員と事務方トップの専務理事は、八四年一月、一斉に辞めた。患者を抱えた病院で、医者が職場放棄したのだからたまらない。羽生病院は空中分解の危機に瀕した。早急に院長を決めて体制を整えなければ、病院が倒れてしまう。医療生協のしくみ上、徳田が病院長を兼任することはできない。早急に院長を決めなければ羽生病院は潰れてしまう。

この窮地を託せる院長は誰なのか……。徳田が選んだのは盛岡正博だった。

一番驚いたのは盛岡自身である。二年目の内科研修を終えたかどうかで約二〇〇床の病院の全責任を背負うのだ。しかし、断るわけにはいかない。どこも医師不足で汲々としている。

盛岡は単身、羽生病院に赴き、理事や残った職員を前に語った。

「僕は、診察に自信はありません。今日から、ここは一〇〇床の大型診療所だと思ってください。外来の患者さんをしっかり診て、専門的な治療が必要な方は設備、人員が整った他の医療機関に回します。そこから、この病院を再出発させたい。私は経験もありませんが、どうぞ、みなさん、よ

ろしく、お願いします」

盛岡は、岸和田の山本院長、沖縄の平安山院長ら、グループの中核的な医師や、京大医学部時代の同級生に応援を求め、診療体制を維持した。あわや内部崩壊の寸前で、踏みとどまる。

その後、羽生病院は持ち直し、いまでは病床が三一一床に増えている。

いきなり投げ込まれた修羅場で、盛岡はこう痛感した。

「赤ひげ」のような医師に頼る医療ではいけない。平均的な医療を提供できるシステムが大事だ。徳田は弟を医者に見殺しにされた被害者意識、怒りをバネに病院を建てているが、現場で懸命に患者を診る医者が疲弊しては元の木阿弥だ。システムをきちんとつくらねばならない。誰かがいなくなっても、病院が回るようにしよう。そのチャレンジが、ここでならできそうだ。内部変革が自分のテーマだ、と。

猛々しい徳田が、政治と医療が絡まる「けものみち」を走っていく。このままでは、あとに続く者たちは方向を見失い、散り散りになりかねない。徳田が走る「けものみち」を人間の通れる道に整えることが、盛岡の密やかな使命となった。

開設のウラ側――湘南鎌倉病院

医療は、国の「制度設計」と現場の「ニーズ」の間を振り子のように揺れながら、形づくられている。敗戦後の病院も医師も看護婦も足りない状態から再出発した日本の医療は、戦後復興、高度経済成長の波に乗り、一九六一年の「国民皆保険」の達成で一応の水準に達した。例外はあるにしても、ほぼすべての国民が公的医療保険の保険料を払い、保険証を手にして、いつでも、どこでも医療機関にかかれるようになった。

しかしながら、民間の病院や診療所の開設は、「医師のニーズ」によりかかっていた。医師がつくりたいところに医療施設は開かれた。伝統的に日本は「自由開業制」が堅持されており、民間病院は施設基準さえクリアすれば、どこにでもオープンできた。

その間、地方から都市へと急速に人口が移動した。農林水産業や石炭業が廃れ、若くて「安い労働力」が商工業の雇用を求めて大都市に集中する。郊外に大規模な団地が建設されて労働者を受け入れ、街はスプロール（虫食い）状に無秩序、不規則にひろがった。

その結果、人口急増地域は医療機関が全然足りず、医療砂漠が生まれる。かたや労働者を送りだした地方は人口が減って高齢化が進み、こちらも医師が消えていく。

医療過疎、医師偏在の原因は、見通しの甘い都市・国土計画と、自由開業制に守られた病院開設の齟齬《そご》にあった。国の制度設計の不備に対し、徳洲会は置き去りにされてきた「住民のニーズ」を掲げて医療の空白地域を埋める。そこに徳洲会が成長した歴史的な必然性がある。

俯瞰して見れば、徳洲会の医療変革運動は、高度経済成長のひずみを解消する社会的揺り戻しといえるだろう。工場が集中して「公害」が発生し、環境規制や省エネルギー技術が見直されたように、徳洲会が医療砂漠に病院を建てたことで「住民のニーズ」が再発見されたのである。隠れていたニーズの顕在化が医師会の壁を壊したのだった。

この事実は、現場のニーズを意識しながら制度設計を行う厚生官僚をいたく刺激した。全国的に病床数は経済成長を追い風に増えていた。問題は、その地域的な偏りである。厚生省が「公」の立場で介入しなければ、地域間のバランスはとれない。

加えて、医療費の増加も厚生官僚の頭痛のタネになっていた。自由開業制を放置して民間病院が増え続ければ医療費が膨らんで国の財政を圧迫する。七〇年代には六五歳以上の高齢人口が七％を超えて高齢社会に突入した。医療費の伸びに歯止めをかけたい。

そこで国は、一九八五年、医療法を大幅に改正し、病院施設の規制に着手する。「医療資源の適正な配置」「老齢社会に適応した医療供給システムの構築」を目的として、都道府県に「地域医療計画」の策定を義務づけたのだ。

都道府県知事は、民間病院についても、複数の市町村をひとつの単位とする「二次医療圏」ごとに必要病床を設定し、それを上回る病床過剰地域では、都道府県医療審議会の意見を聴いたうえで、病床の新設や増床を勧告できるようになった。自由開業制に一定の歯止めがかかったのである。

この制度変更は、病院を運営する全国の医療法人にショックを与えた。法改正を受けて、各都道府県は八七年ごろから地域医療計画を策定し始める。二次医療圏の必要病床が決まってしまえば、その後は好き勝手に病院を建てられなくなる。慌てた医療法人は、将来の糧を少しでも早く獲得しておこうと地域医療計画が施行される前の「駆け込み開設（増床）」を敢行する。病院を建てられるうちに建てておこう、というわけだ。

盛岡は、駆け込み開設に拍車がかかるなかで厳しい洗礼を受けた。選ばれた場所は、神奈川県の鎌倉市だった。


羽生総合病院の騒動を収めた盛岡は、徳洲会内で存在感を高めた。関東圏を見渡すと、鎌倉市の準工業地域の土地が買ったまま塩漬けにされていた。例によって鎌倉医師会の反対で、新設が宙に浮き、話は政府レベルまで上げられたものの白紙に戻されたのだ。

東京本部や医師たちも「これはどうしようもない」と諦め気味だった。盛岡が徳田の意思を確認すると「鎌倉でも住民運動をやろう」と言う。だが本人は国政選挙にかかりきりで、とても運動を仕掛ける余裕はなかった。

停滞している間に神奈川県は、いよいよ地域医療計画の作成に取りかかった。県の医療審議会は医師会の会員が中心である。今後、一切の新設を許さない計画が承認されるのは十分に予想できた。ただ、先行した茅ヶ崎徳洲会病院は、アメリカ帰りの専門医もいて評判は上々。湘南地域で徳洲会の印象は悪くなかった。大勢の鎌倉市民が茅ヶ崎病院に通っていた。チャンスは、いましかない。

盛岡は、鎌倉に出向き、「民意」を探る。

医師会の面々には目もくれず、三三名の鎌倉市議会議員を個別に訪問した。よく話を聞いてみると、共産党の四名を除く、二九名の市会議員は「病院は必要だ」と賛意を表した。これなら、いけるかもしれない。

盛岡は、徳田に大胆なリクエストをした。

「北海道から九州まで、全国の病院から可能な限りのスタッフを車付きで鎌倉に呼んでください。車で鎌倉に来させてください」

「そんなに呼んで、どうするんや」

「署名活動を大々的にやります。二週間で集められるだけ集めて、神奈川県と交渉して、閉まったドアをこじ開けるんです」

「そうか。やってみる価値はあるな」と徳田も了解した。

古都、鎌倉に徳洲会のマークが付いた車が全国各地から続々と集まった。盛岡は署名用の文書を作成し、「老いも若きもすべての人が病院にかかるのだから、文字が書ける人なら四歳、五歳の子どもでもいい。署名を集めてください」と職員に手渡し、送りだした。

職員は地区ごとにローラー作戦で署名と一緒に住民の「意見」を拾う。

全国から職員が押し寄せたものだから泊まれる宿がなくなった。仕方なく、鎌倉周辺のラブホテルに分宿させる。盛岡は作業用のアパートを借り、毎晩、集まった署名と住民の意見を集計した。二時間ぐらいしか寝られなかったが、病院の当直よりはましだった。朝がくると、盛岡は鎌倉市役所の広報メディアセンターに行き、集めたデータを新聞記者たちに伝える。今日はこれだけの署名が集まった、こんな意見があったと詳しく説いた。

新聞が徳洲会の鎌倉進出を積極的に採り上げ、テレビ、ラジオ、雑誌が後を追う。ほとんどの報道が徳洲会の病院開設に好意的だった。メディア報道とローラー作戦の相乗効果で、わずか二週間に約八万五〇〇〇人の署名が住民の「声」とともに集まった。鎌倉市の総人口は約一七万五〇〇〇人だったから、じつに半数ちかくの市民が署名した計算になる。

盛岡は、徳田を呼び、鎌倉市民会館で講演会を催した。講演を機に「徳洲会を誘致する会」が立ち上がり、医療系金融機関のスタッフが事務局に入って、神奈川県との折衝に当たる。神奈川県も大量の署名とメディア報道を前に門戸を開かないわけにはいかなかった。

新しい地域医療計画が発効するのは八七年四月一日からだった。前日の三月三一日までは、従来の自由開業制の下、施設基準を満たせば病院の新設が認められる。

ここで、またしても医師会が立ちふさがった。医師会員主導の神奈川県医療審議会は、鎌倉の病院新設プランを「不可」とする。世論が徳洲会側についても、医療審議会の砦は強固だった。盛岡は、神奈川県庁に日参し、市民の大多数が望む病院が開設できないのは理不尽だと訴える。顔なじみになった保健福祉局の幹部が、ボソッと言った。

「盛岡さん、一つだけ、県でもね、断れない方法があるんですよ」

「えっ、それは何ですか」

「個人病院です。現在の法律では、個人病院の開設まではノーと言えないんです。でも、徳田さんではダメですよ。徳洲会の代表だから個人病院はつくれません」

「その手がありましたか。すぐに検討します」。起死回生の一手を盛岡は授かった。

茅ヶ崎病院の幹部医師に個人病院の創設を内密に打診すると、彼は「とても無理だ」と逃げた。他に誰かいないだろうか、とぐるりと見渡したが、適任者はいなかった。自分でやるしかない。盛岡は徳田に会い、「僕の個人病院でスタートさせましょうか」と訊ねた。「そうしてくれ。最後はおれがちゃんと面倒みるから」と徳田は認める。

方針は決まった。が、盛岡には貯金がなかった。思案投げ首の盛岡に東海銀行が三〇〇〇万円の定期預金を組んでくれた。そして土地などを担保に一四億円余りの融資が決定される。登録病床四五〇床の個人病院の新設プランが固まった。

もちろん、こうした画策は極秘裏に行われた。神奈川県にすれば、法的に個人病院を認可しないわけにはいかない。とはいえ、地域医療計画の策定、施行は目前に迫っている。いくら手続き上の瑕疵《かし》がないとはいえ、鎌倉に盛岡が院長の個人病院の新設を認めて公表したら医師会の怒りを買うのは目に見えていた。

「駆け込み開設を認めたのか！」と県の保健医療部は集中砲火を浴びるだろう。

県の幹部が盛岡に耳打ちした。

「盛岡さん、あなたの個人病院開設の申請は、三月三一日に印鑑を押して認可します。だけど、すぐに公表すると差し障りがあるので、ちょっと金庫に入れて保管しておきます。認可書類は、四月末の連休前にお渡しします」

「信じてお待ちします」と盛岡は腹をくくった。

しかし、盛岡と一緒に誘致運動をしてきた人たちは裏事情がわからず、以前にも増して県を激しく突き上げた。なぜ、病院の開設を認めないのか、八万五〇〇〇人の希望を無視するのか、と神奈川県庁にデモをかける。盛岡は、気が気ではなかった。県の幹部は、事情を承知して個人病院開設の申請に判を押してくれている。その事実を明らかにするわけにはいかないのだ。

盛岡は、いきりたつ仲間を「なぁ、ここまでやってきたのだから、あとは県を信用しよう。圧力をかけるばかりでは得策ではないよ」となだめる。

腹芸と腹芸が交錯し、神奈川県は個人病院＝湘南鎌倉病院の開設を認めた。

だが、これで一件落着とはいかなかった。産みの苦しみはまだ続いた。


湘南鎌倉病院の建物が完成に近づくと、盛岡は配属される看護婦を関西や九州から呼び集めた。鎌倉観光を余得につけ、「看護婦免許を持って湘南鎌倉病院の応募面接を受けてくれ」と頼んだ。開設前に勤める本人と免許証が一致することを実証しなくてはならなかった。

というのも、「名義貸しを絶対に許すな」と医師会は県に伝えていたからだ。一人のごまかしも認めない、面接会場で免許と顔をあらためろ、と県に圧力がかかる。他県では例のない県職員立ち会いの応募面接が行われた。

面接会が始まって間もなく、六〇代の看護婦が盛岡の執務室に顔を出し、「院長先生、県から来た人が私の履歴書を見て、あんたほんとうに働く気があるのかって聞くんですよ」と忌々《いまいま》しそうに告げた。「なに？　そんなこと言ったんですか」と盛岡の顔色が変わった。盛岡は面接会場に入って行き、県の職員を脅しあげた。

「おい、ここの誰かはわからんけれども、不当労働行為をしているやつがいる。看護婦の雇用権はこちらにあるのに、働く気があるのか、と首実検している者がいる。僕は、神奈川県の保健福祉局に、こういう不当労働行為があったと弁護士を介して通告したぞ」

そこから県職員の介入は止まり、面接会は終わる。県には採用面の問題はなしと報告された。

建設工事が進み、職員募集が行われても、まだ開設反対の策動は止まらなかった。県の幹部が「与党代議士、できれば選挙区の誰かに鎌倉に病院を早く開くよう言ってもらったほうがいい」と盛岡に伝えた。湘南鎌倉の副院長に就く医師が、以前、横須賀の病院で衆議院議員、小泉純一郎（のち首相）の主治医を務めていた。

盛岡と副院長はアポイントメントを取って小泉に会った。「変人」と言われる小泉は、ふたりの顔を見るなり、「ぼくに陳情は効かないよ」とバリアを張る。余計な手間をとらせるな、と顔に書いてある。副院長は元主治医の割におどおどして要領を得ない。

「先生、八万五〇〇〇の署名付きで賛成を得ているんですよ。だから先生、力を貸していただけませんか」と盛岡が急所をついた。政治家は、常に「票」を意識している。

「わかった。わかった」と小泉は答えると、秘書に神奈川県庁に電話を掛けるよう指示した。県庁の上層部が電話口に出ると、受話器を受け取り、「いま、ここに徳洲会の先生方が来ているんだけど、多くの鎌倉市民が病院を建ててほしいと願っているようだな。僕の主治医でもあった人だし、認めてやってもいいじゃないか」と単刀直入に言った。

まだ大臣経験のない小泉だったが、与党代議士の口添えは効いた。八八年一一月の開院が決まった。三六八病床の認可が下りる。

医師会の砦、医療審議会は、土壇場まで抵抗を続けた。建物の竣工式の日を迎えても、湘南鎌倉病院に「保険医療機関」の指定が下りなかったのだ。保険医療機関に指定されないと公的な健康保険による診療ができない。すべて保険適用外の「自由診療」とされ、患者は全額自己負担を強いられる。そんな病院に患者が来るはずもない。

医療審議会は、湘南鎌倉の保険医療機関指定を検討項目に上げず、先延ばしにしていた。竣工式には小泉もやってくるはずだった。当日の朝、盛岡は主催者の白薔薇をポケットにねじ込んで電車を乗り継ぎ、横浜の神奈川県庁に駆けつけた。腸《はらわた》は煮えくり返っている。

県庁の保健医療部の広いフロアは真ん中を廊下で仕切られていた。職員が机を並べる医療課に向かって、盛岡は大声で怒鳴った。

「保険医療機関の指定を下ろさないのは、どこの誰だ。誰も病院をつくらないから、僕は、個人で十何億もの借金をして、職員の採用面接で首実検までさせて竣工にこぎつけたんだ。ここまできて、保険医療機関として認めないとは何事だ。保険診療は、三か月後まで診療報酬が入ってこない。医療過疎の解消という社会的課題を、個人に押しつけて、どこまで苦労をさせるんだ。指定をしないのは、どこの誰だ。名のり出ろ！」

医療課長が立ち上がり、あっち、あっちと廊下の向こうを無言で指さしながら近寄ってきた。廊下の反対側は医療保険課で厚労省の天下りが椅子に座っていた。

医療課長は盛岡の前にきて目くばせしつつ小声で言った。

「ここのところは、私に任せてください。盛岡さん、今日は病院の竣工式ですね。せっかくのハレの日なのですから、帰って、お客さんに挨拶をしてあげてください。みんな、わかっていますよ。いい病院にしてください。頼みますよ」

盛岡は、矛を収めて鎌倉に戻った。後日、ようやく保険医療機関の指定は下りた。医療課長が国の出向者を説得してくれたようだった。人と人の思いが、病院開設の裏でつながっていた。

湘南鎌倉病院は、七年後に医療法人の申請が認められ、名称も湘南鎌倉総合病院に変わる。歳月を経て徳洲会の理念を具現化させた旗艦病院に昇格し、脚光を浴びる。日本で初めて心臓の「バチスタ手術（左室形成術）」を行い、ドラマや映画の題材に取り上げられた。

何よりも、のちにＡＬＳ（筋萎縮性側索硬化症）を発症して身体の機能が衰えた徳田虎雄が入院したことで知られる。徳田は湘南鎌倉の最上階一五階、特別室で肉声も行動の自由も奪われて、ときを過ごしている。不自由な体で、視線だけを文字盤に向けて、スタッフに意思を伝える。想像を絶する生命力で徳田は権力を維持した。やがて瞼の筋力も衰え、介助者に目を開けてもらって文字盤に視線をはわせる。

湘南鎌倉総合病院のホームページを開くと、輝かしい歴史が記されているが、徳洲会の象徴ともいえる病院が、盛岡の個人病院としてスタートした事実にはまったく触れられていない。まるで徳田が踏み入った「けものみち」などなかったかのようだ。

消したい過去は、未来を暗示している。

徳田は故郷の徳之島、奄美群島に病院を建て、政治の表舞台に立つ。

だが、実弾（現金）が飛び交う選挙は、徳洲会の体質を変容させていった。

第三章　エデンの東

やくざと選挙

一九八九年師走一五日、大阪は天神橋筋六丁目、中国料理店の大宴会場で、山口組直参若衆、盛《もり》政之助が率いる盛政組の「事始め」が賑々《にぎにぎ》しく開かれていた。事始めとは、一年をふり返り、新年を迎える門出の儀式だ。やくざ社会では最も重要な年中行事とされ、新たな「組方針」が伝達される。親分、子分で盃を交わし、

「親分《おや》のいうことは白いものを黒といわれても『はい』という。この盃を背負ったからは、一家に忠誠、親分に孝、たとえ妻子は食わずにいるとも、親分のために一命を捨てても尽くします」

と、忠誠が誓われる。若い組員は「抱負」を語った。

組長の盛政之助は、式の進行を、目を細めて眺めていた。晴れやかに事始めができるのも、抗争に生き残ったからだ。「山口組の代紋のおかげや」と山菱にそっと手を当てる。

関西の極道は、「山一抗争」といわれた山口組と一和会の長い戦いが終わり、愁眉を開いていた。あしかけ五年の報復合戦が終結し、山口組の下部団体も、ほっと一息ついた。

山一抗争の発火点は、山口組三代目組長・田岡一雄の死と、跡目争いだった。田岡は、戦後、荷役利権が頼りの組員わずか三三人の山口組を、構成団体約五六〇、組員一万二〇〇〇人を擁する日本最大の暴力団に成長させた。田岡はカリスマ視されたが、目の黒いうちに後継を決めないまま死んだ。成功体験と自尊心が判断を狂わせたようだ。次代を背負うはずの若頭が収監中に死亡し、組内は混乱する。

田岡未亡人に推挙された竹中正久が四代目の座を射止めたものの、不満をためた山口組組長代行・山本広らが組を脱退。一和会を結成した。衆議院選挙前に「徳田降ろし」を試みた佐々木道雄は、一和会の幹事長に就く。山口組はふたつに割れた。

武闘派の竹中が頂点に立った山口組は、一和会との「絶縁状」を関係諸団体に送る。八五年一月、一和会系組員が竹中組長を銃で暗殺し、抗争は激化した。

組長の「魂《たま》」を取られた山口組は凄まじい復讐をくり返した。二年後にひとまず抗争は終息したが、すぐに再燃。この間、一和会側の死者一九人、負傷者四九人、山口組側は死者一〇人、負傷者一七人、警察官や市民に四人の負傷者が出た。一和会は徐々に切り崩され、追いつめられた。バブル景気の「地上げ」や「企業恐喝」で懐を膨らませた面々もシノギの道を断たれる。佐々木は引退して任侠の世界から足を洗い、佐々木組は解散した。

八九年三月、山本会長が身を引き、一和会は消えた。山口組の勝利で抗争に終止符が打たれた。裏社会の浮沈も激しく、勝てば官軍が常である。ともかく平安が戻った。

つい昨日まで、盛は三代目山口組の金庫番、小田秀臣の配下で、小田秀組の大幹部だった。小田は四代目竹中組長の襲名に反発し、山口組を抜けて一和会設立時にはスポークスマンを務めた。盛は小田に従って一和会に加わるものと思われたが、小田が引退を表明すると、案に相違して山口組の傘下に入る。

四〇代の盛にはまだ「先」があった。盛ら三人の幹部は、小田秀組の組員を分けて引き取った。盛は竹中の盃を受けて四代目山口組直参若衆に取り立てられる。「白いものを黒」と言われて「はい」と答えるかどうかも時と場合によるのだ。

事始めの式は滞りなく進み、酒宴に移った。舞台では、吉本興業所属のコンビが漫才を始めた。盛がビールを片手にリラックスしていると、場違いな空気をまとった堅気の男が二人、いそいそと宴会場に入ってきた。男たちは上座の円卓に近寄った。

盛は、故郷、徳之島伊仙町出身の同胞の顔を見て驚いた。

「おい。どうした。おまえが、こんなところに……」

「徳田理事長の代理で、仁義を切りに来たよ」

盛岡正博が同い年の組長の前に座って言った。盛は伊仙町の犬田布《いぬたぶ》の生まれだった。盛岡の生家があった阿三《あさん》からは目と鼻の先の集落で育っている。

「えらく、あらたまって、なにごとや」と盛が訊ねた。

「久しぶりに伊仙の話でもしようと思ってな。いやいや、わかっているとは思うが、年明けにも衆議院の解散、総選挙がある。間違いない。三度目の正直で、今回は何としても徳田を勝たさんと病院がもたん。こんどばかりは、動かんでくれんか。頼むよ」

盛岡に付き添う建設会社の社長が、カバンから豆腐のように膨らんだ封筒を取り出し、「よろしく、お願いします」と側面を下に組長の前に差し出した。横にしても立つほど現金が詰まっている。社長は徳洲会の病院建設を受注しており、裏社会にも通じていた。

「おまえ、ここまでやらんといかんのか。大変やな。もう徳田なんかとは縁を切れや」と組長は気遣うように言った。子分たちも盛岡の予想外の申し出に目をまるくしている。その場には、盛岡の父方の親戚にあたるものもいた。盛岡は嚙んで含めるように語りかけた。

「医療の世界に踏み込んで、おれなりにやってきたよ。あちこち躓《つまず》きもしたが、徳洲会で日本の医療を変革したくて飛び回っている。投げ出すわけにはいかんのや。今回だけはようすを見てくれんか。応援してくれとは言わない。ただ、邪魔をしないでほしい。みなさんには、口を出さず、見ていてもらいたい。動かれると徳洲会が厄介なことになる。病院を潰すわけにはいかん」

「徳洲会のナンバーツー、盛岡先生の本心なんやな」と盛が聞いた。

「徳田の意思だと思ってもらいたい」

舞台の漫才コンビは、ちらちらと組長のほうを見ながら下ネタを連発していた。

そのころ、奄美群島区の選挙は、やくざが情勢を動かした。

都会で極道と恐れられる彼らも、徳之島に帰れば「ふつうの人」に戻った。多くは住民票を島に残していた。エネルギーがあり余る彼らは「羽振りのいい、あにき」と歓迎され、一族、郎党を束ねる。選挙戦中、活発に行動し、金も使って票をまとめた。

「犬田布の盛が帰ってきたぞ」と近隣に声がかかると、血気盛んな若者が集まった。「おい、札を敷いてこい」と買収が始まる。命知らずの彼らが動けば、一般の島民もなびく。

一和会が解散し、選挙で暗躍した佐々木が表舞台から消えたいま、盛の力は高まっている。徳田が保岡興治との熾烈な戦いを制するには「静観してくれ」と仁義を切ったほうがよい、と盛岡は判断したのだった。

奄美群島のなかでも、徳之島、伊仙町の土地柄は独特であった。人口当たりの警官、教師の数は飛び抜けて多い。「家梁水粥《やんきちしきばん》」の伝統が息づいているのだろう。親は家の梁が映るほど薄い粥をすすっても子に仕送りして教育を受けさせる。

その一方で、やくざの数も多かった。貧しい離島出身者が、都会に出て差別されながら、のし上がるには裏街道もひとつのコースだった。山口組の構成員に在日コリアン、同和地区出身者が多いのはよく知られているが、佐々木や盛のように徳之島出身者も幹部に名を連ねていた。奄美から本土に渡った者にとって、極道も生きるための生業だったのである。

ちなみに盛岡の父の従弟、清水光重は、田岡一雄に山口組若頭補佐に取り立てられている。清水は兄弟分の組長が服役した際に利害調整をして一目置かれるようになった。七〇年代に田岡が銃撃され、一命を取りとめるも「大阪戦争」と呼ばれる抗争が勃発する。清水は独自に行動した。それが統制を乱したと難詰され、指をつめている。清水は、剛毅な半面、人の意見にも耳を傾け、広い人脈を持っていたが、五〇代で亡くなった。

清水の葬式には、親族を代表して盛岡の父だけが参列した。後日、山口組の会葬御礼が山科の家に届いてからは、郵便局員の、嫌がらせじみた郵便物の遅配、誤配がピタリと止んだ。盛岡家を「その筋」と見て、郵便物を丁寧に扱うようになった。それまでの奄美出身者への差別感情がアンタッチャブルな怖れへと転換したようだ。

戦後、奄美群島から関西や関東に移住した人は、その子や孫を含めて五〇万人以上といわれる。とくに関西に二〇万～二五万人が集中する。本土復帰後は、奄美の島々と神戸が蒸気船で結ばれ、若者が大阪や神戸周辺の製鉄所、紡績工場に集団就職をした。

しかし、言葉の体系や文化、習慣の異なる奄美の人びとは、仕事や結婚、人間関係で露骨な差別を受ける。メディアにも差別性は陰湿に残っている。ある殺人事件で犯人の少年の両親がたまたま奄美群島出身だったことから、島の習俗に殺人の原因があったかのような記事が雑誌に掲載された。奄美のルーツに「異族」の烙印を押して排除しようとする。差別に対し、家族的つながりの強い奄美の人は先輩が後輩を呼び寄せ、小さな共同体をつくって身を寄せ合う。そうすると、その共同体にまた差別的なまなざしが向けられる……。

息苦しい差別の連鎖のなかで、力があればのし上がれるアウトローの世界に人が流れるのはしぜんな成り行きだった。

徳之島出身のやくざは都会で裏街道を歩いていても、島に帰れば、その日から表街道を、闊歩できる。「出稼ぎ」の地上げや債権取り立て、賭博で儲けた金を、貧しい島に還流する役目も負っていた。島では、警官と教師、やくざが「同胞」として「おれ」「おまえ」の間柄で語り合えた。はらからの仲に戻れる、不思議な浄化作用が働いた。

もっとも、シノギの場である都会では、同じ島の出身だからといって堅気とやくざが親しく口を利くことはなかった。島を一歩出れば、はっきり棲み分け、やくざは食うか食われるかの渡世に生きる。たとえ食いつめて野垂れ死にしようが、花を手向ける者はいない。島の外では関係を断つ。本土で育った人間には想像もつかない、暗黙の掟があった。

島と都会の二元的な世界は厳然と存在していた。だから、事始めに現れた盛岡の姿を見て、親分、子分こぞって驚嘆したのである。盛組長の「ここまでやらんといかんのか」には、そういう社会構造的な実感がこもっていた。

「奄美の選挙は、保岡、徳田でまっぷたつやな。わしらの戦争が終わったら、次は保徳戦争か。盛岡先生、体には気ぃつけろや」と盛は言い、目線を白い封筒に落とした。組の幹部が事務的に封筒を手近の紙袋に入れた。

「では、親分、よろしく、頼みます」と盛岡は頭を下げ、宴会場の出口へと歩いた。ステージでは、だみ声のボケ役が何やら喚いている。漫才師らしからぬ妖しい光を目に宿して……。

二週間後、日経平均株価は三万八九五七円の史上最高値を記録した。ドイツでは「ベルリンの壁」が崩壊し、東欧の民主化革命、東西冷戦構造の崩壊へと世界史的転換が起きていたが、日本はバブルの宴に酔いしれるばかりだった。

二度の落選

徳田は、衆議院選挙に奄美群島区から出馬し、二回続けて落ちていた。初回、八三年一二月の総選挙に僅差で敗れて「保岡軍団」の強さをまざまざと見せつけられた。

保岡軍団を築いたのは、興治の父、武久である。武久は奄美大島に生まれ、一九二七年に東京帝国大学法学部を卒業後、内務省に入った。天下の悪法といわれた治安維持法の下、思想犯を取り締まる「特別高等警察（特高）」の畑を歩き、大阪府特高課長を務める。

戦前、特高の拷問などで一六九七人以上の命が奪われ（治安維持法犠牲者国家賠償要求同盟の調査）、人道に反する罪を犯した特高の下級警察官は、戦争が終わると公職追放された。しかし特高官僚は「休職」扱いで多くが復権し、武久も鹿児島県副知事を務める。奄美群島の日本復帰に伴う衆議院選に出馬し、激戦を制して当選。内閣官房副長官や郵政政務次官を歴任した。権力中枢の濁った地下水脈を泳ぎ渡ったエリートである。

対して、徳田の父は、真逆の生き方をしている。小学三年の徳田が死の床にあった弟のために山道を転んで泥だらけになって医者に往診を頼みに走ったところ、父は闇商売で逮捕され、九か月間の入獄中だった。親の経歴は比べものにならなかった。

保岡武久は娘たちを奄美大島や徳之島の有力者に嫁がせ、息子の興治は沖永良部の町長の息女を嫁にした。キャリアと閨閥で築いた保岡王国は、そっくり興治に世襲される。田中派に入った興治は、公共事業の誘致を握り、選挙では連戦連勝を重ねた。

奄美群島区は、奄美大島、徳之島、喜界島、加計呂麻島、沖永良部島、与論島などの島々で構成され、有権者数は約一〇万八〇〇〇人だった。人口は奄美大島が八万で、二番目の徳之島は三万二〇〇〇と大きな差があり、戦後は奄美大島以外の島から国会議員は出ていなかった。奄美大島を根城とする保岡は、群島すべての市町村の首長、議長の支持を取りつけた。奄美の選挙戦には、現職大臣、元大臣、代議士が続々と乗り込み、保岡を応援する。この保岡軍団の牙城に殴り込んだ徳田は、風車に挑むドン・キホーテのようだった。

徳田は、「離島医療の確立」と、田中軍団のお株を奪う「ドブ板戦術」に突破口を見出そうとした。土建政治、田中派支配に対して「医療の充実」を前面に掲げた。

徳田には、徳之島に総合病院を建て、奄美の離島医療のネットワークをつくる目標があった。ただ、いきなり徳之島に病院を開こうとしても医師は集まらない。まずは県庁所在地の鹿児島市に総合病院を建て、大阪の徳洲会病院から医師を送り込む。鹿児島が成功したら、念願の徳之島に病院を建設しようと青写真を描く。

しかし、鹿児島は「趣味は田中角栄」と言ってはばからない二階堂進のお膝元である。田中政権の内閣官房長官だった二階堂の影響力は強く、反徳洲会のお触れが隅々まで行き届いていた。徳洲会が用地買収の届けを出すと県庁や市役所から医師会に情報が流れ、その土地は誰かに買い取られてしまう。徳洲会への視線は冷たかった。鹿児島は難攻不落の要塞のようだった。

奄美の医療は立ち遅れていた。「国や県が見放すのなら徳洲会がやる」と徳田は奄美の島々に「医療相談所」を設けて職員を張りつける。職員が住民と面談し、健康不安を聞き取ると「沖縄の南部徳洲会病院で診てもらいませんか。三割の医療費自己負担を免除しますよ」と誘った。これ幸いと奄美群島の人びとは船で那覇に渡った。いわゆるメディカルツーリズムの先取りである。

診療には沖縄観光もセットされた。徳洲会のバスが那覇港まで島民を迎えに行き、夕食の会場に運ぶ。食事が終わるとバスで南部徳洲会病院に送り、五階の全フロア、約一〇〇床の余剰ベッドに泊まらせる。病院をホテル代わりに使わせたのだ。

そして、夜が明けると、島民は診療と観光に分かれて一日を過ごす。夜は民謡酒場で飲めや歌えのどんちゃん騒ぎもくり広げられる。入院加療が必要な患者は別行動ではあるが、医療費の三割自己負担は免除された。

毎日二〇～三〇人が、入れ代わり立ち代わり、沖縄南部病院を訪れ、一〇〇床の余剰ベッドはほぼ満杯だった。こういう状態が、初回の衆議院選挙を挟んで三年ちかく続いた。徳洲会の病院に泊まった奄美の人は地元に帰ると土産話に花を咲かせる。徳洲会の宣伝が浸透してゆく。沖縄診療旅行は、医療の普及と草の根のドブ板活動を合わせた高等戦術だった。メディカルツーリズムを経験した有権者は病院の必要性を訴え、徳田を讃える。

これが保岡陣営におもしろかろうはずがない。「徳田は医療を政治に利用している」と攻撃した。三割の自己負担免除に国税庁那覇税務署がかみついた。税務署は、三割の医療費は本来、現金で徳洲会に入ったはずの所得で、患者から受け取らないのは徳洲会の勝手である。三割分にも税金はかかる、と追徴課税を求めたのだ。税務署長と南部徳洲会の事務長は激論を交わしたが、最終的に六〇〇〇万円程度の追徴課税を取られた。

「保岡が税務署に圧力をかけたに違いない」と徳洲会の職員は恨みを募らせる。

初回の選挙に敗れ、「素人集団では勝てない」と徳田は嘆いた。

再挑戦を決めた徳田は、さらにドブ板戦術に力を注いだ。妻の秀子を、奄美大島の名瀬市に移り住ませ、草の根の選挙活動をさせる。中学に上がったばかりの次男、毅が秀子と一緒に奄美に移り、他の子どもたちは大阪に残った。

秀子は、奄美の集落を一軒、一軒、名前と住所を確かめて訪ね歩く。保岡王国の地盤は強固だった。門前払いが続くなか、たまに「お茶でも」と家に入れてもらえると、「大阪の天美《あまみ》からきました。徳田虎雄の家内でございます。終戦後、小学二年のときに両親が生まれた徳之島に帰ってきました。主人とはひとつ違いで、一〇代に出会い……」と来し方を語る。徳田が医師を志した理由や、秀子が乳飲み子を抱えて近畿大学薬学部を卒業したこと、病院建設の金策に奔走した日々、夫婦が歩んだ険しい道のりを話すと、涙ぐむ人もいた。涙は保岡派の堅い岩盤をうがつ雨垂れだと信じ、秀子は一票ずつ集めた。

徳洲会の職員も、秘書の能宗を筆頭に、土地対策の服部拓や、事務全般を扱う中川和喜、看護部門を預かる久保悦子、薬局長の田中良子、医師対策の宮崎仁宏らが奄美の選挙区に入った。徳田は「狭い道を通るのはこれがいい」とスクーターを飛ばして集会をハシゴする。その後ろを能宗が汗みどろで走って追う。

車に乗り換えた徳田は、黄信号で「迷わず、進め」、赤信号は「気をつけて進め」と運転手に命じる。徳田に常識人は必要なかった。半分狂ったような、常軌を逸した土壇場でこそ、人間は力を発揮する。そういう境遇に己を追い込める人間でなければ行動をともにできない。しばしば、西郷隆盛の言葉を引き、役に立ちそうな人間には、こう語りかけた。

「人生は芸術だ。命もいらず、名もいらず、官位も金もいらないというやつほど始末に困る者はいない。その始末に困るやつでなければ国家の大業を成しえない」

俺にはその覚悟があるから、一緒にやろうと徳田は誘う。本心はともかく、平気で芝居がかったセリフを吐けるのもリーダーの資質ではあろう。

この「命もいらず、名もいらず」に悲しいほど忠実に応えたのが能宗だった。彼は徳田に殴られまいと先回りして仕事を覚えた。徳田に聞かれたことに完璧に答えようと関係者にヒアリングを重ね、仕事を深掘りした。だんだん徳洲会の経営組織がつかめてくる。しぜんと能宗に選挙の裏仕事が委ねられた。

選挙運動は、朝の五時、六時から始まった。運動員には◎△×の印がついた住民名簿が配られる。◎は、堅い徳田支持者、△は中間派の浮動票、×は保岡派である。△や×を◎にしようと選挙本番の三か月ぐらい前から「金打ち（買収）」に着手する。最初は、五〇〇〇円、三〇〇〇円の少額を担当地区の全戸に敷きつめる。投票日が近づくと金額を、一万円、二万円とアップさせ、敵陣の切り崩しを行う。

運動員は「こんにちは」と玄関に入り、室内に上がって仏壇に金を供えた。保徳、双方が交互に金を打ち合った。律儀（?）な家は、徳田派が一万円を置いた後に保岡派が二万円を持ってくると先の一万円を保岡派に渡した。次に徳田派が三万円を持っていくと仏壇の二万円を徳田派に戻す。金は受け取っても独特の一線を守った。そうかと思えば、最後まで態度を明らかにせず、保と徳それぞれから積まれるままに現金を受け取る家もあった。

当時の奄美では、選挙は地場産業の大島紬、サトウキビ、公共事業に次ぐ「第四次産業」と自嘲気味に語られた。

買収に金が注ぎ込まれ、胴元が候補者にハンディをつけて選挙賭博が行われる。勝った側は大金が転がり込み、仕事も順調にすすむ。敗者は借金を背負って出稼ぎに出る。買収が法にもとるのは百も承知だが、現実に巨額の金が動いていると感覚は麻痺し、選挙の勝敗だけに関心が集まる。八三年の総選挙では賭博行為で役場職員ら四五人が逮捕され、一〇二人が逮捕、検挙されている。選挙となると、一種の集団躁状態に陥った。

激しい選挙戦のさなか、徳洲会の女性職員は電話で有権者に徳田への投票を呼び掛け、ビラやポスターを張って回った。保岡軍団のまんなかで「徳田虎雄をよろしく」と大声で叫んでも「犬」しか振り向いてくれない。長く滞在していると、地元のスタッフが「脂っこい料理に飽きたでしょう」と、焼き魚やみそ汁の食事を作ってくれた。地元に溶け込んで緊張がとれ、さぁこれからと奮起したところで、「〇〇は徳田の愛人だ」と記した怪文書が大々的に撒かれる。誹謗中傷、人格攻撃、何でもありだった。

「選挙は住民の心を知り、現場を知り、人様に頭を下げる研修や」と徳田は職員を叱咤《しった》する。欲望と金の二人三脚で選挙運動が展開された。

草の根のドブ板戦術がボディブロウのように効いたのか、保徳戦争の前哨戦といわれた名瀬市の市長選で、二八年も市政を牛耳っていた保岡派の市長が落選した。徳之島の町長選でも徳田派が勝った。徳田陣営は「上げ潮だーッ」と自信を深める。

が、しかし……八六年七月、二度目の総選挙でも徳田は負けた。保岡五万九六五票に対して徳田四万七四二四票と、初回よりも差は開いた。前回以上に「人・モノ・金」を投じたにもかかわらず、である。

徳田本人は「前回僅差での勝利だったせいか、（保岡派の）地元実業界も商店会も必死だ。さらに今回は、創価学会が保岡陣営にまわった」から負けたと回想している。敗因は、それだけではない。内紛による選挙参謀の「寝返り」も負けた原因のひとつだった。

たとえば、埼玉県の羽生病院で院長以下、医師と職員が一斉退職したときに辞めた専務理事は、二度目の選挙で保岡側につき、徳田攻撃の先頭に立った。飛び交った実弾もけた外れだった。徳田派は一〇億円、保岡派は三〇億円を投じたといわれる。徳田派の選挙資金には、医療機器を購入した代理店や、病院の建設工事を発注したゼネコンからのキックバックが充てられた。

保徳戦争は中央政界にも波風を立てていた。自民党内の田中派と敵対する派閥が徳田陣営に二〇〇〇万円の陣中見舞いを寄越した。徳田の落選後、徳洲会の幹部がその金を東京紀尾井町の派閥事務所に返しに行った。たまたま派閥の領袖がいて、「先生、これをお返しします」と差し出すと、「おかしいね。陣中見舞いを返してくれたのは、きみのところが初めてだよ」と領袖は受け取ろうとしなかった。

「いえいえ先生、当選して徳田が代議士になっていたら恩返しができますけれど、落ちたら何のお返しもできませんので、これはお返しします」。幹部は押しつけるように陣中見舞いを派閥事務所に置いて帰った。二〇〇〇万円の金でも、もらったままでは縛られる。今後の「選択肢」を拡げておくための処置であった。

連敗した二度の選挙に、徳洲会のナンバーツー、盛岡はノータッチだった。羽生病院の立て直しや、湘南鎌倉病院の設立準備に追われて選挙どころではなかった。他の幹部医師と同じく、選挙からは距離をとって医療体制の整備を優先していた。

だが、落選続きでグループは動揺した。負けても、負けても選挙に出たがる徳田に病院長たちは辟易し、あちこちで摩擦が生じた。いくらワンマン経営者の徳田といえども、各病院の最高責任者の院長を統制するのは簡単ではなかった。そもそも医師は引く手あまたで、いざとなればどこでも食べていける。「一国一城の主」といった意識が強く、院長ともなればなおさらだ。理屈に合わなければ、理事長でも糾弾する。

実際、岸和田病院の山本院長と並ぶ大黒柱だった八尾病院の「アメリカ帰り」の院長は、徳田と大喧嘩をし、「あんな下品なやつとはもうやっていけない」と去った。その後、彼は自分の経歴から徳洲会を切り捨てる。二度と徳田の「と」の字も口にしなくなった。

徳田の求心力は落ちた。徳田のカリスマは、夢や理想を大言壮語し、それを実現するから保たれる。日本中に病院を建てるという夢物語が具体化するから「この人についていこう」と職員は従った。しかし、選挙は大風呂敷を広げたまま、連戦連敗である。何ひとつ実現できていない。負け続ければカリスマは失われ、やがて組織は瓦解するだろう。

加えて財務的にも徳洲会は行きづまっていた。銀行の管理下に置かれる寸前だったのだ。

「このままでは徳洲会が潰れる」

と、盛岡は危機感を募らせる。三度目は奄美の徳之島出身の自分がかかわらなくてはなるまいと心に期した。

徳田は、二度の落選の悔しさをぶつけるように病院を建てた。八六年末には故郷に念願の徳洲会徳之島病院を開設する。この年は乞われて買収した病院も含め、北海道、仙台、神戸、名古屋、千葉、長崎など計八つの病院を開いている。翌年、苦心惨憺の末に田中派の根拠地の鹿児島市にも新病院をオープンした。

鹿児島の病院開設もすんなりとはいかなかった。用地買収には、徳之島出身のYという任俠的な人物が深く関与している。Yは、土地を所有する地場大手建設会社の社長を頻繁に連れ出し、「私利私欲ではなく世のなかのため」と説得して土地の売買契約を交わした。徳田も東京赤坂にあった高級クラブ「ニューラテンクォーター」で社長とグラスを傾ける。その直後から地場建設会社への自民党の圧力が強まり、社長は「金を出すので土地の件は白紙に戻してくれ」と懇願してきたが、Yは頑として聞き入れなかった。

水面下で、医師会、保岡陣営と火花を散らしながら、徳洲会は徳之島、鹿児島と重要な戦略拠点を押さえる。これは政治的には「国盗り」への布石であった。

そして、いよいよ三度目の衆議院選が秒読みにさしかかった八九年末、ナンバーツーの盛岡が動いた。さまざまな勢力が暗躍するのを抑えようと、大阪、天神橋筋六丁目の中国料理店での盛政組の「事始め」に足を運び、静観するよう手を打ったのである。やくざ社会で最も大切な年中行事に出向いた背景には、徳田を選挙で勝たせて求心力を回復させ、徳洲会の針路を安定させるという大命題が横たわっていた。

代議士は誕生したが……

一九九〇年一月二四日、海部内閣は衆議院を解散した。総選挙の投票日は二月一八日と決まる。海部首相は一年前に導入された消費税について国民に信を問う決断を下した。

この日、徳田は加計呂麻を遊説中に徳洲会診療所のテレビで解散を知った。午後には請島、与論島に渡って遊説を続けた。代議士の保岡は、自民党両院議員総会や選挙対策幹事会に出席し、奄美に帰ったのは翌日だった。たった一日の差だが、ふたりの状況の違いを表している。徳田がドブ板戦術で選挙区をくまなく回ったのに対し、六回当選の中堅代議士、保岡は党務に時間を取られ、なかなか地元に帰れなかった。

二月三日、第三九回衆議院選挙が公示され、奄美群島区では自民前の保岡興治、無所属新人の徳田虎雄、共産新人の島長国積の三人が立候補した。実質的には保岡と徳田の一騎打ちである。三度目の保徳戦争の火ぶたが切って落とされた。

前日に名瀬市を見下ろす丘の中腹の高千穂神社で必勝祈願を済ませた保岡は、午前六時に起床し、身を清めて出陣式会場の「いしばし公園」へと向かった。スーツ姿に日の丸の「必勝」鉢巻をしめ、「保岡オキハル」のたすきをかける。騎馬戦の大将騎のような恰好で、支持者に担がれ、公園に入った。むせ返るような熱気が満ちていた。

「届け出は、一番！」のアナウンスに手拍子と甲高い指笛が響きわたり、「オキハルーッ！」の絶叫がわき起こる。一斉にチヂンと呼ばれる島太鼓が打ち鳴らされた。太古の昔から海の民が体に刻み、潮の流れに和した律動がドンドンドドと一帯にとどろく。

「いよいよ決戦のときがきた。奄美の浮沈を決める大事な選挙だ。奄美の星、保岡を七たび国会に送りだそう」と後援会長が檄《げき》を飛ばす。演壇に上がった保岡が第一声を上げた。

「三三歳で初当選後、六期、一七年、政界の道を一歩、一歩登って参りました。私は、五〇歳、いま、働き盛りであります。自民党中堅幹部としてここで議席を失うわけにはいきません。命を懸けて、命を懸けて戦います。安定、継続した大きな政治が、二一世紀を奄美の時代にすることができるのであります」

轟々と歓声がこだまする。保岡は深々と下げた頭を持ち上げると、両手をあげて応えた。

徳田は、早朝に高千穂神社で必勝祈願をし、午前九時、名瀬市金久町の選挙事務所に隣接する「かねく公園」で出陣式に臨んだ。公園内は支持者がひしめき、立錐の余地もない。全員が「愛郷無限」と染め抜いた鉢巻をしめている。立ち並ぶ幟《のぼり》にも愛郷無限のキャッチフレーズが染め抜かれている。持ち前の「怒り」ではなく、郷土への「愛」を訴える戦術だ。

「この戦いは奄美の夜明けのための船出だーッ」と後援会長が咆哮《ほうこう》し、徳田の母のマツ、妻の秀子が「今度こそ、虎雄を勝たせて、奄美のために働かせてください」と涙ながらに語りかける。応援演説を受けて「徳田トラオ」のたすきをかけた本人が登壇した。

「人口が減り、出稼ぎが増え、奄美が暮らしにくくなったのは政治が悪いからです。群民の暮らしをさらに圧迫する消費税には絶対に反対します。みなさんとともに政治の流れを変えて、奄美を活力に満ちた福祉の島にするためにがんばりましょう！」

出陣式を終えると、徳田は騎馬に担がれたまま会場を出た。愛郷無限の幟に先導され、「大名行列」よろしく、支持者を引き連れて道路を練り歩く。チヂンと指笛が鳴り響き、沿道の市民に笑顔を振りまく。第二会場の「あさひ公園」に移動すると、もう一度、徳田は演壇に上がって激戦を勝ち抜こうと呼びかけた。

すべり出しは保岡のほうが情緒的で、徳田の冷静さが目立った。地元紙、「南海日日新聞」に掲載された「候補者に聞く」のインタビューがそれを物語っている。保岡は、「徳田虎雄氏と三度目の対決となりましたが」と水を向けられ、こう答えた。

「三回目にしてだんだんはっきりしてきたのではないでしょうか。奄美が真っ二つに分かれ、いろんな点で障害になってきています。一日も早く情の厚い本来の島の良さ、平和を取り戻したい（略）徳田さんは病院を政治に、あるいは政治を病院建設に利用しようとしており、私とは政治についての考え方が違います。政治本来の認識に沿った選挙なら自信はあります」（一九九〇年二月四日付）

徳田は、同じく保岡への三度目の挑戦を問われて、次のように述べている。

「私は昨年春ごろから月に三、四回は島に入っていました。保岡さんは組織がしっかりしているから…。戦いぶりは立派だと思います」「私の人生は苦労の連続でした。しかし、今まで、言ったことはすべて実行しています。ただ時間がかかっただけです。負けることは一切考えていません。〝愛郷無限〟の精神で全力投球日々あるのみです」（一九九〇年二月五日付）

保岡は「病院の政治利用」と徳田を批判する。徳田は逆に「戦いぶりは立派」と保岡を持ち上げ、「今まで言ったことはすべて実行」してきたと淡々と語っている。この余裕はドブ板戦術で奄美群島を歩き回った実感がもたらしているのか……。

しかし、表面的な舌戦は情勢を占う一要素にすぎない。選挙は「裏」が決め手となる。保徳戦争の前哨戦、名瀬市長選挙の投票が四日に行われ、六七四票の僅差で保岡派の候補が徳田派の現職を破った。衆院選と連動した戦いは、誹謗や中傷のビラが乱れ飛ぶ。保岡か徳田か、どちらに勝利の女神が微笑むか、まったく予断を許さなくなった。

奄美の選挙対策本部に張りついた盛岡は「裏選対」の指揮を執った。

徳洲会は創価学会の機関紙、聖教新聞を制作していたグループを引き入れ、公明党支持層にも食い込んだ。前回は創価学会が敵に回って敗北に追い込まれた。こんどは周到に創価学会を味方につけた。

水面下で自民党とのパイプもつなぐ。自民党では、田中角栄が脳梗塞で倒れて政治生命を断たれ、派閥を事実上乗っ取った竹下登と金丸信の「経世会」が党を牛耳っていた。

徳田は、大胆にも能宗が運転する車で東京元麻布の金丸邸に向かった。金丸は、いうまでもなく、保岡が属する派閥の親分である。敵の本丸に単身、乗り込んだ。徳田はメディアの前では反権力を装っていたが、安定感のある自民党に入りたがっていた。複数の徳洲会関係者の証言によれば、このときに徳田は金丸に二〇〇〇万円の現金を渡したという。金丸は「よくきたな。きみはおもしろいやつだ」と徳田を迎えた。

選挙戦の終盤、NHKの世論調査で保岡やや有利の観測が流れた。

裏選対の「金打ち」の統括者から能宗に電話が入った。

「投票まで、あと一週間、いくら金をつくれるんだ」

「つくれというのなら、一〇億でもつくりますよ」と能宗は答えた。

「ほんとうに、一〇億、いけるんだな」

「ええ、足がつかないように用意してみせますよ。理事長から直接、指示をもらえれば」

金打ちの統括者は、買収のポイントを知る年配の熟練者だった。徳田に「ここで一〇億打てるかどうかで、勝負が決まる。勝つか、負けるか、あんたが決めろ。諦めるのなら諦めてもいい」と迫った。黙って聞いていた徳田は、東京本部の能宗に連絡し、「やれ。金を送れ」と命じた。

それから毎日、能宗は羽田空港に通い、奄美空港止めの航空便荷物で現金を一億円、二億円と送った。札束をくるんだ帯封には銀行名や番号が入っている。人目のない駐車場の隅で、車中、足がつかぬよう札束の帯封を外し、一〇〇万円ごとに輪ゴムで結わえる。それをナイロン袋に包んで段ボール箱に入れ、ガムテープで止める。品名には「書籍」と書いた。運送会社の係員は誰も怪しまず、投票までの一週間でちょうど一〇億円、選挙期間中を通して、能宗が数えただけでも三〇億円の実弾が投じられた。

その当時、徳洲会の財務は逼迫し、銀行管理下に置かれそうな状況だった。明日の運転資金にも事欠く状況で巨額の裏金をどうやってこしらえたのか。医療機器購入によるキックバックや、下請け業者のリベートではとてもまかなえない。

能宗と徳田は、盛岡や七人衆と呼ばれる側近にも伏せて「トラスト・インターナショナル」という株取引のノンバンクを極秘に立ち上げていた。ノンバンクの事務所は兜町に置き、松井某という男を社長にすえる。徳洲会の関連会社、ＩＨＳ（インターナショナル・ホスピタル・サービス）がトラストに六九億円を貸しつけた。表向きは株取引の資金だが、そのなかの三〇億円が選挙資金に回されたのである。

徳田と能宗は、徳洲会の裏の裏で、誰も知らない共犯的関係を築いていたのだった。

能宗が航空便で送った実弾は、選挙区の買収ポイントに注入される。

選挙事務所の近くにパチンコの景品交換所のようなボックスが設けられ、表には手だけを入れる小窓がくり抜かれた。なかの人物の顔は見えない。外から運動員が小窓に手を差し込み、金額を書いた紙を渡すと、なかの人が足元に積んだ現金を数えて運動員の手に握らせる。互いの顔を見ずに一〇〇万円単位の金をやりとりした。

その秘密の窓口を知る人間は限られていたのだが、徳洲会の職員だけでなく、地元の協力者のなかにも窓口に手を突っ込む者が現れる。まさに現金のつかみ取りだ。

秘密の窓口で実弾を仕込んだ運動員は、住民名簿を携えて、金打ちに飛び回る。

運動員が車を走らせていると敵陣営の尾行がついた。保岡派も、最後の追い込みで目が血走っている。徳田派がどこの誰を買収するのか確かめ、金を打たれたら、打ち返そうと狙う。徳田派、保岡派、それぞれの陣営の手堅い地区には、詰所が設けられ、寝ずの見張り番が立った。敵の運動員が地区に入り込み、活動するのを防ぐためだ。見慣れない人物や、不審な車が地区に入ろうとしたら、見張り番は「何をしにきたんだ。帰れ」と追い払う。ときには大乱闘がくり広げられる。

保岡陣営は、現職の強みを生かし、ダメ押しに大物の国会議員を次々と奄美に迎える。なかでも中曽根政権で官房長官を務めた後藤田正晴の名瀬入りは注目を浴びた。

「保岡候補は、政治改革に取り組んでおり、いま、開花しています。こんど当選したら、果実となる」と後藤田は声を枯らして応援する。総裁候補に名があがる「カミソリ後藤田」の応援は、保岡陣営を活気づけた。

土俵際に追いつめられた徳田陣営に貴重な情報が舞い込む。

「学校の先生たちは、鹿児島の社会党の象徴、久保亘参議院議員が奄美入りしないかぎり、自主投票で話がついている」

と、自民党筋から伝わってきたのだ。逆に言えば、久保亘が徳田の応援で奄美に入れば、教師はこちらになびく。久保は鹿児島県議を三期務めた後に参議院に議席を得ていた。社会党政策審議副会長の座にあり、のちの自社さ連立政権で副総理兼蔵相を務める実力者であった。久保担ぎだしの作戦が練られる。実践したのは任侠派のYだった。

常々、Yは久保の秘書と親しく接し、面倒をみていた。久保の奄美入りをためらう事務所に、「人間として義理を返してほしい」とYはねじ込んだ。社会党の選挙責任者だった久保は、全国行脚の日程を急遽変更し、奄美入りに切替える。徳田の事務所を陣中見舞いし、とんぼ返りで鹿児島に戻る予定を立てた。

Yは、情報が外部に洩れないよう、久保が鹿児島空港で奄美行の航空機に乗るまで徳田にも話を伝えなかった。ごく一部の幹部だけに連絡する。

二月一五日、奄美空港に久保が降り立つと、徳田陣営が動員した五〇〇〇人以上の群衆が出迎え、横づけされた選挙宣伝カーに久保は押し上げられる。徳田陣営は、久保事務所の予定をねじ曲げ、そのまま街宣活動に出発した。あまりの手際のよさに久保は不平を言う暇もない。選挙カーに立てば、政治家の血が騒ぐ。

久保は徳田と一緒に奄美大島北部の町々を回り、名瀬に着いて応援のマイクを握った。団地のなかに歩み入り、「みなさんの消費税廃止への熱い思いをかけたバトンを、奄美を代表する政治のランナー、徳田虎雄に渡しましょう」と声を張り上げる。久保の登場で教員票は徳田に流れる。日帰りのつもりが、名瀬に一泊したために久保の選挙応援日程は大幅に狂い、久保事務所は社会党本部から大目玉を食らった。

ぎりぎりまで駆け引きが続いた。久保が奄美入りした日には、怪電話が群島各地の有権者にかかってきた。電話が鳴って受話器を取ると、「あなたは誰に投票しますか」と聞かれる。意中の候補者の名を告げると、「じつは公職選挙法が改正されて、投票用紙の候補者名の下に自分の名前を書くようになりました。あなたも名前を書かないと投票が無効になります」と言われた。

もちろん見え透いた嘘である。投票用紙に候補者以外の名を書けば無効だ。

「なぜ、自分の名前を書かなくてはいけないのか」と問うと、「あとで御礼がしたいから」と攪乱《かくらん》者はしゃあしゃあと答えた。選挙管理委員会は「悪質な選挙妨害」と認め、投票所には候補者の名前だけを書くよう掲示が出される。有線放送でも注意が呼びかけられた。

三度目の保徳戦争は、真冬なのに異常な熱気をはらみ、エンディングへと進む。徳田は、恨みがましい演説は避け、消費税反対とヘルシーリゾートアイランド構想を唱え続けた。

徳洲会の医療現場は、理事長が選挙戦に没入している間も、厳しい試練に耐えていた。投票前日の二月一七日夜半、沖縄南部徳洲会病院に陸上自衛隊一〇一飛行隊から連絡が入った。宮古島に交通事故で重傷を負った人がいる、当番病院が医師の救急派遣に応じないので代わりに南部徳洲会のドクターに同行してほしい、と依頼してきたのだ。

沖縄周辺の離島で緊急患者が発生したら、まずは沖縄県に救援の要請が届く。県は、陸自一〇一隊に出動を要請し、輪番制の当番病院が自衛隊のヘリコプターに医師を乗せて、現場に派遣する。ところが、その当番病院の医師が専門外で行きたくないと拒んだのだ。

南部徳洲会病院の当直医、知花哲が「じゃあ、ぼくが行きます」と依頼を受けた。知花は二六歳、琉球大学医学部を卒業した外科研修医だった。徳田の著書『生命だけは平等だ。』に触発されて医師を志した若者である。

知花は、那覇空港に急行し、三名の自衛隊員とともに連絡機LR−1に乗り込んだ。夜間とはいえ、天候は申し分なかった。雨も風もなく、霧も出ていない。LR−1は特殊カメラを備えた偵察用機でもあり、レーダーを搭載している。宮古島に向けて飛び立った。

しかし、……午前一時五〇分、宮古島の沖合二六キロの地点で機は消息を絶ち、海に墜ちた。知花と三人の自衛隊員は殉職した。

明け方、連絡を受けた平安山院長と遺族が陸自に呼ばれ、事故の報告がなされた。どうして墜落したのか、と陸自に問うても「不明」としか返ってこなかった。

奇しくも一七日は徳田の五二歳の誕生日だった。徳田は「知花先生は、徳洲会の『人柱』となって亡くなられた」とコメントし、その死を悼む。

院長の平安山は選挙どころではなかった。事故機の機体が引き揚げられ、ヘルメットの一部は島に流れ着いたが、事故原因は説明されなかった。遺族は不信感を募らせ、平安山は自衛隊との合同慰霊祭を執り行うのにも神経をすり減らす。

平安山は、若い医師を殉職させた責任を痛感し、これを機に院長を辞めたいと徳洲会本部に申し出る。だが、「ここで辞めたらよけいに波風が立つ。黙って、診療に専念してほしい」と押し返された。沖縄県は夜間の緊急出動を自衛隊に「お願い」している立場であり、原因究明を強く主張できないうらみもある。割り切れない感情を抱えたまま平安山は院長を続けた。

知花の死は、沖縄や徳之島の徳洲会病院の医師に衝撃を与えた。明日はわが身である。昼間なら徳洲会の緊急用セスナ機を使って自力で医師を派遣できるが、夜間はお手上げだ。夜間飛行の危険を減らすには、離島自体の医療体制を充実させるしかなかった。離島にも病院をつくって、医療レベルを上げなければ、琉球列島や奄美群島の医療は成り立たない。改めて離島医療を徳洲会の「核心」ととらえ、沖永良部や喜界島、奄美大島の名瀬、与論に病院を開く機運が高まった。医師たちは徳田が国会に議席を得れば、離島医療にも光が当たるのではないか、と期待した。

二月一八日、全国で衆議院選挙の投票が行われた。

開票速報では保岡がリードしたが、膝元の奄美大島で思うように票が伸びなかった。

午後一〇時すぎに徳田が逆転し、八〇〇票の差をつける。四〇分後、「当確」のランプが徳田に灯った。待ちに待った朗報に、名瀬、金久町の選挙事務所は「やった、やった」「万歳！」と歓喜にわき返る。チヂンが打ち鳴らされ、指笛が響く。徳之島の選挙事務所は、戦後初めて自島出身の代議士が誕生し、興奮のるつぼと化した。感極まった男が闘牛を讃える「ワイド、ワイド」のかけ声を叫びながら、亀津の大通りを疾走する。

名瀬の選挙事務所で徳田がくるのを待つ間、陣営の幹部が「一七日に沖縄で起きた急患輸送機の事故の犠牲者に、皆で黙とうをしましょう」と呼びかけた。騒々しかった事務所は、水を打ったように静まり、すすり泣く声が洩れた。

事務所に現れた徳田は、マイクを向けられると「息子や孫が島に帰れる奄美にしたい。申しわけないが、負けても、勝っても、涙は出ない」と短く答えた。

得票数は徳田四万九五九一票、保岡四万七四四六票だった。二月二〇日付の「南海日日新聞」の記者座談会では、徳田の勝因は「病院効果」とストレートに指摘されている。

「市町村別の票分布を見ても分かる通り、病院効果が大きい」

「猛烈な病院建設など徳田氏のバイタリティーに期待するところもあったと思う」と記者は語っている。投票の翌日には保徳双方の選挙事務所に警察の家宅捜索が入り、関係資料が押収され、保岡派五人、徳田派三人の運動員が公職選挙法違反（買収）で逮捕される。

当選でわき立つ奄美の選挙事務所に一本の電話がかかってきた。

「自民党の総務です。徳田さんはいらっしゃいますか」。相手は名の知れた代議士だった。電話を受けた職員は、慌てて恐縮し、徳田に受話器を渡した。

「はい。徳田です。わざわざお電話をいただき、恐れ入ります」

「ご当選、おめでとうございます。それで、徳田さん、自民党はね、あなたを追加公認したいが、どうですか」と、相手は率直に訊ねた。徳田は、天にも昇る心地だった。「お受けします」とひと言いえば、順調にことは運び、自民党代議士・徳田虎雄が誕生する。

ところが、徳田は「ありがとうございます。相談したい人がいますので、二日、お待ちいただけないでしょうか。それからお答えします」と応じた。徳田の脳裏をよぎった「相談したい人」とは金丸信だった。自民党入りを推してくれているのは、金を届けた金丸だろう。まずは金丸に相談して「仁義」を通し、晴れて入党しよう、と考えた。

徳田も、政治家としては、うぶだった。「お受けします」と即答し、事後報告すればいいものを、金丸への礼儀を優先したのである。徳田は金丸に会うのが待ち遠しい。能宗に指示し、二日後に元麻布の邸に金丸を訪ねるアポイントを取らせた。

勝利の美酒に徳田は酔った。有頂天だった。身内の支持者の集まりで、つい金丸への二〇〇〇万円の鼻薬が効いた、と得意げに喋ってしまう。その声を録音した者がいた。

ここが運命の分かれ目だった。自民党入りを即断し、余計なことを喋らなかったら、日本の政治史、少なくとも自民党史は変わっていただろう。集金力抜群の徳田は自民党内で一派をなし、総理の座はともかく、厚生大臣の椅子ぐらいは引き寄せていたかもしれない。徳田は、最後の詰めでしくじった。

東京に戻った徳田は、能宗の車で元麻布の金丸邸に急ぐ。門扉の脇の呼び鈴を押して来意を告げると、インターフォン越しに金丸の妻の乾いた声が返ってきた。

「このたびは、ご当選、おめでとうございました。金丸はおりません」

「えっ、先生には予定をお入れいただいたのですが……」

「あいにく、不在でございます」

慌てて自民党本部に連絡するが、金丸はつかまらない。奄美に電話を寄越した代議士に、改めて入党を申し入れても「追加公認はなりません」と扉は閉ざされた。後日、金丸への献金を語った録音が保岡陣営に持ち込まれた噂が徳田に伝わってきた。たとえ金丸でも、配下の議員から「これは一体、何事ですか」と録音を片手に突き上げられれば、動けないだろう。

徳田が踏んだ国会の赤じゅうたんは、よくみれば権謀術数のシミだらけだった。


代議士となった徳田は、国会という表舞台にはほとんど立たなかった。

金バッジが医師会や行政の抵抗をはね返す「盾」になるにしても、国政を担うからは「私」の利益ではなく「公」の政策が問われる。ましてや医療政策は、法令のさじ加減ひとつで大きく変わる。国民皆保険制度を土台とする日本の医療は、公的側面が非常に強い。その医療のしくみを、徳田はどう変えたかったのか。

国会議員の本分は立法である。法案の提出や審議が重要なのは言うまでもない。国会での発言の多さは、その議員の国政参画度を測る目安になるだろう。

徳田は、九〇年六月二〇日、衆院の法務委員会で、「生体肝臓移植」について質問に立った。脳死状態の人からの臓器移植は脳死臨調で検討されており、死体からの角膜や腎臓の移植は法で定められている。しかし、生きた人の肝臓の移植は「大学の倫理委員会の判断」で行われており、まだ指針も定まっていなかった。肝臓を提供した健康な人に、手術後「もしも」のことがあれば、執刀医は傷害致死罪に問われかねない、と徳田は指摘する。倫理的な問題の大きさ、複雑さに触れたうえで、徳田は文部省に、こう質した。

「一大学の倫理委員会が容認したからといって、たとえば国立大学の場合は、文部教官である医師等のいわゆる手術者、術者の権利を守るためにも、司法界とか学術、学識経験者、あらゆる分野の人を加えた超学閥的な倫理委員会を設ける必要があると思います。文部省の御見解をお聞かせいただきたい」

学閥を超えた倫理委員会の設立は、当を得た見識であろう。

文部省側は「確かにそういうご意見もあろうかと思いますけれども、現在、各大学が審議をいたします際にも、各学会の意見等も踏まえつつ、また他大学との情報交換なんかもやりながらやっております」と漠然と答えてお茶を濁した。

この答弁に、徳田は「ありがとうございます」と述べ、質問を切り上げた。限られた時間では仕方ないにしても、これ以降、徳田は国会で発言らしい発言をしていない。質問は、代議士一年目のこれっきりだ。数年後、沖縄開発政務次官に就任した際に「沖縄振興開発に全力を尽くす所存でございます」と二度ばかり、短い挨拶をしたのが最後である。

無所属で質問時間を取りにくかったとはいえ、虎雄は国会では借りてきた猫のようにおとなしかった。即物的な思考を好む徳田は、抽象的で演繹《えんえき》性が求められる制度論には関心がなかったのだろうか……。

徳田が政策から政局へ転じるのは時間の問題だった。

徳田は自ら設けた保守系政治団体「自由連合」の政党化へと力点を移していく。

総選挙を終え、しばらく経って、徳田と盛岡は、鹿児島の鴨池《かもいけ》港から錦江《きんこう》湾の対岸、垂水《たるみず》に渡るフェリーに乗った。垂水に開いた傘下の病院を視察するためだった。徳洲会の病院数は二五に増えていた。気のおけない側近との同道で、徳田の機嫌はよかった。

甲板で潮風を浴びながら、徳田は「盛岡よぉ、おれは、やっと、代議士になれたよ」と一語ずつかみしめて言った。「ええ。おめでとうございます。これからがだいじですね」と盛岡は応じる。

徳田は、「西郷さんのように、命もいらず、名もいらず、でやってきたよ」と桜島の噴煙を仰ぎ見て、こう嘯《うそぶ》いた。

「お釈迦さんやキリストさんは、人の心を救おうとしてお寺や教会をつくった。徳田虎雄は医者だから、身も心も救う病院をつくるのが使命だ。お釈迦さんやキリストさんは、杖をついて馬に乗って歩いた。いまはジェット機の時代だから一万倍の行動ができる」

この人は「神」になろうとしているのか、と盛岡は絶句する。徳田は言葉を続けた。

「なぁ、盛岡よ、おれは、いつも、この両手の爪だけで、岩壁にぶら下がって、堕ちずに這い上がってきた。どうだ、きみもそろそろ参議員でもいいから政治家にならんか」

「僕は、もう四七ですよ。年齢的に遅すぎます。自分の性格はよく知っています。僕よりも、弟の康晃のほうが性格的にアグレッシブで、政治家に向いていますよ。歳も三つ若い」

「……康晃か。彼にはうちの顔、徳之島病院を背負ってもらわないとなぁ」

フェリーが垂水港に着き、乗客が大隅半島に上陸すると、徳田はいつものようにお釈迦さんの一万倍と信じるスピードで動きだした。政界への転身話は、つかの間の雑談で終わった、と盛岡は気にも留めていなかった、が、しかし……。

全共闘世代の改革

盛岡の弟、康晃は、兄にひと言も相談せず、徳洲会に入職していた。康晃は東大医学部の学生時代、全共闘運動にのめり込んだ。東大闘争の末期に最年少の退学組に含まれたが、医師国家試験に合格し、外科医の道に進んだ。いくつかの病院に勤めた後、開設されたばかりの大隅鹿屋徳洲会病院の院長に就く。その後、小学一年で両親に手を引かれて離れた徳之島に、三十数年ぶりに帰った。そして徳之島徳洲会病院の院長に就任したのだった。

徳洲会の医師幹部には、草創期の「アメリカ帰り」に「全共闘世代」が加わっていた。京大医学部出身で徳洲会の脳神経外科や救急の治療システムを開拓する夏目重厚、東大医局から国立小児病院の心臓病専攻を経て徳洲会に入った高野良裕らが全共闘グループを形成した。そのなかで康晃は、行動的なリーダーだった。やや直情型で、徳田にも平気で議論をふっかけ、やり合った。

全共闘世代の康晃や夏目は、徳洲会の内情を知れば知るほど憂いを募らせた。医療過疎地に次から次へと病院を開いてはいるが、運営と医療の質が分断され、徳田の「ツルの一声」に頼りすぎだった。いわば大きな商店経営にすぎず、早晩、壁にぶち当たると見抜いた。

徳洲会内では各病院の経営データがオープンにされていた。病院ごとの入院、外来の患者数、一日当たりの診療報酬点数と医業収入、細かい経費は開示され、税引き前の利益も一目瞭然だった。

グループ内では、札幌東、千葉西、鳴り物入りで開設された湘南鎌倉が億から数十億の大赤字を抱えていた。独立採算制は採られてはおらず、黒字病院の儲けが赤字の補塡に流れる。利益を吸い取られる病院の職員は、「いくら稼いでも赤字の連中に食われるだけだ」と鬱憤をためる。すると「そうじゃない、徳洲会はひとつや。助け合って、いまは赤字の病院も引っぱり上げていこう」と徳田がなだめた。理事長が言うなら仕方ない、とその場は収まるが、問題は先送りにされる。その連続だった。

赤字の原因は、単純に言えば、医療の質を高めて患者のニーズに応え、経営を安定させるというプラスの循環が生まれていないからだ。水準の低い医療に安住し、赤字を気にしない。医療砂漠に病院をつくれば患者がしぜんに集まった初期の成功モデルから脱却できていなかった。

夏目と康晃は、機会を見つけては会い、改善プランを練った。

「病院のオペレーションができていない。人材もいない」と夏目が課題を投げかける。

「専門ばかの医者が多すぎる。自分の領域は一所懸命やるが、他の分野に手を出さない。足元の井戸さえ掘れば、収益が上がると思い込んでいる。もう、そんな時代じゃないぞ。領域横断的な改革が必要だな」

と、康晃は方向性を示した。

「タコツボを取っ払って、質のいい医療をきちんと行う『場』をつくるしかないね。医者が徹夜でも、何でもやって患者を診て、治療効果を高めて収益を上げる場だ」

「何を突破口にするかなぁ」

「……ＩＣＵ（集中治療室）が狙い目だな。重症患者を一般病棟でぐずぐず治療しているケースがかなり多い。外科医が自分のできる範囲で昼間に適当に診て、効果が上がらず、諦めている。ＩＣＵはあっても大学医局に丸投げで機能不全のところもある。まともなＩＣＵをつくって、バラバラな専門医を集約してみようや」と夏目がアイデアを出した。

「それはいい。ＩＣＵ運営のカンファレンスは必須だな。毎朝、各科の専門医、看護婦を集めて治療の妥当性を検討しなくちゃな。ＩＣＵからの患者の退出順位を決めることで各病棟の病床管理とも連動できて、医師、看護婦の教育センターの役割もはたせる。病院幹部の理解と関与をとりつけるのが前提だが……」

「まともなＩＣＵがあれば、重症の患者本位で、遠慮なく医者が腕をふるえる。手術の準備、家族への説明、気管切開などの外科的処置、緊急内視鏡検査、透析、血漿交換、カテーテル……自由自在だね。助かる患者が確実に増えるよ。医者の満足度も高まるだろうな」

「ああ、間違いない。『特掲診療料』の比率が飛躍的に伸びて、収益は改善される」

特掲診療料とは、手術や麻酔、検査、画像診断、注射、投薬、リハビリ、指導管理などによる収入をさす。治療が濃厚なほど、特掲診療料が増えるしくみだ。

日本では一九七〇年代にＩＣＵが急速に広まったが、内実は心もとなかった。運営システムもまちまちで「形」から入ったといえよう。

そもそも一般病棟に重症の患者を収容すると、夜間にリスクが高まった。一般病棟の夜間帯は、二、三人の看護婦が管理を行っていた。頻回の病態観察や処置が必要な重症患者が一人でも病棟に入ると、かかりきりになってしまう。他に何十人も患者が入院しており、病態急変に対応できない状況になれば、医療ミスの不安が高まる。だから重症患者を一か所に集めて「二四時間の濃厚治療の場」を確保し、「重症管理の院内合理化」を図るＩＣＵが生まれたのである。

本来の趣旨でＩＣＵを運用すれば、医業収入も確実に増える、と全共闘世代の外科医は着想したのだった。康晃は、さらに大胆な提案をした。

「もう徳洲会の舵取りを上に任せてはおけない。診療と病院のオペレーション、両にらみで、われわれがやろう。近代化が必要だ。徳田理事長を追い落とすつもりはないが、実権はわれわれが握ろう。理事長には報告を怠らなければいい。ただ、理事長が代議士になったおかげで、徳之島はえらい状態になってしまった」

「戦後初の自島出身の代議士誕生で、徳之島は盛り上がってるだろう?」と夏目は首を傾げた。

「とんでもない。盛り上がったのは当選直後だけさ。保岡派、徳田派で完全に割れて、反目し合っている。意識不明の救急患者がうちに担ぎ込まれて、処置をして寝かせておいたんだ。目が覚めて、立てるようになったら、その患者は走って逃げて行ったよ。『徳洲会に入院したら殺される』と吹き込まれている。僕らは殺人者みたいに言われているんだ」

「とんでもないことが起きてるな」。夏目は仰天した。

「保岡派の個人病院の院長と会って、医学的に妥当な患者はうちに運んでくれ、と頼んだよ。向こうも医者だから、当然そうします、とわかってくれたが、互いの病院を、医師や職員が行き来するときは、裏口から入って、裏口から出ている。そうしないと住民からどんな反発を食らうかわからないからな。異常な状態が続いているんだ」と康晃は嘆いた。

保徳戦争は、想像以上に深く、徳之島を分断していた。工事現場で頭を打ち、外傷性の急性硬膜下血腫を起こした患者がいた。すぐに頭部CTで診断をつけ、開頭手術をして血腫(血が固まって腫れた部分）を取らなければならなかった。徳之島で、その緊急手術ができるのは徳洲会病院だけだったが、保岡派の建設会社の社長は徳洲会への搬送を拒み、奄美大島の公立病院へ重傷者をヘリで運ばせた。

手遅れで患者は死んだ。患者は保徳戦争の「生《い》け贄《にえ》」にされたのである。

「こんな泥仕合を続けていたら、離島医療どころじゃないよ」と康晃はため息をつく。

「いつまで、徳之島にいるつもりなんだ。徳洲会を改革するのなら、本土の病院に戻ったほうがいいんじゃないか」。夏目はぼんやりとした不安を感じた。

「でもな、おまえにはわからないだろうけど、僕ら兄弟や理事長にとって、徳之島は特別な場所なんだ。ただの故郷ではない。なんと言えばいいか……。血脈の聖地なんだ。理事長が徳之島に病院を建てたい一心で徳洲会を興したのはほんとうだよ」

康晃は、自らに言い聞かせるように言葉を継いだ。

「徳洲会の核心は、徳之島にある。ここを立て直し、満を持してグループ全体を改革する。問題は、伊仙町の町長選挙だ。現職の町長が急逝して新町長を選ばなくてはいけない。保徳代理戦争だ。血の雨が降らなければいいが……。選挙は人を凶器に変えるからな」

九一年二月、徳田派の伊仙町長が病没した。保岡派は、前回の町長選に立った樺山資敏をふたたび推した。樺山は東京農業大学を卒業し、徳之島に戻って教師生活を送った後、福祉系財団法人に移って理事長を務めていた。

徳田は、身内の町議会議員から「勝てる候補を出してくれ」と突き上げられた。出たがる人はいても人望がなく、勝てる見込みが薄かった。徳之島に帰省した徳田は、自派の関係者に「誰を立てるのか」と執拗に迫られ、「盛岡なら、出してもいいけども」とほのめかす。盛岡の知らないところで侃々諤々《かんかんがくがく》の議論が行われた。

骨肉の伊仙町長選挙

数日後の朝五時、けたたましく鳴る電話で盛岡は起こされた。

「あにき、おれだよ。康晃だ。もう、逃げられんぞ。あにきしかいない」

「何が……、町長選か」

「決まっているだろう。あにきが町長選に出ないと徳之島は大ごとになる。立つしかないぞ。おまえが理事長なんかを代議士にするから……。島は不満ばっかりで、どうしようもない。誰かまとめる人間がいないと分裂したまま、どんどん衰退する。医療どころじゃないぞ」。康晃は熱に浮かされたようにまくしたてた。

「そんなに荒れているのか」

「ああ、想像以上だ。徳田さんを抑えられる首長が徳之島にいないと、対立は修復不可能だ。あにきがあの人を代議士にしたんだからな、潔く、責任を取れよ」

「そうか、少し考えてみるよ」。盛岡は徳洲会の行く末を案じた。

「時間はないからな。徳洲会の運営は、おれたちの代に任せろよ。現場で診療している医者がオペレーションをしないと徳洲会は変革できない。心配するな、現場は任せろよ」

「選挙に出るとなれば、親父やおふくろの意見も聞かねばならん。おまえの気持ちは、よくわかった」と盛岡は電話を切った。

盛岡の両親は京都、山科の家を引き払い、神奈川県綾瀬市に転居していた。

盛岡が綾瀬に行き、「伊仙町長選挙に出てくれといわれてね」と切り出すと、両親は猛反対をした。父の正二は「徳田が代議士で、何で正博が町長なんだ。絶対に認めん」と受けつけなかった。あまりの拒絶の激しさに盛岡も驚いた。その険しい態度には、プライドといった凡庸な言葉では片づけられない、血族の来歴が凝縮されていた。


盛岡の祖父＝正二の父は、一八八〇（明治一三）年に生まれている。祖父の姓は一字で「盛」、名は「堪目」と書いて「カンムィ」と発音した。島口のムィとは「兄さん」の意だという。一字姓は一七世紀に奄美群島を直轄領にした薩摩藩の差別的統治のなごりである。当初、薩摩藩は、群島民を農民の範疇に入れて琉球統治時代の士族の姓名を禁じた。統治が安定すると、藩政に大きな貢献をした者にのみ二字姓を与える。

一八世紀後半、薩摩藩は、対外的に奄美群島は中国冊封体制下の琉球領とする建前を理由に一字姓にせよと群島民に命じた。薩摩人と区別するためだ。堪目の先祖は、古い墓に刻まれた「盛」の字を名のった。平家の落人伝説とつながっている。明治維新後、「平民苗字必称義務令（一八七五）」が出てからも一族合議のうえで「盛」で通した。

堪目は、一〇代の半ばに、手こぎの舟に食糧と水を積んで島を出た。医者になろうと本土を目ざしたのだ。黒潮に乗った舟は、暴風雨に襲われて沈没しかけた。すべての荷物を海に捨て、命からがら静岡の浜辺に漂着した。九死に一生を得た堪目は、山梨県の都留で医者の書生となる。長崎医学専門学校で学び、医師検定試験に合格する。熊本の牛深で医師見習い、五木でも経験を積み、徳之島に帰った。北部の山《さん》で診療をした後、一九一一（明治四四）年、三一歳で伊仙村の阿三に戻って「盛医院」の看板を掲げた。

盛家の屋敷は石積みの塀がぐるりと囲い、築山と一体化し、大陸風でも、ヤマト風でもない、独特の風情を醸していた。屋敷には往診用と農耕用二種類の馬が飼われた。急患の報せを受けると、堪目は馬にまたがり、いっさんに駆けてゆく。その活躍ぶりは、島唄「徳之島口説」にうたわれ、「暴走族のようだった」と地元に伝わる。堪目は寝る間も惜しんで島民の命を救おうと働いた。

盛岡や康晃の父である正二は、一九一三（大正二）年、堪目の次男に生まれた。しかし、正二の記憶に颯爽と往診に出る父の姿はない。一七年三月、堪目は三七歳で他界した。こんにちの過労死だった。三か月後に妻も逝く。両親を失くした正二は一〇歳の兄と三歳の妹と母方の叔母の家に預けられる。兄は「堪目の遺志を継げ」と京城医専に送られるが、遊んでばかりで医学をうち捨てた。

堪目の遺産や田畑を抵当に入れて借金を重ね、ほうほうの体で徳之島に引き揚げてくる。戦後、盛家は「盛岡」の二字姓に変えた。教育界に進んだ正二は、三三歳の若さで徳之島の学務委員（現在の教育長に相当）に就く。夫婦で身を粉にして働き、兄がこしらえた借金を返した。両親と死別した正二は、妻の父をじつの親のように慕った。

義父は鹿児島に密航して、生活の拠点を構えていた。奄美群島の日本復帰運動の最盛期、ふらりと島にきた義父は、「おまえたちも鹿児島に来い」と正二を説き伏せる。正二は抗えなかった。先祖代々の山林田畑を売り払い、一九四八年七月、妻と四人の子を連れて徳之島を出たのである。

奄美群島が日本に復帰するのは、この年の一二月だ。あと五か月待ってさえいれば、パスポートもいらず、悠々と鹿児島に渡れただろうに……。わずか五か月の差が小学四年の正博を苦しめる。島民が復帰を懸けて死にもの狂いで闘うのに背を向け、島を捨ててしまった。一人だけ抜け駆けしたような背徳感にとりつかれる。盛岡家の先祖が島に張った根を断ち切られる悲しみに正博はとめどもなく涙を流した。

島の記憶は、人に言えない精神的な障害を盛岡に強いてもいた。

故郷喪失の悲哀には仲のよかった幼友だちが亡くなったときの光景も張りついている。小学一年だった友人は、熱射病で死んだ。棺に死出の旅路を慰めるクレヨンや美しいノートの副葬品が入れられていた。戦後の物資のない時代である。どうしてあんなにいいものが貰えるのだろう。羨ましいな。あの子の母ちゃんは大阪に出稼ぎに行っている。だから送ってくれたのか。そうか、貰えるんだ。死んだら貰えるんだ、と幼心に思った。

ところが、穴が掘られ、棺桶ごと友だちは埋められていく。土葬であった。亡骸が土に埋められるのを目の当たりにして、ものすごく死ぬのが恐ろしくなった。

盛岡は、何で生きているのだろうと不安を感じ、死の恐怖につきまとわれる。そこから「パニック障害」が始まった。恐怖感で夜も眠れず、誰かと真剣に話をしていても、スーッと恐怖感に意識が吸い寄せられる。現実感が薄れ、自分だけ別世界に生きていた。他人には冷静に物事に対処しているように見られるが、心の内では葛藤の連続だった。京大医学部に入ったときも、恐怖感と、実在感のなさから自分より医者になるのがふさわしい人間が大勢いるのではないか、とおびえた。精神科を専攻した背景には、そのような事情もあった。

こうした「後ろめたさ」と煩悶を抱えているからこそ、盛岡は徳之島に全身全霊でかかわり、島の発展に尽くしたい、徳之島には自己を超克する機縁がある、と感じた。

だが、父の正二には通用しなかった。ふたりの息子が医者になったことは、正二の誇りであり、島を脱出して苦労の末につかんだ栄光だった。島の家は捨てたけれど、正博と康晃が里目のあとを継ぎ、家名を高めた。盛岡家を再興したのだ。

その栄えある盛岡家の長男、正博が、なぜ町長選挙に出なければならないのか。無鉄砲なトッパのせがれの徳田が代議士で、自分の長男がどうして町長なのか。正二は人生が全否定されるような憤りを覚え、出馬に猛反対した。

母も息子の立候補に首をタテに振らなかった。母方は急逝した町長との間に因縁があった。母の叔父は、戦前、徳之島に近代農業を導入しようと尽力した。当時、先進地だった台湾にも渡っている。背広姿に帽子をかぶり、戦争中も国が強制する「国民服」を着なかった。ハイカラで眉目秀麗、南方系の扁平な顔立ちではなかった。

そんな叔父に特高警察が目をつける。奄美大島南部の瀬戸内町での研修会に出かけた叔父は、「怪しい」と特高につかまった。憲兵隊長は、伊仙の出身で叔父とは顔見知りだった。憲兵隊長が「こいつはおれと同じ村の出身で変なやつじゃない」とひと言、申し添えてくれたら問題はなかった。しかし憲兵隊長は無視した。数日後、瀬戸内町の古仁屋で叔父の死体が見つかった。憲兵隊長は、戦後、町長選挙に出て当選する。その憲兵隊長こそ、急死した町長だったのである。

仇《かたき》同然の町長の後継で息子が立つのを、母も認めようとしなかった。だが両親の反対とは裏腹に盛岡は、積年の「後ろめたさ」を晴らし、伊仙の地域づくりに貢献しようと立候補を決意する。さまざまな対立も自分が乗り出せば、和解に持ち込めて、片づけられると考えた。弟の電話を受けた時点で、盛岡の腹はほぼ固まっていた。

息子が出馬すると聞いた父は、神奈川県の綾瀬の自宅から徳之島のいとこや親戚縁者に電話をかけまくった。

「徳田が衆議院議員で、どうして正博が人口わずか八六〇〇人の伊仙の町長なんだ。絶対に認めんぞ。正博を落とせ！　あいつを絶対に町長にしてはならん」

と、号令をかけたのだ。最終的に母は折れて息子を応援する側に回るが、盛岡は父方の親族との骨肉の争いへと突入する。

一九九一年四月一六日、伊仙町長選挙が告示され、保岡が推す樺山資敏と、徳洲会ナンバーツーの盛岡正博が立候補した。樺山は選挙事務所前での出陣式で、「私はこの町に生まれ育ち、この町に骨を埋める人間。みなさんとともに町づくりに励みたい。前回は僅差で悔しい思いをしたが、二度と泣かない。今度は絶対に当選する」と演説した。

盛岡の出陣式には徳田と康晃も駆けつけた。一〇〇〇人ちかい聴衆がパチンコ店前の広場に集まっていた。盛岡は、伊仙なまりの島口で「私は都会からの舞い戻り組ではありません。この町を愛しています。町長に一番求められるのは真心、愛情です。どんなふるさとをつくるか、みんさんと一緒に町政を考え、進めたい」と語り、サトウキビ収穫作業の機械化や、企業誘致、医療と老人福祉の充実などを訴えた。

小学一年で島を出た康晃は、島口を喋れなかった。方言を使って島に溶け込もうとする兄の姿に感極まった。演壇に上がって、「兄は、この選挙に命を懸けています。不退転の決意で臨んでいます。どうか勝たせてやってください」と叫ぶと、その場にすわりこみ、両手をついて土下座した。

続けて横にいた徳田も「この選挙は派閥のない暮らしやすい伊仙町にするための歴史的な一戦。

私の選挙より大事です」と言って、土下座をする。

まずい、とんでもないことになった。天下の代議士を土下座させてしまったのだ。これは、とてつもない選挙になる、ひょっとすると……と盛岡は直感した。

盛岡は長靴に履き替えて、サトウキビ畑で働く人たちと握手をし、「よみがえれ伊仙町」のキャッチフレーズで地域再興策を語った。すぐに樺山は「よみがえらそう伊仙町」のスローガンを掲げ、盛岡と似通った政策を打ち出す。政策的な差異を消す戦術をとった。

選挙戦初日、町役場の期日前投票の場所で、樺山派の運動員が、「よそ者が何しにきたか」と盛岡派の運動員を殴った。警官が間に入って分けたが、役場の前庭に両派の運動員が集まり、一触即発の状態が続く。両派の見張り、尾行が激しくなった。

鹿児島県警本部は、機動隊を派遣した。徳之島署は、機動隊員を含めて制服、私服合わせて数十人の警察官を伊仙町に集め、厳戒態勢を敷く。

樺山、盛岡のデッドヒートは続き、どちらが勝つかまったく読めない。選挙賭博は一段と過熱する。後日、有権者六〇〇〇人の四分の一が賭博に加わったと推測された。

投票前日の二〇日深夜、盛岡が東面縄《おもなわ》の支援者宅を訪ねると、尾行していた樺山派の運動員が仲間に連絡をした。たちまち運動員が集まり、一〇〇人ちかい群衆に膨れ上がる。群衆は民家を取り囲み、「戸別訪問だ」「立候補を辞退せよ」と口々に叫んだ。

盛岡は外に出たら身に危険が及ぶ。徳之島署員と機動隊三五人が出動し、刑事課長も現場に駆けつけた。刑事課長が群衆に解散を命じたが、「公選法違反。戸別訪問反対」とシュプレヒコールが高まるばかりだった。「誰が法を犯したかは、こっちで調べるから」と刑事課長が言っても、「現行犯じゃないか。早く逮捕しろ」の一点張りだ。樺山後援会の幹部が呼ばれて説得に当たったが、「後援会は関係ない。これは民衆の蜂起だ」と運動員たちは動かなかった。昂奮は頂点に達し、暴動寸前の状態となる。

午前零時前、覆面パトカーが民家の敷地内に入り、群衆が野次と罵声を浴びせるなか、盛岡は徳之島署に護送された。事情聴取に「あの家に支持者一四、五人が集まっていたので、挨拶に行った」と盛岡は答える。公選法の戸別訪問とはみなされなかった。

長い夜が明け、伊仙町の各地に設けられた投票所の門が開いた。

投票当日も買収は行われた。その手口は巧妙だった。たとえば、運動員は、自分が投票する際に選管から渡された投票用紙は懐にしまい、よく似た紙に候補者名を書いて箱に投じた。そして、パチンコ屋に行き、態度を決めかねて遊んでいる人に声をかける。二、三万円の金を打って相手が応じたら、懐から本物の投票用紙を出し、樺山なり、盛岡なり、自派の候補者名を書き込み、「これを箱に入れ、新しくもらった投票用紙は白紙のまま持ってきてくれ」と渡すのだ。間違いなく、一票が稼げる。買収相手が白紙の投票用紙を持ち帰ったら、同じ方法でリレー式に買収を重ね、確実に票を増やした。

投票日の昼を過ぎて、問題が持ち上がった。

「ええーっ。なんで投票ができないのか。わざわざ帰ってきたんやぞ」

三重県に出稼ぎに行っていた男（後に買収容疑で逮捕）が、投票所の職員の応対に声を荒げた。投票のために帰省したところ、「あなたは不在者投票をしたことになっている」と言われたのだ。男は、そんなはずはない、と抗議をしたが、通らなかった。

これに呼応して樺山派が騒ぎだした。午後二時すぎ、樺山派は「神戸市の同じ住所から不在者投票がまとめて行われている」「うちの息子は住所不定のはず、それが不在者投票されている」「不正投票だ」と伊仙町選挙管理委員会に猛抗議を行った。樺山を支持する一〇〇〇人の群衆が選挙管理委員会に押し寄せ、その外側を盛岡派が取り巻いた。

なぜ、不可解な不在者投票が大量に発生したのか。

住民票を伊仙町に残して出稼ぎに行った者は、町の選挙人名簿に登録されている。彼らが出稼ぎ地の自治体で「不在者投票」をする場合、まず伊仙町の選挙管理委員会に投票用紙を郵便で送るよう請求しなくてはならない。投票用紙が手もとに届いたら、出稼ぎ地の自治体の選管で宣誓書に署名したうえで、候補者の名前を投票用紙に書き込んで伊仙町の選管に送り返す。

この一連の流れのなかで「本人確認」はずさんだった。

そこで、しばしば出稼ぎ者の親戚や知人が伊仙町の選管に申し出て投票用紙を特定の場所に送らせ、他人が「替え玉」投票をした。不在者投票の不正は、以前から横行していた。何しろ伊仙町の不在者投票率は、全国平均の二倍、一〇％を超えるのだ。

ただ、今回は投票用紙の郵送先が神戸の一か所に集中していた。盛岡派の支持者が役場の出稼ぎ名簿を持ち出し、直接、神戸に投票用紙を送ったとみられた。いずれにしても、伊仙町の選管に集まった不在者投票は、それぞれの投票所に送って集計される。樺山派の運動員が町役場の選管事務局に押しかけ、委員長に「不正投票。不正選挙をやり直せ」「おまえの家を焼くぞ」「一歩でも出たら殺すぞ」と圧力をかけた。選挙という大鍋で感情の湯がぐらぐらと沸騰した。

町役場の周辺は「開票反対」を唱える樺山派の住民が座り込み、騒然とする。町役場の選管事務局は樺山派に囲まれて孤立した。手もとの不在者投票を各投票所に送りたくても送れない。午後六時に投票箱は閉められたが、開票作業に取りかかれなかった。

そして、六か所の投票所で、盛岡の父方の親族の男たちが投票箱を押さえ込み、

「絶対に開かせない。不在者投票は不正だ。開票はさせない」

と、実力行使に出たのである。

父、正二の「正博を落とせ！」という号令は生きていた。骨肉の争いは頂点に達した。

盛岡の選挙事務所では支持者が激して喚き立てる。

「このままでは、時間切れになるぞ。やられたら、やりかえせ」

「負けてはおれん。鎌や鍬をもって、殴り込もう。投票箱を力ずくで奪い返すんだ」

オオーッと歓声があがり、いまにも飛び出そうとする支持者を盛岡は止めた。選挙事務所には私

服警官が入り込んでいる。盛岡は誰が私服か察知していた。「そうだ。殴り込め！」と言ったら、即座に公職選挙法違反、傷害教唆で手錠をかけられる。

「おいおい。慌てるな。投票所にもお巡りさんがいるはずだ。開票拒否なんて、そんな馬鹿なことはさせないだろう。僕はお巡りさんを信用しているよ」

と、盛岡はいきり立つ支持者を抑えた。

刻々と時間は過ぎた。午後九時半、選管委員長は、樺山派が投票箱を押さえ込んでいる六つの投票所に送るはずの不在者投票、三一六票を「棄権」扱いとし、開票を行うと決定した。午後一〇時四五分に役場隣の公民館で開票作業が始まると、棄権扱い分の「開票」を求める盛岡派と、続行せよと主張する樺山派の支持者が押し寄せ、殴り合いが始まった。開票は遅々として進まなかった。

翌二二日午前六時半、樺山三〇〇四票、盛岡二九〇〇票の開票結果が示された。一〇四票差で樺山の勝利と伝わると、盛岡派の女性支持者たちが、「不在者投票を開票しろ」と公民館二階に向けて石を投げた。投石は激しさを増し、ガラス一八枚を割る。公民館内の職員は全員が机の下に隠れ、投石が止むのを待った。

雨あられと降る投石を制止しようとした男性が後頭部に石をぶつけられ、血を流しながら担がれて搬送される。盛岡陣営は「不在者投票をした有権者の基本的人権を無視した」と選挙無効の異議を申し立てた。

伊仙町の選管委員長は、三一六票の有効な不在者投票が「事務妨害」で開票されなかったと認め、選挙無効を告示する。自治省選挙部は樺山当選の決定を有効としたが、選挙事務は終わらず、「町長不在」の状態に陥る。選管委員長は当選人の告示を拒んだ。

警察は、選管の職員三人が不在者投票の替え玉「詐偽投票」に加担した疑いで捜査を始める。選管委員長にも替え玉詐偽投票に関与したとして逮捕令状を用意した。選管委員長は、震え上がって姿を隠す。逃げ込んだ先は、徳之島徳洲会病院だった。

院長の康晃は、選管委員長の病名を「多発性胃潰瘍」「癒着性イレウス（腸閉塞）」「肝障害」と発表した。選管委員長は、以前、盲腸の手術をした後に癒着性イレウスにかかっていた。康晃は、腹痛を訴える委員長に全身麻酔を施し、開腹手術をした。マスメディアは、康晃が選管委員長をかくまい、不必要な手術をしたと叩きに叩いた。

康晃への「脅し」はエスカレートした。

昼も夜も、殺すぞ、逃がさんぞ、と脅迫の電話がかかってくる。

警察は選管職員三人と委員長を逮捕した。盛岡派の運動員十数名を「詐偽投票」の公職選挙法違反で指名手配する。逮捕を免れようと運動員は一斉に全国各地へ逃げた。刑事訴訟法の規定で三年間逃げ切れば、公訴時効が成り立つ。人の出入りが激しく、個室の多い病院は潜伏先に最適だった。

盛岡は、支援者の逃走を経済的に支援する一方で、選挙無効の裁判を起こす。内心、泥仕合の選挙戦にはうんざりしていたが、伊仙町長の不在は続いており、徳洲会のナンバーツーとして投げ出すわけにはいかない。いったん徳洲会の経営改善に軸足を移し、銀行との緊迫した交渉に専念する。財務にやや明るい兆しがさし、やれやれと安心する間もなく、また選挙がやってくる。

九二年八月末に奄美七市町村の議会議員選挙が予定されていた。伊仙の町議選挙は、盛岡と樺山の代理戦争であった。町長は相変わらず不在だ。この状況が続けば、いずれ町長選の再選挙をしなくてはなるまい。町長の座を奪うには、町議会の議席の過半数を自派で占めておきたい。数は力なり。またぞろ激烈で、汚れた選挙に挑まねばならなかった。盛岡は、ふーっと大きく息を吐いた。

徳之島病院長の死

盛岡は、神奈川の自宅から徳之島の康晃に電話を入れた。

「そろそろ陣中見舞いをせんといかんが、台風が来ているようだな……」

「真っすぐ北上してくるよ。海も空も交通機関は止まるな」

「そうか。台風で行けそうにないな。すまんが、陣中見舞いを配ってくれんか。頼む」

「わかった」と康晃は答えた。

九二年八月七日、中型で非常に強い台風一〇号は奄美群島を暴風域に巻き込みながら北上した。奄美大島の名瀬で四一・九メートルの最大瞬間風速を記録する。伊仙町では倒木が民家を直撃し、町営住宅の屋根が吹き飛ばされた。

翌八日は風も次第に弱まった。夜、徳之島病院の診療を終えた康晃は、母方の身内が運転する車で町議選の立候補予定者に陣中見舞いを配った。それを樺山派の運動員がつけていた。康晃と運転手は警察に出頭させられ、深夜、厳しい尋問を受ける。ただ、相手が病院の院長なので、警察も拘留はしなかった。

九日は、よく晴れた日曜日だった。三〇代の外科医、大久保明は、いつものように朝八時から三〇分ばかり院長の康晃と病棟管理について打ち合わせた。穏やかな朝で、康晃は、これから徳之島に来ている歴史学者の講演を聞きに行く、と言った。大久保も「僕もあとから行きます」と告げて別れた。大久保が講演会場に行くと、康晃の姿はなかった。おやっ、どうしたのかな、と大久保は首を傾げた。何か大切な用事ができたのだろうか……。

スペインのバルセロナでオリンピックが開催中だった。アメリカのバスケットボール「ドリームチーム」は、マイケル・ジョーダン、マジック・ジョンソンらプロのトップ選手をそろえ、実力は群を抜いていた。盛岡兄弟は、学生時代にバスケットに親しみ、ドリームチームのプレーを楽しみにしていた。ドリームチームとクロアチア代表の決勝戦が、昼前から始まった。盛岡も康晃も、それぞれの家でテレビ観戦をした。

試合は、一一七対八五でドリームチームが圧勝する。テレビ中継が終わって間もない、午後一時ごろ、康晃から盛岡に電話が入った。

「あにき、陣中見舞い、ぜんぶ配ったよ」

「おお、そうか、そうか、配ってくれたか」

「配った。その後で警察に引っ張られてな、あれこれ聞かれたが、まぁ、大丈夫だ」

「そうか悪いな。よけいな荷物を背負わせてしまったな。すまんなぁ」

「それにしても、おい、疲れるなぁ」と言って、康晃は電話を切った。

盛岡は自省した。戦後インテリゲンチャの前衛論、インテリこそが労働者階級全体の先頭に立って革命を遂行するという考えを、学生時代に否定したはずだった。なのに、気がつけば選挙に出て「清き一票を」と連呼していた。

銀のスプーンを持って生まれた者と、極貧の最底辺を這いずりまわる者の間で革命や反乱は起きるだろう。たとえ衝突はあっても、その過程で和解が成立すると信じてきたが、その楽観主義も違うのではないか、と疑問が生じた。おれは何のために闘うのだろう……。

日が暮れて、徳之島病院の職員から電話がかかってきた。嫌な胸騒ぎがした。

「康晃先生が、面縄の海で、溺れました」

盛岡の顔からサーッと血の気が引いた。

「おい、疲れるなぁ」という弟の最後のひと言が、拍動とともに脳裏を駆けめぐる。

溺れたと聞き、反射的にどうしてだ、と思った。康晃は、水泳が苦手で足の立つ浅瀬で水中眼鏡をして熱帯魚を観察するのが好きだった。深いところに行くはずがない。深みにはまったのか、大波に呑まれたのか。でも、あんなに疲れたとこぼしていた状態で、無理をするだろうか……。

「すぐにそっちに行く」。盛岡は徳之島病院の集中治療室へ急行した。

歴史学者の講演を聞き終え、自宅に戻っていた大久保は、午後三時ごろ、「康晃先生が溺れた」と連絡を受け、病院に駆けつけた。間もなく、救急車が康晃を搬送してきた。心肺蘇生を行うとすぐに心臓は動きだした。しかし、刺激に対する反射は失われていた。

康晃に師事していた東大出身の医師が、何とか手を打とうと人工透析を行う。通常、溺れた患者の治療に人工透析はあまり用いられないが、血液を入れ替えて腎機能を維持しようとした。強心作用のあるアドレナリンを投与して心臓の動きも保つ。

盛岡が集中治療室に駆け込むと、輸血のために親族や徳洲会の関係者が集まっていた。遅れて徳田もやってきた。皆が沈痛な面持ちで康晃の容態を見守っていると、徳田は「はい。これ」「はい、どうぞ」と国会議員の名刺を配りだした。大勢が康晃の身を案じ、意識が戻るよう祈っている場で名刺を渡して「よろしく」と宣伝している。

徳田の名刺をもらうために人が集まったわけではない。

これはひどい、人の生死を利用して、ここまでやるか、と盛岡は怒りがこみあげた。

一〇日、午後九時前、康晃は亡くなった。享年四六。死因は水死、とされた。葬儀を、町議選の「弔い合戦」に向けた政治家集団のイベントにしようとする気配が漂う。盛岡は、それをきっぱりと断り、家族だけで弔った。医師になっていた徳田の長女が「死に顔を見せてほしい」と言ったが、

「透析で水膨れしているから」と拒んだ。弟が徳洲会の「生け贄」にされたようで悲しみと憤りに身体が震えた。

葬儀が終わり、四九日が過ぎても、弟の死因への疑いは晴れなかった。

康晃が面縄の海で溺れたとき、そばには交際中の看護婦がいた。ふたりは内縁関係で、つかの間の休日を楽しんでいた。

康晃は、心に描いていた故郷と、現実の徳之島の間で苦しんでいた。自ら選んで徳之島に赴いたのにまるで追放された土地で苦難を強いられているようだった。ままならない現実に打ちひしがれると、鹿浦の岩壁から海に沈む夕陽を眺め、面縄のサンゴ礁で熱帯魚を見て気持ちを落ち着けた。自然だけは正直だった。

面縄の海岸は、道路の延長のような堤防が海へと延び、その東側に白い砂浜とサンゴ礁の浅瀬が広がっている。潮の干満状態にもよるが、かなり沖合に出なければ大人が溺れそうな深みはなさそうだ。穏やかな海辺の中庭といった風情である。

あの日、台風一過でカンカン照りだった。海水は暴風雨でかき混ぜられ、温度は低かった。どのようにして弟が溺れたのか、盛岡は一緒にいた看護婦に聞きたくて仕方なかった。

だが、彼女は葬儀の後、島を出ていた。いや誹謗中傷を受けて、島から出ざるをえなかった。

じつは、彼女の伯父は元憲兵隊長の、急死した町長だった。盛岡の母にすれば、近代農業の導入に尽力した叔父と、最愛の息子が、いずれも元憲兵隊の家系と絡んで落命したことになる。理屈では割り切れない因縁を、そこに感じたとしても不思議ではない。看護婦は島人から村八分にされ、居場所を失くして、徳之島から逃れたのである。

徳之島を出た看護婦は大阪で暮らしていた。康晃の死から半年後、盛岡は彼女と面談し、最期のようすを訊いた。いつものように水中眼鏡で熱帯魚や珊瑚を覗いていた康晃は、突然、「おーい。助けてくれーっ」と叫んだ、と彼女は証言した。

泳ぎが苦手な康晃が溺れながら「おーい。助けてくれーっ」と明瞭な声を出すのは不可能だ。声を聴いて彼女が駆けつけたときには、もう康晃は海中に倒れ込んでいた。

「くも膜下出血だ!」と盛岡は直観した。肉体の疲労と心労が蓄積された状態で冷えた海水に浸かり、くも膜下出血を起こしたのだ。だから意識が途切れる瞬間、助けてくれーっと声を上げたに違いない。担ぎ込まれた集中治療室で頭部のCTを撮っていれば、原因が解明できただろうが、遅きに失した。くも膜下出血なら……透析は逆効果だった。

盛岡は、弟を死に至らしめた罪悪感で胸が張り裂けそうだった。親の反対を押し切って、町長選挙に出たりしなければ、弟が死ぬことはなかっただろう。徳洲会の歩みも変わっていたに違いない。弟を生け贄に捧げたのは他ならぬ、このおれだ。

旧約聖書・創世記の「カインとアベル」の物語が頭をよぎる。

アダムとイブの夫婦がエデンの園を追われた後にカインとアベルの兄弟が生まれた。兄のカインは農耕に従事し、弟のアベルは羊を放牧した。

ある日、兄弟は唯一神、ヤハウェにそれぞれの収穫物を捧げた。ヤハウェはアベルの肥えた羊の供え物に目をとめ、カインの供え物を無視した。嫉妬にかられたカインは、野原にアベルを誘い出し、弟を殺害する。

その後、ヤハウェにアベルの行方を問われたカインは「知りません。私は弟の監視者なのですか」と訊き返す。これが人類のついた最初の嘘だという。

だが、大地に流れたアベルの血は、ヤハウェに彼の死を伝えた。

カインは弟殺しの罪により、「エデンの東」にあるノドの地に追放される。

そこにカインは町をつくる……。

人間の暮らしは、喜怒哀楽を伴って営々と続く。

九三年、伊仙町長のやり直し選挙に盛岡は立たなかった。失われたものが余りに大きかった。樺山が当選し、第一〇代伊仙町長の椅子に座った。

第四章　政界漂流

自民に未練

憎しみと対立を生んだ保徳戦争は、定数是正で奄美群島区が鹿児島一区に合区されて鎮まった。議員一人だけを選ぶ小選挙区がなくなり、徳田も保岡も四人を選出する中選挙区に入り、苛烈さが中和された。鹿児島側は保徳戦争の「本土上陸」と警戒し、買収が消えたわけではなかったが、さすがに選挙賭博までは大っぴらに持ち込めない。

鹿児島市内には三万人とも五万人ともいわれる奄美出身者が暮らしている。彼らの多くは保徳戦争で地に落ちた奄美のイメージの回復を願っていた。奄美群島でも、親子、きょうだいが候補者の支持で反目し合う姿は徐々に影をひそめていく。

九三年七月に衆議院選挙が行われ、鹿児島一区では保岡がトップ、徳田は三位で当選した。どちらも保守に色分けされている。徳田は、ふたたび自民党に入ろうとした。

徳田が当選した直後、またも「追加公認したい」と自民党総務から電話がかかってきた。前回の金丸頼みの失敗に懲りた徳田は「はい。よろしく、お願いします」と即答する。こんどは、渡辺美智雄の派閥（旧中曽根派）に籍を置く九州の代議士が仲介の労をとっていた。徳田の追加公認を自民党内で推薦したのは、渡辺派の二人の閣僚だった。

すぐに徳田は、渡辺派の事務所に挨拶に行き、自民党の党務を掌握する幹事長、梶山静六のもとに足を運んだ。梶山は、保岡が所属する竹下派、経世会の大幹部である。

幹事長室には梶山本人がいた。徳田が「新参者ですが、よろしく、ご指導ください」と頭を下げると、梶山はこっくりと頷き、「はい。これは取っといてくれ。追加公認料だよ」と二五〇〇万円の現金を差し出した。

「ありがとうございます」と徳田は受け取り、紙袋に入れて能宗の運転する車で東京本部の理事長室に引き揚げた。車のなかで「念願かなって、よかったですね」と能宗が声をかけると「うん。よかった。よかった」と徳田は破顔一笑した。

この当時、自民党は汚職とスキャンダルで屋台骨にひびが入って分裂し、政界が再編に向けて大変動の渦中にあった。いわゆる「新党ブーム」が到来していた。

前年の五月、前熊本県知事の細川護煕が既成政治を打破して「責任ある変革」を成し遂げようと唱え、「日本新党」を旗揚げした。松下政経塾出身者や学識経験者らが集まり、無党派層の支持を得る。七月の参議院選挙では四議席を獲得した。

かたや自民党では、経世会の会長だった金丸信が東京佐川急便からの「五億円闇献金」の責任を問われ、議員辞職に追い込まれる。派閥オーナーの竹下登は後継会長に小渕恵三を据えようとしたが、剛腕で知られる小沢一郎が清新なイメージの羽田孜《つとむ》を推し、主導権争いが激化した。

竹下は中立を守っていた参議院経世会への多数派工作を仕掛け、小渕が後継会長に選ばれる。反発した小沢、羽田らは派中派の「改革フォーラム21」を立ち上げた。九三年六月の通常国会会期末、小沢・羽田グループは宮沢内閣への不信任案に賛成し、自民党を離脱する。羽田を党首に「新生党（のち新進党）」を創設した。

そして七月の総選挙で自民党は過半数割れに追い込まれる。いったん自民党崩壊へ傾いた時勢は止めようがない。日本新党は三五議席を獲得し、自民党に失望して党を出た議員が集う「新党さきがけ」と統一会派を組む。総選挙後、連立政権のキャスティングボートを握った。

駆け引きを経て、新生党、日本社会党、日本新党など非自民五党（七党一会派）の連立で「細川内閣」（一九九三年八月～九四年四月）が誕生した。

自民党が与党第一党を占める「五五年体制」は、ここに終止符が打たれたのである。

徳田は、長年、反体制、反権力を売り物にしてきた。連立政権に与するほうが似つかわしく感じられるが、混乱続きの自民党に入ろうとする。徳田は権力を求めた。脱党者が続出し、党勢立て直しを急ぐ自民党なら簡単に「席」を得られると読む。記者に、なぜ自民党なのかと問われて徳田はこう答えている。

「自民党に入ろうとしたのは支持者を安心させるためなんだよ。やっぱり大きい組織に入らないとね」(「週刊ポスト」一九九三年八月一三日号)

一番安心したかったのは徳田自身であろう。東京の自民党本部は、党勢挽回のために過去のわだかまりを捨てて、無所属の徳田を追加公認した。

ところが、である。渡辺派の国会議員たちが地元医師会から激しい突き上げを食らった。「徳田が自民党に入るらしいが、とんでもない。徳田が入党するのなら、もう応援しない」と言い渡される。医師会の集票力は、現在とは比べものにならないほど大きかった。渡辺派の国会議員は浮足立ち、「大変だ。大ごとだ」と渡辺に直訴する。自派の議員の総攻撃を受けて、ついに渡辺もギブアップ。徳田には自民党を離れてもらおう、と決した。

しかし徳田の首に鈴をつけにいく人間がいなかった。徳田に追加公認を呼びかけたのは自民党側だ。政治家が途方に暮れていると、中曽根と親しい、四谷に事務所を構える政界フィクサーが大臣経験者を伴って、徳田に面会を求めてきた。

事情を説明された徳田は、はい、そうですか、とは言わなかった。

「僕の選挙の支持者には、革新もいます。保守もいます。彼らに申しわけが立ちません。いろんな意見があるなかで、奄美のために自民党に入ると彼らを必死に説得し、経緯も詳しく説明して追加公認をお受けしたんです。いまさら、どの面下げて、自民党を辞めると言えますか」

徳田は鈴をつけにきた使者に決然と言い渡す。

「何の党則違反もしていないのに選挙民に自民党を辞めると説明できません。僕を切りたいのなら、破門にしてください。自民党が除籍にすればいい」

この返答で自民党幹部は頭を抱え込んだ。困り果てて、入党申し込み書類に不備があったので「入党未了」と裁定し、徳田を切った。「そこまでやるか」と徳田と能宗は顔を見合わす。

「もらった追加公認料、どうしますか」と能宗が聞くと、

「そんなもの、向こうが連絡してくるまで放っておけ」と徳田は吐き捨てる。自民党は「返せ」とは言ってこなかった。

秘話はまだ続く。入党が見送られた直後、河本派（番町政策研究所）の領袖、河本敏夫から連絡があり、徳田は東京平河町の事務所に出向いた。会談が終わった後、「理事長、どうでした」と能宗が聞くと徳田は口をへの字に結んで黙りこくった。車に乗り、能宗とふたりだけになると、やっと口を開いた。

「河本派を引き継いでくれんかと言われたよ。自民党に入れた暁には、だけどな」

河本が率いる「番町政策研究所」は小派閥だが、三木武夫と海部俊樹、二人の総理大臣を出している。河本は事実上のオーナーだった船会社、三光汽船が八〇年代半ばに倒産し、派閥を切り盛りする経済力を失いつつあった。徳洲会という後ろ盾のある徳田に派閥をそっくり譲ってもいいと考え、胸中を打ち明けたのである。

かくして徳田は、二度も入党を拒絶された自民党に、なおも未練を残した。派閥のオーナーになれば総理も夢物語ではなくなる。一寸先は闇といわれる政界で、どう動くか、策を練った。

政治の流れは、小沢一郎らが提唱する「政治改革」で大きく変わろうとしていた。なかでも小選挙区制の導入は、国会議員の行動に多大な影響を及ぼしそうだった。

自民党はリクルート事件や東京佐川事件、ゼネコン汚職と金権腐敗スキャンダルを連発し、世論の集中砲火を浴びた。民意が沸騰し、「政治と金」に関心が集まる。細川内閣は、金のかからない（とされた）「小選挙区比例代表制」の導入をいち早く決めた。

徳田は、小選挙区でまた戦うのかと思うと、背筋が寒くなった。一人しか当選しない小選挙区に戻ったら、自民党に入るのは一層難しくなる。選挙では自民党の公認候補者も蹴落とさなければならない。恨みを買うばかりで入党は遠ざかる一方だろう。

しかし、と徳田は反問する。「数は力」である。一人では入党が無理でも、何人かまとまれば、党勢を盛り返したい自民党は受け入れる。自民党は国会議員が出たり、入ったり、慌ただしい。一度は飛び出たものの戻りたがっている議員もいる。そういう連中を徳田新党にかき集め、一定の数を満たせば、そっくり自民党に入れるはずだ。そのまま派閥を立ち上げて台風の目になろう。そうだ、自民党に入るための「踊り場」的な政党を立ち上げればいい、と徳田は方針を定めた。

政治資金の面でも無所属では限界が見えていた。政治改革で「政党交付金」を柱とする「政党助成法」が成立し、施行されれば、企業や労働組合、団体から政党への政治献金が制限される。その代わり、国が政党に交付金の助成を行う。政党交付金は、一定の要件を満たした政党に給付される。

その政党要件とは、「所属する国会議員（衆議院議員または参議院議員）が五人以上」、もしくは「所属国会議員が一人以上、かつ、近い国政選挙で全国を通して二％以上の得票（選挙区・比例代表区のいずれか）」である。手っ取り早く五人以上の無所属議員を「この指とまれ」で集めるか、国政選挙で二％以上の票を取るか……。

徳田は、自分が保守系無所属新人向けに立ち上げた政治団体「自由連合」の政党化へ動きだす。目の前のハードルを飛び越えようと走り出した。

問題は、先立つものである。

徳洲会の台所は「火の車」だった。じつは、徳田は、華々しく政界に登場した陰で徳洲会の経営権を剝奪されていたのである。

経営権を奪ったのは、関西に根を張る三和銀行（現東京三菱ＵＦＪ銀行）だった。三和銀行は徳田から「理事長職を辞める」という「念書」まで取っていた。徳田のパフォーマンスが注目される裏で、徳洲会は三和銀行と経営権の掌握をかけて熾烈な交渉をしていた。徳洲会が銀行の管理下に置かれて解体されるか、自立を保てるか、瀬戸際に追い込まれていたのだ。三和との勝負をつけないことには、自由連合の政党化もおぼつかなかった。

少し時間を巻き戻し、三和銀行との壮絶な心理戦を語ろう。

政治資金マシン

八〇年代後半から九〇年代初頭にかけて経済界はバブル景気に酔い痴《し》れた。なかでも都市銀行各行は、地価の高騰に乗じた不動産融資に見境なく資金を注ぎ込み、目先の収益競争に狂奔する。バブル景気は、病院を建て続ける徳洲会にも「明」と「暗」、それぞれの影響を及ぼした。

プラスの影響は、担保価値の高まりだ。たとえば、徳洲会は発祥の地、河内天美の徳田病院から北へ約四〇〇メートルのところに病院建設用地を早期に手当した。そこは元々「ため池」で、転用や売買の調整は農業委員会の所管だった。徳洲会は農業委員会に問い合わせ、ため池の権利を持つ周辺の農家と掛け合って十数億円で土地を買収した。

後に徳田病院を継承した松原徳洲会病院がここに建つのだが、銀行はバブル期、この土地に一〇〇億円以上の担保評価を付けた。長い年月、ため池で、田んぼをひっそりと潤していた土地が一〇〇億円超の〝宝の池〟に変わったのである。これを担保に徳洲会は融資を受けた。資金繰りに苦しむ徳田は「池で助かったなぁ」と洩らす。地価高騰は、鉄が金に変わるような担保価値の上昇をもたらした。半面、用地買収費も押し上げる。

マイナスの側面では、病院建設の投資額が膨らんだ。徳田は高額の最先端医療機器の導入も積極的に行ったので投資回収に時間がかかる。一年、二年で立ち上がっていた経営指標が、一向に上向かない。バブル期の病院建設ラッシュは、大きな重荷となって経営を圧迫した。土地担保主義の日本では、徳洲会も地価の呪縛から逃れられなかった。おまけに選挙に莫大な資金を費やす。二度、衆院選を戦って敗れ、徳洲会の台所は火の車となった。

徳田が生命保険を担保にして、返済が滞ったら「頭を下に屋根から飛び降りる」と説いて融資を受けて以来、メインバンクは第一勧銀（現みずほ銀行）だった。そこに大阪が根城の住友銀行（現三井住友銀行）が食い込み、二行の融資残高が増えた。

メインバンクの勧銀は、七八年ごろから二年ごとに行員を徳洲会大阪本部に派遣していた。財務体質を強めて経営を安定させようと仕事のできる行員を送り込む。

しかし、八〇年代半ば、派遣された行員は、経営データを分析して「これはビジネスではない。徳田さんの金の使い方はおかしい」と上司に報告する。徳田が政治に首を突っ込み、金の流れが不透明になっていた。これを機に勧銀は行員派遣を止める。問題が発生した場合に連帯責任を負うのを嫌って手を引いた。

沖縄の南部徳洲会に国税当局の査察が入った一件もあり、金融界では徳洲会の評価がじわじわと低下した。勧銀と住友は、徳田の性急な拡張主義を警戒し、融資の蛇口をぎりぎり締める。貸し渋りへと転じた。

金詰まりの徳洲会に手を差し伸べたのは、やはり関西で幅を利かせる三和銀行だった。三和は、融資残高が増えるにつれ、行員を徳洲会の関連会社に送る。徳洲会東京本部内にあった関連株式会社、インターナショナル・メディカル・リース（ＩＭＬ）に行員が入った。ＩＭＬは、医療法人徳洲会を衛星のように取り囲む関連会社のひとつだ。グループ内の病院は二〇万円以上の医療機器を入れる際、IMLとリース契約を結ぶ。IMLの出資者は、関連会社の中核であるインターナショナル・ホスピタル・サービス（IHS）と、インテグレート・メディカル・システム（IMS）、そして徳田虎雄個人だった。

関連会社は、徳田の政治資金を捻出するマシンでもあった。医療機器業者や建設会社からのキックバック、葬儀社の寄付などさまざまな方法で裏金がつくられた。IMLは資本金三〇〇〇万円の小さな会社だが、なかに入ればグループ全体の経営計数が把握できる。派遣行員は、徳洲会の経営状況を計数とともに逐一、三和本体に知らせた。

一方で、三和の役員から徳田宛に「希望どおりの融資に応じる」旨のファクスが入った。八九年後半、徳洲会の収支バランスは崩れ、ついに資金ショートが起きる。ファクスを盾に徳田は融資を引き出そうと三和と掛け合うが、知らぬ存ぜぬで押し返される。とうとう徳洲会は一五億円の手形決済に行きづまり、不渡りを出しそうになった。徳田はつなぎ融資を求めて三和銀行東京本部に向かった。

東京本部は、西に皇居の大手濠、東にビジネス街を望む二五階建ての「三和銀行東京ビル」に置かれていた。三和銀行東京ビルが竣工した一九七三年当時、最高部が九九・七メートルに達する銀行建築は他になかった。大手濠に沿った内堀通りから日比谷通りまで敷地が続くビルも見当たらず、いかに三和が「首都圏制覇」の望みを超高層ビルに託していたかがうかがえる。徳田は、上層階の広い応接室で、ソファに座り、「銀行ギャング」とあだ名される常務と対面した。

徳田は、病院を建てる意義を語り、急な組織拡大で医師や看護婦がなかなか集まらず、経営がタイトになっている、と説明した。窮地を脱するには一五億円のつなぎ融資が必要で、何とかお願いしたいと頭を下げる。銀行ギャングは大阪弁で傲然と言い放った。

「まぁ、徳田先生ね、そう言われても、そこをキチッとするのが経営ですよ。それができんのやったら、やっぱり、経営者失格や」

徳田の顔つきがみるみる変わる。常務は、なおも痛いところを突いた。

「医者がおらん、看護婦が足らんので病院経営ができないと言うのは、靴屋がね、革がないから靴をつくれません、と言うのと一緒ですよ。医者がおらんから、ちょっと治療が遅れますって、患者に言えますか。そこは経営者の責任やね」

徳田は憤りを抑えて、なぜ、新設した病院の立ち上がりが悪いのか、細かな数字を示して弁明した。顔じゅうに汗をかいている。銀行ギャングは、ソファから立ち上がり、窓際に近づいて、芝居がかった調子で言った。

「徳田先生、ここから見てくださいよ。まわりにはいっぱい銀行あるでしょう。ああいうところに行って、お金を借りてくれませんか。たぶん、どこも貸してくれないと思いますけどね。わしやったら、いま、ここにボーンと現金で一五億なら一五億、積みますよ。せやけど、革がないので靴がつくれないと言う靴屋には貸せまへんな」

にべもなく断られた。徳田は意気阻喪して引き揚げる。翌年には三度目の衆院選が迫っていた。財務が逼迫した状態で選挙戦に大金を投じ、返り討ちにあえば間違いなく徳洲会は崩壊する。出馬を諦めるか……。だが、諦めても資金は出てこない。悩みに悩んだ徳田と家族は、奄美の巫女《ユタ》に運勢を占ってもらう。徳田一族が信頼を寄せる巫女は「奄美に千年に一度の偉大な人物が現れる」と告げた。「偉大な人物は虎雄らしい」と妻の秀子は受けとめて気を晴らしたが、それほど徳田も家族も自信を失っていたのだろう。

五人の医師が個人保証

大阪本部で財務を預かる今岡は、神頼みに走るわけにもいかず、頭をかきむしって金策に悩んだ。年の瀬を前に焦りが募る。そのとき、盛岡がふらりと大阪本部に顔を出した。今岡は蒼ざめて、「もう、つなぎ資金がありません。不渡りを出しそうです」とこぼした。盛岡がたまげて金額を訊ねると一五億円だという。

「僕も金策に回ろう。理事長の了解を取ってくれ」と盛岡は指示した。ただ、周囲を見渡しても担保になりそうなものは何もない。担保も持たず、困っているから貸してくれでは断られるのがおちだ。盛岡は一計を案じた。銀行につなぎ融資を要請する文書を作成し、それを持って京都、宇治、野崎、茅ヶ崎のグループ病院を訪問した。各病院長に借金の賛同を取りつける。盛岡と四人の院長は、「債務の返済に責任を持つ」と明記した文書に署名し、判を押した。個人的に一五億円を借りて、難局を突破しようと立ち上がった。

ナンバーツーの盛岡も、徳洲会という医療運動体を守ろうと死にもの狂いだった。資金ショートで組織を潰すわけにはいかず、ベテランの院長を糾合してでも資金をつくらねばならない。ただし、次の総選挙で徳田が負ければ、信用力はさらに弱まり、銀行は資金を引き揚げる。徳洲会は借金地獄の業火に包まれる。グループが「解体」されれば医療変革の灯は……、消える。

徳田が選挙で負けたら徳洲会は潰れる。盛岡は、資金づくりと選挙対策の二正面作戦に向き合わねばならなかった。山口組系盛政組の新年「事始め」に出向き、やくざの動きを抑える汚れ役を買って出たのも、組織を守りたい一心からだった。

盛岡は、五人の医師の証文をカタに三和銀行に融資を申し込んだ。大阪の支店に何度か足を運ぶが、反応がない。東京本部に掛け合うと、虎ノ門支店を窓口に指定してきた。虎ノ門支店に通い、度々書類を出す。しかし、事態はなかなか進展しなかった。しびれを切らしながらも盛岡は虎ノ門支店の幹部と面談を重ねる。

ある日、応接室で交渉をしていると、威風あたりを払う役員が姿を現した。徳田の申し込みを一蹴した常務、銀行ギャングであった。融資の決裁をしてくれ、しないの押し問答が続いた。

「あんた、簡単に一五億と言うけどね、一万円札積んだらなんぼになるかわかりますか」

と、銀行ギャングは机上に手を掲げ、横柄に言った。帯封付き一〇〇万円の厚さは一センチだ。一億で一メートル、一五億なら一五メートルに達する。盛岡は腹をくくった。

「わかりまへんな。無理やったら、無理でどうぞ。その代わり、われわれが職員にボーナスも出せず、不渡りを出して世間にご迷惑をおかけすることになったら、申しわけないが、この店の前の歩道をちょっとお借りします。歩道で、一緒に医療改革運動をしてきた職員をぜーんぶ集めて、世間に、なんで不渡りを出したか、経緯を書いてお知らせします」

いつの間にか盛岡も関西弁で応じていた。

「盛岡はん、あんた、何者や」。常務の顔に朱がさした。

「ここに現役の院長四人と私、五人分の医師免許を並べてます。逃げも隠れもしません。よーく、判断してもらえますか」

「あんた、何者なんや。わしらを脅す気か」と常務は盛岡を睨みつけた。

「いえいえ、ありのままに言うとるだけです。不渡りだしたら世間に申しわけが立ちません。われわれ五人の医者は、そちらから金を借りてるわけではありません。みなさんが貸した相手（徳洲会）が悪いので、二進《にっち》も三進《さっち》もいかんから、代わりに借りて、借金を返してあげよう、と。私は、徳田のように保険金掛けて、ビルの屋上から飛び降りる気はさらさらありません。私の借金じゃないのでね。踏み倒そう言うてるわけやない。代わりに借りて、お返ししようと言うてるだけや。それがだめなら、歩道を、ちょっとお借りしてね」

「ふふふっ。しゃーないな。盛岡はん、あんた、ええ度胸しとるな。ちょっと考えとくわ」

銀行ギャングは、そう言い残して応接室から出た。

徳洲会は危機一髪で不渡り手形を出さずに済んだ。

三和との主導権争い

翌九〇年春、三和銀行は融資先の経営再建の名目で一橋大学卒のエリート行員Nを徳洲会東京本部に専務理事として送り込む。大阪本部にも二名、三和の出向者が入った。三和は徳洲会の経営中枢にいきなり手を突っ込んできたのだ。

三和側が徳田に突きつけた条件は苛酷だった。経営権限を停止するので経営に口を挟まないこと、理事長職を辞めて代行を置くこと、である。徳田の弟がNに会い、「徳洲会は徳田家のものではありません。社会のものです。実際に徳洲会のことがわかっているのは盛岡です。盛岡を理事長代行にしてください」と伝えた。

Nは盛岡に「ひとまず、理事長代行でいいですか」と訊ねた。盛岡は「徳田さんから直接聞いていないので返事はできない」と距離をとった。銀行の言いなりに「代行」を務めるのには抵抗感があった。とはいえ、徳田が経営権を剝奪されたいま、誰かが穴を埋めなければいけない。徳洲会が立ち直れるかどうかの大切な局面である。盛岡はNに言った。

「あなたが直接、医師や看護婦、職員に経営改善の指示をしても、バックボーンが違いすぎて話が通じないでしょう。医者はプライドばかりたかくて、畑違いの人の指示を聞きたがらない生きものです。私があなたの鞄持ちをして通訳代わりをしますよ」

盛岡の申し出をNは受け入れ、ふたりは緊急の経営改善チームを編成して行動を開始した。

三和の再建策は、ことのほか大胆だった。融資残高が最大の三和のみならず、勧銀や住友を含めてすべての金融機関への元本、利子の返済を二年間止める。いわゆる「返済猶予（モラトリアム）」の断行である。借金を塩漬けにしている間に経営体質を抜本的に改める。三和を「頭」に財務状況を好転させ、返済計画を変更（リスケジュール）して再出発する非常策を採ったのだ。

モラトリアムを実行するには、金銭の出入りを透明に「数値化」し、政治向けの金は出さない、と原則を定める。原則を徹底するうちに、ヴェールに包まれていた資金の動きが見えてきた。

徳田は六九億円もの金を借用書なしで「トラスト・インターナショナル」という会社の松井某という株屋に預けて運用していた。現金はすべて株券に変わっている。Nと盛岡が松井に連絡しても接触できず、とうとう逃げられた。それもそのはず、松井とコンタクトできるのは能宗だけで、トラストは政治資金の裏金づくりに設けたノンバンクであった。トラストに送った金のうち三〇億円は九〇年の選挙で費消されている。

徳田と能宗は、身内にも黙って政治資金をプールしていた。

Nは、盛岡や今岡の前では「けしからん。経営の私物化も甚だしい」と口角泡を飛ばしたが、徳田の不正を締め上げて正すわけではなく、手を下そうとはしなかった。

三和に徳洲会の息の根を止めるつもりはなさそうだった。それぞれの病院が少しずつ経営改善できれば、グループの財務状況は好転する、と盛岡は感触を得た。

Nの方針はともかく、各病院への三和の経営指導は厳しく、強引だった。返済猶予を断行した責任を出向者は背負っている。業績の回復は必達の目標とされた。

徳洲会の財務は大阪本部が握っていた。大阪本部への出向者は、徳洲会を銀行管理下に置いたかのように尊大にふるまった。グループ全体の院長会議は、大阪でよく開かれる。出向者は、院長会議に参加して、赤字続きの状況を厳しく批判した。徳田が意見を言おうとすると「黙っといてください」と遮る。

出向者は病院長を名指しで責め立てた。

「病床稼働率が低すぎる。このまま五割、六割が続いたら院長には責任を取ってもらいますよ。外来患者を増やさないと赤字の垂れ流しです。患者一人当たりの単価が安すぎる。もっと集中的に処置をして、利益を上げるべきや。みなさん、頭がよくてお医者さんになったんやから、経営センスもあるはず。頭は生きているうちに使ってください」

三和の出向者は、全体会議で毒づくばかりではなかった。病院一つひとつを対象に「臨店」を行い、厳格に経営改善を迫った。臨店とは、銀行スタッフが支店を巡回指導したり、支店の融資への与信判断が正しく行われているかどうかを検査することを指す。これを徳洲会グループ内に応用した。経理、医師、看護、事務、薬剤などの職員で対策チームを編成して出向者も入り、個別に経営指導に当たる。病院ごとに細かい目標を示し、ノルマの達成を申し渡した。

三和銀行からの出向については緘口令《かんこうれい》がしかれた。危機的な状況が外に洩れれば徳洲会は一体性を失い、統制がとれなくなる。徳洲会は銀行管理の一歩手前だった。

しかし、わがもの顔で病院を歩き、医療のイの字も知らないのに言いたい放題の銀行員に、一般の職員は反感を抱く。病院長たちも「えげつないやつらやなぁ。三和ってどんな銀行なんや」とささやき合った。

三和銀行は、昭和初期の金融恐慌で銀行がバタバタ倒産した後、いずれも大阪に本店を置く、三十四銀行、山口銀行、鴻池銀行の三行が話し合い、一九三三年に合併して生まれた。鴻池銀行を設立した鴻池家は、江戸時代初期の一六五六年に両替店を開いており、歴史は三百数十年に及んだ。三和銀行は、設立直後、預金残高で普通銀行のトップに立つが、大阪の経済的地盤の低下とともに預金ランキングを下げた。

戦後、三和銀行は「ピープルズバンク（大衆の銀行）」をモットーに、個人や中小企業を相手の小口金融業務（リテールバンキング）に力を入れる。六〇年代には消費者金融を開発し、日綿実業（現双日）とリース会社「オリエント・リース（現オリックス）」を設立した。七〇年代に弱点だった首都圏の基盤強化を図ろうと富士銀行（現みずほ銀行）との合併を画策したが、大蔵省（現財務省）の反対で頓挫する。

八〇年代に入り、従来の預金や融資を中心とした商業銀行路線に加え、証券引受を行う「投資銀行」の分野にも乗り出す。八八年に第八代頭取に就任した渡辺滉《ひろし》は、「新時代にふさわしい、最新にして最強、世界のユニバーサルバンクを目指そう」とぶち上げた。ユニバーサルバンクとは、預金や融資の他に信託や証券などあらゆる金融業務を兼営する銀行で、いわば「何でもあり」だ。欧米の大銀行の多くはユニバーサルバンクで、三和も世界に伍していくと宣言した。

徳洲会に出向者を出した九〇年春ごろ、水面下で三和と第一勧銀の合併話が進んでいた。すでに三井銀行と太陽神戸銀行が合併して「さくら銀行」が発足し、協和銀行と埼玉銀行が統合されて「あさひ銀行」となる道筋ができていた。金融再編が本格化するなか、三和と勧銀が結びつけば新銀行の預金量は約八〇兆円、世界一のスーパーバンクとなる。三和と勧銀は、新銀行の本店を勧銀の本拠の東京に置くか、三和の大阪にするか、トップ人事をどうするかと検討を重ねた。

結局、超大型合併はまたも破談に終わる。新銀行の貸出金シェアが都市銀行総計の二五％をわずかに超えるために、公正取引委員会が首をタテに振らず、合併は見送られるのだが、三和の行内はバブルの高揚感に溢れていた。頭取の渡辺は、母校の一橋大学や京都大学の出身者を重用し、若手を抜擢して「補佐官」と呼ばせた。秘書役（頭取秘書）や広報、企画、人事など七人の補佐官が行内をのし歩く。とりわけ秘書室長（会長秘書）と秘書役は「側用人《そばようにん》」のような権限を与えられ、非公式に指揮を執った。
三和は、個人の裁量と組織の関係が不明瞭で、派閥争いが絶えない。徳洲会への出向者が居丈高なのも、このような企業風土と無縁ではなかっただろう。

Nの鞄持ちを務める盛岡は、組織の近代化の必要性を痛切に感じた。選挙への出馬も、新病院の建設も徳田のツルの一声で決められてきた。その徳田が三和銀行に頭を押さえつけられて組織が動かないようでは先が思いやられる。徳田が政治に入れあげて、経営から距離を置いても、合理的に意思決定できる体制が不可欠だ。家父長主義の前近代的組織から合議で物事が決まる組織への脱皮を模索する。

だが、非営利組織の病院グループは株式会社とは根本的に異なる。経営悪化を理由に取締役会の過半数の議決で社長を解任するような真似はできない。独裁を好む徳田が理事長退任をすんなり受け入れるはずもなく、内紛が起きれば、病気で苦しむ患者や、最前線で働く職員を巻き込んでしまう。人間の生命を預かる病院で、患者や職員を盾にストライキを打つのは不可能だろう。地道な自己変革を積み重ねるしかない。徳田が銀行に羽交《はが》い絞《じ》めにされているのなら、誰かが組織を守らなければなるまい。盛岡は、ナンバーツーの座の重さをひしひしと感じた。
三和銀行は、徳田にプレッシャーをかけた。経営会議への出席を禁じ、選挙資金についても「予算」を決めろとけん制した。理事長のポストを明け渡す「念書」にもサインをさせる。徳田は「一筆書かされた。まぁ出しとけばいいよ」と軽く考えてはいたが……。さらに三和は、札幌東、湘南鎌倉、千葉西の三つの徳洲会病院を閉鎖しろ、と詰め寄った。不採算部門からの撤退はリストラの基本である。

病院閉鎖の要求に徳田は頑として応じなかった。

「潰せるものなら、潰してください。病院を閉めた翌日に入院中の患者さんが亡くなったら、三和銀行さん、責任を取ってくれますね」と徳田は威嚇する。三和から派遣されたサラリーマン行員と、ゼロから徳洲会を築いた徳田では腹のくくり方が違っていた。

徳田は病院存続を主張して譲らない。病院を閉じるのは簡単だが、一度潰せば、再生は不可能だ。社会的な信頼は失墜してしまう。

もしも、このときに三病院を閉めていたら、徳洲会は惨憺たる状況に陥っていただろう。たとえば、湘南鎌倉病院は高額医療機器の債務返済に苦しんでいたが、後に循環器内科の専門医が革新的な心臓カテーテル治療を開拓し、講習会などで地道に広めた。心臓カテーテル治療の実績が上がるにつれ、住民の見る目が変わる。

湘南地域は富裕層も多い。それまで心筋梗塞の発作に襲われた患者は、救急車で二時間ちかくかけて東京西部の大病院に搬送されていたが、地元で治療の見通しが立ってからは、湘南鎌倉病院に殺到する。やがて心臓手術の世界的権威が赴任し、湘南鎌倉病院は徳洲会の花形、ドル箱病院へと変わる。三和銀行の言うままに閉めていたら、徳洲会のその後はなかっただろう。

三和は資金と計数管理のノウハウを持っているが、医療のオペレーションは素人だった。逆に徳洲会は医療の実践力はあるが、自己資本比率は低く、数字に弱い。互いに急所を握り合ったまま、主導権を奪おうと心理戦をくり広げた。

この時期、徳田は、三和が居すわる本部を離れ、北から南まで病院を隅から隅まで見て回った。自宅に帰るのは月に一度か二度だった。夜間に猛スピードで移動して病院に泊まり、朝八時の会議に出て現場の問題点を聞き、指示をしてまた移動する。

三和銀行の病院運営は拙《つた》なかった。三和がいくら笛を吹いても、医者たちは躍らなかった。盛岡が間に入って銀行側の意図を咀嚼《そしやく》し、ようやく現場に伝わる。徳田が病院をしらみつぶしに回って問題意識が共有された。

Nが派遣されて一年ほどで一定の効果が表れ、銀行の返済猶予は二年でひと区切りがついた。三年目から利子の返済ができるようになり、リスケジュールで財務は最悪の状態を脱する。

その間に「政治」が徳洲会のトップとナンバーツーの人生を対照的に変えた。徳田は三度目の正直で衆議院選挙に当選し、国会の赤じゅうたんを踏む。かたや盛岡は下の世代に担がれて伊仙町長選挙に出馬して辛酸をなめた。町長選挙の翌年に弟の康晃が海で亡くなった。過労によるくも膜下出血が原因だったとみられる。弟を生け贄にした懊悩で盛岡は人知れず眠れない夜を過ごした。

政治は魔物である。

盛岡の禊

九三年晩秋、徳田と盛岡は何の前触れもなく、東京赤坂の中国料理店「海皇」での夕食会に呼び出された。ふたりが行くと、すでに三和銀行の役員が二名待っていた。四人で円卓を囲み、一皿目の料理が出ると、三和の役員が斬りかかるように言った。

「徳田先生、お疲れさまでした。約束どおり、理事長を降りてください。次は盛岡さんでいいですね。今後は思う存分、政治に専念してくれればいいですよ」

徳田は、座ったまま返事をしなかった。重い沈黙が続く。いいとも、悪いとも言わず、椅子の上で反り返った。憮然たる表情で口を閉じている。

いよいよきたな、と盛岡は察した。徳田の身に何かがあれば自分が理事長ポストに就くこともあろうが、元気な徳田が地位を譲るはずがない。徳田の地位への執着は凄まじく、猜疑心が強い。そんな徳田を相手に理事長の権限を奪おうとは毛頭考えてもいなかった。

と、同時に銀行の操り人形の理事長になるのは、もっと嫌だった。Nの鞄持ちをしたのは、三和のためではなく、徳洲会の職員、患者のためである。嬉しそうに尻尾を振って銀行についていくと思ったら、大間違いだ。

この場にいてはいけない、と盛岡は直感し、立ち上がった。

「すみません。こういうだいじな話は、どうぞ、オーナーどうしでやってください」

と、言い残して店を出た。

バブルの火は消えたというけれど、赤坂の歓楽街のネオンはやけに眩《まぶ》しかった。

一週間ばかり経って、盛岡を包む空気が一変した。Nに「徳洲会は徳田家のものではなく、社会のもの。徳洲会を一番知っているのは盛岡です。盛岡を中心に」と伝えた徳田の弟が、突然、掌を返した。

弟は「盛岡は外部に徳洲会の理事長になると触れ回っている。盛岡の親族には保岡派もいる」と記した回状をつくり、「七人衆」と呼ばれる徳田側近に読ませて反応を探った。

盛岡は裏切り者だ、おまえはどうするのだ、と踏み絵をふませたのである。回状を見た側近が、内心「違う」と思っても、ボスには逆らえない。盛岡を擁護すれば、自分も磔《はりつけ》にかけられる。七人衆も盛岡に裏切り者の烙印を押すのを黙認した。

すべては徳田の指令のもとに行われた。徳田は、ナンバーツーの座に昇り、医師たちの信頼を集める盛岡を潰しにかかった。徳田が怖れたのは、物静かで冷めたように見える盛岡の内に秘めた「度胸」だった。徳田は、融資を受ける銀行団に対し、約一〇〇〇億円の個人保証をしている。土地や建物の他に個人保証一〇〇〇億円の担保を預けていた。

その一〇〇〇億円を、徳田以外に「わかりました」と引き受けられる度胸があるのは盛岡しかいなかった。他の幹部医師は、勇ましいことを口にしても一〇〇〇億円を背負えと言われたら逃げる。チキンハートばかりの医者のなかで盛岡は違った。

このままでは盛岡が権限を握ってしまう。潰すしかない、と徳田は決断した。

回状が出たのを知った盛岡は、「とうとう明智光秀にされたなぁ」とひとりごちた。思い返せば、親戚の鹿児島県議会議員の前で「徳田さんが国会で忙しくなれば、経営もみなくてはいけないよ」と何気なくぼやいたことが、人から人に伝わって尾ひれがついたのかもしれない。徳田相手に権力闘争をするつもりはないのに……。

京都山科の家で、初めて徳田と会ったときの光景が盛岡の脳裏によみがえった。

徳田の大仰な物言いに危うさを感じ、「あなたからはヒトラーか織田信長を連想しますよ」と言うと、徳田は「ほれ、ぎょうさん傷があるやろ」と手を見せた。「こんな傷だらけの手を持つ、貧乏人上がりの人間が、ヒトラーなんかにはなれんよ」と徳田は笑った。

貧乏人が権力を持てば乱用する、ヒトラーは世のため、人のためと言いながら狂気の世界に人びとを引きずり込んだ。あなたにも……と、のど元まで出かかったが、「わかりました。僕は明智光秀にはなりませんからご安心ください。去るときは、静かに去ります」とことわって徳洲会に入った。閉塞した医療を変えられる、徳洲会は社会運動体だ、と望みを託したのだった。

あれから一一年の歳月が過ぎ、図らずも明智光秀に仕立てられ、静かに去るときがきたようだ。が、しかし、濡れ衣の汚名を着せられたまま退くのは耐え難かった。町長選挙の狂乱に巻き込んで四六歳で夭逝させた弟や、ともに医療変革運動に打ち込んだ仲間に何と申し開きができようか。

断じて明智光秀ではない。

現実的な面では、伊仙町長選挙で公職選挙法違反に問われた支援者の地下潜伏を盛岡は経済的に支えていた。逮捕の危険を冒して応援してくれた支援者との信義は守らねばならない。時効期間は三年である。まだ定収を投げ出せなかった。権力闘争に敗れて逃げるのではなく、医師としての筋を通し、身に積もった罪障の禊《みそぎ》をしてから徳洲会を辞めようと決心した。

盛岡は、医師対策担当の宮崎を呼び、こう伝えた。

「きみの腹にだけ収めてほしい。僕はこれから徳之島に籠る。徳洲会病院で外来と往診だけをして、外界とは一切の関係を絶つ。一年経ったら、徳洲会を辞めるから、僕の代わりの医者を用意しておいてくれ」

盛岡は、ひとりで徳之島に渡った。死闘を演じた樺山が「やり直し選挙」で当選し、伊仙町長に就任していたが、もはや何の未練もなかった。あまりにも目まぐるしく、物事が変転し、かえって感懐は薄れた。亀徳港に近い徳洲会病院の五階、南東端の細長い個室に籠り、外来診療と往診に没入した。選挙で絡んだ人や親戚とも顔を合わさず、三和銀行の幹部、徳田ファミリーが訪ねてきても会わなかった。徳田本人からの電話にも出ず、ひたすら診療に打ち込んだ。

それは、精神レベルでの徳田や銀行との最後の闘いであった。人は金や権力、欲望だけで動くものではない。自分が信じる価値のために命を懸けることもあるのだ。おそらく、いまの徳田にはその精神性は通じないだろうが、禊を貫徹しよう、と心に期した。亡くした弟への兄としての精いっぱいの鎮魂の行でもあった。

三和銀行による徳洲会の「間接統治」はほぼ四年で終わった。五年目も一人だけ出向者が残ったが、残務処理が目的で、経営危機は一応回避された。徳田のねばり勝ちだった。三和は徳洲会から手を引いた。いや、バブル崩壊で徳洲会どころではなくなった。

始まった宴は必ず終わる。バブルが弾け、金融界は激震に見舞われた。バブルの淵源だった高地価、株高、円高のトリプル高が逆転し、すべてが下落する。三和銀行はスキャンダルにまみれた。九一年に大阪国税局から約十億円の所得隠しが指摘され、追徴の重加算税を課せられる。それを新聞が報じても「そんな事実はまったくない」と三和側は否定し続けた。第一報から二週間以上経って、三和の広報が「重加算税を課せられたのは事実」と認める。「嘘はつかないというのは広報の大原則。そのつもりで、これまできちんとやってきたつもりだけに、今回の一事をもって批判を受けるのはまことに残念です」(「AERA」一九九一年八月六日号）とコメントしている。

三和は、九二年に業務、経常、当期の三利益部門で首位に立ち、念願の三冠王を獲得したが、系列の東洋信用金庫が火だるまになり、救済合併を余儀なくされた。東洋信金は、支店長が大阪の料亭「恵川」の女将で相場師の尾上縫《おのうえぬい》と組んで詐欺を働き、存亡の危機に陥っていた。

三和の銀行員が尾上に近づいたのは「預金ほしさ」からだった。気前のいい尾上は億単位の個人定期預金をした。定期預金の獲得額は、銀行員のボーナスや出世に直結している。〝恵川詣で〟をすれば一億円、二億円の定期預金が取れると噂が噂を呼び、銀行員が尾上に群がった。尾上のバックには日本興業銀行がついていた。その信用力を武器に尾上は錬金術に夢中になる。だが、バブル景気に陰りがさすと運用はたちまち悪化した。

尾上は、親交のあった東洋信金支店長らに二〇〇〇億円の架空の預金証明書を作成させ、それを担保にして金融機関から融資を引き出す。あるいは、担保で差し入れていた株券や金融債と入れ替え、詐欺行為を重ねた。やがて証書偽造が発覚し、詐欺罪で逮捕される。東洋信金の信用は地に墜ち、三和が吸収したのである。

尾上の金融機関からの借入金総額は、のべ二兆七七三六億円、支払い額は二兆三〇六〇億円に及んでおり、留置場で破産手続きを行った。負債総額は四三〇〇億円で、個人では日本の史上最高額を記録した。裁判で懲役一二年の実刑判決が確定する。

三和で栄華を極めた渡辺は、東大出の佐伯尚孝に頭取の座を譲り、会長に退いた。佐伯は不良債権処理に追われ、行内に溜まっていた「膿」がふき出る。学閥による側近政治への不満が爆発し、怪文書が流布されて人事抗争に火がついた。上層部の派閥抗争で三和は結束力を失い、他行を吸収する側から、吸収される側へと転落していく……。

時代は、古い層と新しい層を重ね合わせて変転する。

盛岡は、まる一年、外界とのかかわりを遮断し、徳之島徳洲会病院の小部屋に起居し、外来診療と往診に専念した。ながい禊の行が終わった。

九四年一二月下旬、亀徳港から那覇行きのフェリーボートに乗った。飛行機を使えば早く着けるが、空港に行くと知っている顔に会いそうだ。それを避けて、ひそかに船上の人となった。小学四年で両親やきょうだいと北の鹿児島へ向かったのとは逆コースだった。

ゆったりと進む船旅は、来し方をふり返る時間を与えてくれる。肉親との思い出にひたるだけでも、人生の手ざわりが違って感じられた。

「さぁ、これからどう生きようか」。フェリーの手すりにもたれて盛岡は自問した。

朝、亀徳を出航した船は、沖永良部島の和泊《わどまり》、与論と寄港し、沖縄本島北部の本部《もとぶ》を経由して日がとっぷりと暮れた那覇港に入った。小さな宿に旅装を解いた盛岡は、南部徳洲会病院の院長、平安山に連絡した。平安山は、徳田の政治活動に一切関知せず、沖縄の地域医療を確立しようと粉骨砕身してきた。彼の目に自分の行動はどう映るだろうか。本音で語り合いたかった。平安山に会った盛岡は、ありのままに告白した。

「会うのは先生だけと決めています。僕は明智光秀の濡れ衣を着せられました。他の先生に会えば、彼らが動揺してもいかんので……。じつは、もう徳洲会を辞めようと思います」

「そうか。決めたかね。あなたは精いっぱいやったのだから、いいんじゃないかね。組織の崩壊を止めたのだから……。弟さんのこともあったしね。ごくろうさまでした」

アメリカ帰りの第一世代、平安山のねぎらいの言葉が盛岡の胸にしみた。

「それで、これからどうするの」

「決めていません。自分の居場所がどこにあるのか、ゆっくりと考えます」

平安山は、徳田と同年で似たような貧しい農家に生まれ、しかし政治にはまったく興味を示さず、医療に専念していた。若い医師をアメリカ仕込みの厳しさで鍛えた。沖縄に最上の医療を根づかせるという平安山の思いは、何十年経っても変わってはいなかった。こういう医者が徳洲会の財産なのだと盛岡は感得した。

さらば徳洲会。

盛岡は、羽田から空路、那覇に入った連れ合いと再会し、暮れも押し迫って神奈川の自宅に帰りついた。大役から解放されて緊張が緩んだのか、年を越して間もなく、風邪をこじらせて臥《ふ》せった。

旗揚げした自由連合

政党「自由連合」を旗揚げした徳田は、満面に笑みを浮かべて議員たちと箸で鍋をつついていた。一九九四年一二月二一日、自由連合の代議士たちは、東京都内のホテルで新党結成の記者会見を開いた後、近くの居酒屋に移って怪気炎を上げた。メンバーは次のとおりである（年齢は当時）。
・小泉晨一（四七）、全国でリサイクル運動を展開してきた経歴を持ち、日本新党出身。
・栗本慎一郎（五三）、元明治大学教授の論客でテレビの討論番組で活躍し、新生党を経て自由連合へ。
・楢崎弥之助（七四）、リクルート事件などのスッパ抜きをして「永田町の爆弾男」の異名をとる元社民連書記長。
・柿沢弘治（六一）、自民党を飛び出して羽田政権の外相を務めたが、新進党には加わらず、自由連合に参加。
・石井紘基（五四）、モスクワ大学大学院を卒業し、社民連、日本新党から自由連合へ。
・佐藤静雄（五三）、選挙区は北海道で、自民党、自由党から自由連合へ。
そして徳田虎雄（五六）、新進党に加わらなかった元民社党委員長の大内啓伍（六四）も合流する予定になっていた。ざっと書き並べただけでも、主義主張も出身もばらばらな国会議員の集合体である。共通するのは、誰もが一人では政治活動ができず、徳田の資金力に魅力を感じている点だ。

ごった煮のような面々が嬉しそうに鍋をつつく写真が、新潮社の写真週刊誌「ＦＯＣＵＳ」（一九九五年一月四日号）に載った。自由連合結成の記者会見では「政党助成を受けるためのにわか仕立ての党ではないか」と質問が飛んだ。記事のなかで「政治部デスク」はこうコメントしている。

「急に出来たみたいですが、保守・中道で第三の軸をという動きは水面下で続いていたんです。新進党が出来る前の11月末には、新生党の閣僚経験者を担いで、新党の結成文まで書いていたといいます。それが、新進党の党首選で羽田擁立が決まり、海部氏を推す小沢氏と決戦を挑むために離党を断念したという経緯があった。新党に参加する動きを見せていたメンバーもＵターンしてしまったわけです」

必ずしも政党助成が目的ではないと読み取れる。流動的な政局で、自由連合の傘に入ってきたのは七人にとどまった。

この記事がＦＯＣＵＳに掲載されたのには特別な意味がある。当時、新潮社の社員で、ＦＯＣＵＳの記者だった久恒信夫は徳田と政界のつなぎ役だった。現金飛び交う奄美の総選挙を久恒が取材をしたのがきっかけで徳田と縁ができた。自由連合の事務は徳田の秘書、能宗の役目である。久恒と能宗は昵懇《じっこん》の間柄となっていく。

後年、能宗が徳田ファミリーとの確執のなかで記した「聴聞通知書に対する回答」（「能宗メモ」）には、久恒の働きぶりがこう述べられている。

「手始めに水野清元衆議員（建設大臣、総務長官を歴任）を紹介してもらい、当時選挙で結びつかなかった創価学会との人脈をつないでもらいました。（略）さらに久恒氏は亀井静香先生とも親しく、相談相手でした。久恒氏が徳田理事長と一緒に徳之島を訪問した時に、空港を出た正面に『めざせ大阪直行便実現』との看板を目にして、早速、亀井先生に相談。亀井先生は運輸大臣を務めており当時の東亜国内航空の船曳専務に談判し、赤字路線を恐れ渋る東亜国内航空を離島の窮状を訴え徳之島＝大阪直行便が実現しました。そこから徳田理事長と亀井先生の関係が始まったのです」

徳田と亀井を結びつけた徳之島＝大阪直行便は、九四年に就航したものの徳田が衆議院の議席を失った後に廃止されている。採算面では無理筋の航路だった。

久恒は徳田の懐に入り、徳洲会の「サポート」をする。「最初の自由連合を国会議員7名を集めて立ち上げる時はそれこそ3か月間、新潮社に出社せずの協力でした」と「能宗メモ」には記されている。徳田、亀井、久恒のトライアングルとその周辺を能宗が奔走する形ができあがる。これをベースに石原慎太郎や、他の保守系議員と徳田の関係は築かれていく。

自由連合の脈絡もあやふやなメンバーが鍋を囲んでいる。

徳田の政界漂流が始まった。と、そこに大自然の猛威が襲いかかる。

阪神・淡路大震災

一九九五年一月一七日午前五時四六分、神戸の市街地を激烈な震動が突き上げた。戦後、初めて大都市直下型の巨大地震が起きた。震源は六甲山から淡路に至る活断層にあり、最大震度「七」を記録する。

立ち昇った炎は、瞬く間に燃え広がり、街を焼き尽くした。阪神・淡路大震災が発生したのである。死者・行方不明者六四三七人、負傷者四万三七九二人に達する大震災は、関西に拠点を置く徳洲会に苛酷な試練を課した。

災害の人命救助では「発生後七二時間」を過ぎると救出された人の生存率は著しく下がる。発生から三日が勝負である。徳洲会の医師たちはどう動いたのか。政治に片足を突っ込んだ徳田はリーダーシップを発揮できたのだろうか……。

その朝、神戸市垂水区の神戸徳洲会病院は、ダンプカーが突っ込んできたような衝撃を受け、激しく揺れた。幸い建物の被害は比較的軽く、診療を継続できた。自家発電も稼働し、なだれ込んできた外来患者にも対応する。しかし、ガスと水が途絶えて病院食をつくれず、診療用の水が不足した。医薬品も底を尽き、職員は大阪の徳田、野崎、岸和田、八尾、京都の宇治、これらの徳洲会病院や大阪本部に電話をかけ続けた。無情な通話音の合間に辛うじてつながると、食料と水、薬の搬送を懇願する。医師や看護婦は現状を維持しようと院外に出ず、ひたすら「待ち」の構えで震災と向き合った。屋外では建物の下敷きになった人たちが必死に助けを求めていた。

徳洲会の地震対策本部は、八尾病院内に設けられ、薬剤部長の田中良子が大阪府警本部や八尾警察署に電話でヘリコプターの緊急出動を要請した。道路の渋滞がひどく、人命にかかわる医薬品と医療チームを被災地に送り込むにはヘリが最適だった。

しかし、警察からは「(兵庫県の)伊丹空港までしか行けない。そこしか着陸が認められていない」と木で鼻をくくったような返事しかかえってこない。「行政の壁」が立ちふさがった。

田中は八尾駐屯地の自衛隊中部方面航空隊にもヘリ出動を求める電話をかけるが、まったくつながらなかった。そこで引き下がった自分を「なぜ車で基地に駆けつけて、ヘリの出動を頼まなかったのか。食らいついてヘリを飛ばせていたら、もっと大勢の人が助かったはず」と後々悔やむことになる。

鹿児島徳洲会病院の副院長、夏目重厚は、朝、テレビのニュースで神戸の惨状を見て、即座に「現地に入りたい。時間との戦いだ。北海道と沖縄を除く、全国の徳洲会の救急車を神戸に集めろ」と本部に伝えた。京大医学部で脳神経外科を専攻した夏目は、救命救急の分野でも実績をつんでおり、循環器や神経系の治療にも詳しい。何よりも神戸は夏目の地元だった。妻子を東灘区の自宅に残し、鹿児島に単身赴任していた。土地勘がある。彼の実力を知るドクターたちは「一刻も早く、夏目を神戸へ」と推した。

ところが、一人の人物が反対をした。御大の徳田である。

夏目の申し出に「まだ俺の考えが固まっていない」と現地入りを認めようとしなかった。夏目はこれまで盛岡康晃らと徳田のやり方を公然と批判し、改革を叫んできた。徳田の心にしこりがないといえば嘘になる。徳田は未曽有の震災に直面し、理事長らしく指揮を執ろうとした。

震災が起きた朝、徳田は札幌のホテルにいた。前夜、自由連合の衆議院議員の立場で北海道知事候補者の支援パーティに参加した。『医師たちの阪神大震災』（中谷和男、ティビーエス・ブリタニカ）によると、北海道の関係者との朝食会の途中で「どうも死者が出ているらしい」と情報を得た徳田は、その場で大阪本部に電話を入れた。

「これから地震現場に飛ぶ。大阪から神戸までのヘリコプターを用意しろ」と指示する。

三〇分後、折り返しの電話が入り、いまからでは札幌発—関西国際空港行の便しかなく、関空からの陸路は閉ざされ、神戸港も破壊されていて船でも行けないと報告を受けた。「大阪到着は夜で、ヘリで視察してもあまり意味がないと思います。できれば明日、朝一番ということでは」と大阪本部の事務長に勧められて了解した。

徳田はヘリ視察にこだわった。「全容把握が大切や。明日、神戸を空から視察できるように準備しとけ」と命じた。ヘリの料金は一時間六〇万円だ。こうしたやりとりの過程で夏目の現地入りを尋ねられ、徳田は一度は拒んだ。これではまずい、と大阪本部の役員が諄々《じゅんじゅん》と説得し、徳田もやっと容認した。

「とりあえず夏目が被災地に入るのは認めるが、方針は俺が決める」と。

一八日午前、関空に着いた徳田は、ヘリに乗り換えて四〇分間、被災地を上空から視察した。まる一日過ぎても、あちこちから火の手が上がり、黒煙が覆っている。高速道路はなぎ倒され、港も崩れていた。壊れた建物の下で多くの生命が風前の灯だった。ほんとうに「生命だけは平等」なのだろうか。紙一重で助かる人もいれば、亡くなる人もいる。

視察を終えた徳田は、関西に腰を据えようとしなかった。衆議院本会議を控え、会合や打合せが詰まっていた。東京行きを選択する。ヘリポートから関空へ向かう車中で「全国の救急車を神戸に集結させろ」と大阪本部に指令する。夏目の提案を受け入れた。

上空から〝神〟の視点で被災地を眺めた徳田は、泥水をすすり、がれきの下敷きになって意識が薄れる人間への想像力を失いかけていた。国会議員の金バッジは徳田の目を曇らせる。被災地を一枚の風景写真のように眺めても、救援医療の具体像はなかなか描けなかった。
医療のニーズは現場にある。

救命救急チームの結成

現地入りを許された夏目は、一八日朝、アメリカのＵＣＬＡ（カリフォルニア州立大学ロサンゼルス校）附属のパラメディック課程で学んだ若い救急コーディネーター、内山圭を伴って鹿児島空港を発った。行き先は名古屋空港である。

内山は、アメリカの救急隊員の資格も持っている。救急コーディネーターは、ＥＲ（緊急救命室）での診療や処置、検査の介助はもとより、患者受け入れや転送の調整、病態に合わせたケアなど幅広い業務をこなす。非常時の被災地では、中途半端な専門医より、臨機応変に対応できる救急コーディネーターのほうが役に立った。

夏目と内山は、名古屋空港に着くと看護士を迎え入れた。一行は名古屋徳洲会病院の救急車に乗り、名神高速を飛ばして神戸へと急ぐ。野崎や岸和田、宇治、茅ヶ崎でも若い医師たちが院長に「僕も現地に入ります」「いま行かなくて、何のための救急医療ですか」「行けないのなら、病院を辞めます」と直談判し、被災地へと馳せ参じていた。

夏目一行は、橋脚の損傷で先に進めなくなった名神高速を豊中インターチェンジで下り、一般道を神戸へと向かう。その途上、救急車を停めて外に出ると、凄絶な光景が目に飛び込んできた。がれきのなかから血まみれの腕が突き出ている。遺体がシートにくるまれて道路脇に無造作に転がしてある。傍らに立ちすくむ肉親は、こう話した。

「消防隊は来てくれたけど、半分ほど掘り出して、もう心臓が止まっていると判断したのか、もっと助けやすいところに行くと言って、どこかに移ってしまいました」

夕方、夏目チームは神戸徳洲会病院にたどり着いた。ふだん神戸病院の入院患者は一日五人程度だが、震災初日に二七人の患者が担ぎ込まれていた。骨盤骨折、胸・腰椎圧迫骨折、腎・脾臓損傷、顔面裂傷、肺炎、心不全と病態はさまざまだ。

病室を覗いた夏目は、「このままではあかんで。クラッシュ・シンドローム（挫滅症候群）や。血液透析の患者さんが何人もおるぞ」とスタッフに告げた。クラッシュ症候群は、身体の一部、とくに手足が長時間重い物に挟まれて圧迫され、その状態から解放された後に起こるさまざまな症候をさす。重傷では死に至る。

身体が長時間の圧迫を受けると筋肉が傷つき、組織の一部が壊死する。その後、圧迫を解かれると壊死した筋細胞からカリウムやミオグロビン（たん白質）、乳酸などが血液中に大量に漏れ出る。これらの濃度が高まって、毒物となり、全身障害を起こしてしまうのだ。がれきの下から助け出され、意識もはっきりしていて、一見軽傷の患者が、数時間後に意識混濁、チアノーゼ、失禁などに至った。心室細動や心停止、急性腎不全を発症するケースもある。

軽症、中等症の患者には大量輸液や、重炭酸ナトリウム液の投与、不整脈予防の治療などを行い、容態に応じて血液透析や血漿交換などの血液浄化療法が用いられる。全身状態が悪化していれば、すぐに血液浄化療法が必要だ。

世界で初めてクラッシュ症候群を報告した医師は、一九二〇年代にドイツに留学していた日本人、皆見省吾《みなみせいご》だった。皆見は第一次世界大戦中、塹壕で生き埋めになった兵士が筋肉の壊死がもとで死亡したことを突きとめている。震災直後の神戸も、また〝戦場〟であった。

夏目は、神戸徳洲会病院の「待ち」の姿勢が歯がゆかった。報道では死者が数千人単位に増えており、負傷者は数知れない。神戸市当局の「医療体制は十分。ひとまず待機を」という呼びかけをうのみにしている間に、がれきの下で、一人また一人とこと切れる。非常時だからこそ動こう。

夏目は院内に治療の指示をし、救急コーディネーターの内山と宇治病院の若手医師を引き連れ、救急車を仕立てて現場を回った。

状況を把握するために救急車を走らせると、目の前に次々と住民が飛び出してきて手を大きく振った。「なんぼ電話しても、消防署に行って頼んでも、救急車はこない」と口々に訴える。患者を病院へ搬送する機能がストップしていた。神戸病院には徳洲会の救急車が続々と集結していた。最終的に二十数台が集まる予定だった。

夏目たちは長田区の消防署に出向き、患者搬送の協力を申し入れる。

「応援医師の対応は保健所が窓口なので、そっちに行ってほしい」と言われ、保健所を訪ねると「神戸市に申し込んでください」。神戸市衛生局に救急車を乗りつけて提案すると「政令指定都市から医師団が間もなく入ってくるので、体制は十分。後で連絡するので、ひとまず待機してください」。たらい回しの末に神戸病院で聞いたのと同じ台詞が返ってきた。安閑としていられる状況ではない。若い内山は、市の職員を相手にまくしたてた。

「電話もろくにつながらないのに、後で連絡できるのですか。政令指定都市からの救援は、いつ来ますか。スケジュールを教えてください。その間の穴埋めは、私たちで受け持ちます。負傷者の救命はいま、ここでやらなくては。怪我をした人は待てないんですよ」

神戸市の職員は、表情を曇らせて「待機を」とくり返した。

日付が変わった午前零時過ぎ、救命救急の指揮命令を担う夏目は、神戸病院に集まった医療スタッフを集めてミーティングを開き、基本的な体制を伝えた。まず、救急車ごとに「巡回医療チーム」を編成して現場で治療に当たる。疑わしき患者はすべて神戸病院に搬送する。神戸病院を〝野戦病院〟と位置づけ、搬入された患者を診断、応急治療をして二四時間の経過観察を行う。クラッシュ症候群患者への血液透析など、専門的な治療が必要な場合は、野崎、岸和田を中心に京阪の徳洲会五病院に転送する。巡回医療チームと神戸病院、後方支援病院の役割分担を決めた。

「ただし」と、夏目はスタッフを見回し、こう念を押す。

「非常事態の混乱のなか、われわれはアウトローとして超法規的にやっていく。いいか、絶対に行政の許可を取ろうとするな。前例主義の行政は初めての震災で判断停止の状態や。時間がもったいない。一分一秒を争う。許可を取らず、人道支援で勝手にやろう。黙認されていると思えばいい。そのうち行政は必ず何か言うてくる。それまでは無視してやろう」

全共闘運動で鍛えられた実践論で、夏目はスタッフを指揮した。

震災発生から四八時間が過ぎた。一九日の朝、夏目は、医師二名、看護婦二名、救急コーディネーター一名の計五名と救急車三台の巡回医療チームを編成する。救急車は一台を医療チームの移動に使い、一台は患者搬送に専念。もう一台は緊急用の機動車両と位置づけた。夏目自身のチームは、長田区の保健所で、消極的な幹部をとばして現場の保健婦と接触し、避難所の診療へと分け入った。

長田区はケミカルシューズの零細企業が集中していた。軒を接した小さな工場群が灼熱の炎に炙られ、有毒ガスを発して燃え尽きた。長田区だけで約四〇〇〇戸の家屋が焼失し、死者は七〇〇人を超えた。最も深刻な被害を受けた地域である。

長田区の保健婦は、徳洲会に「五位の池小学校」避難所での診療を割り振った。

夏目チームが小学校に救急車を入れたとたん、「うわっ、暴動か」とスタッフはたじろいだ。

割れた頭に包帯を巻いた人や、脚の骨が折れて飛び出た人、顔に血糊が張りついた人、紐で腕を吊った人たちが、重いからだを引きずって、われ先にと押し寄せてきたのだ。

負傷したまま放置された人たちが、見栄も外聞もかなぐり捨て、亡者の形相で他人を押しのけて群がった。「生きたい」ぎりぎりの欲望がさく裂した。

診療用のテントを張る間もなく、夏目チームは救急車の後部扉を開け放ち、車内のベッドを診察台にして患者を診た。

「重症者が先や。軽傷は看護婦が治療に当たれ。風邪なら、とりあえず胸の音を聞いて、熱を計って薬を処方して」と夏目はトリアージを命じた。トリアージは重症度による患者の選別だ。軽傷者は校庭のコンクリートに座らせて麻酔を打ち、裂けた傷口を縫合した。医療器具の消毒は携帯用ガスコンロで湯を沸かし、煮沸して済ませた。

避難所の内部に踏み込んで、夏目は震災の手強《てごわ》さを痛切に感じた。凍えそうな体育館に避難者が密集し、凄まじい異臭が鼻を刺す。あちこちで激しく咳き込んでいる。インフルエンザが蔓延していた。悪化して間質性肺炎を発症し、急性呼吸不全で命が危ない高齢者が大勢いた。すぐに気管挿管をして人工呼吸器をつけなければ危険だ。

震災の人間への侵襲は、刻々と変化していた。時間の経過とともに生命を奪う要因が変わっているのだ。外傷患者は発生初日に集中しており、亡くなった人のほとんどが圧死（即死）だった。命からがら避難所に逃げ込んだ人びとは、プライバシーのない劣悪な環境で水分をとらず、脱水、クラッシュ症候群、血栓症、脳梗塞などを発症する。さらにインフルエンザウィルスが猛威をふるって肺炎、呼吸不全と内科的疾患で生命の危険にさらされる。

腕の立つ外科医が運び込まれる重傷者を片っ端から手術して命を救う。そんなステレオタイプのイメージで災害医療をとらえたら見当外れだ。

夏目は小学校の避難所に「当直」を置き、二四時間の診療体制をしく。福岡徳洲会病院の呼吸器の名医に連絡し、インフルエンザと間質性肺炎の診断、治療を依頼した。

巡回医療チームは、徳洲会のワッペンや表示を伏せて診療を行った。宣伝はしない、パフォーマンスはいらない、役に立てばいい、とメンバーは誓い合った。

医療チームが超法規的に活動していると、予想外の相談が寄せられる。自衛隊からは「水を運びたいが道路が渋滞して難しい。給水車を先導してほしい」「入浴車を持ってきたが、どこに回ればいいか役所に聞いても埒があかない。必要な場所を教えてほしい」と要請された。徳洲会の救急車が自衛隊の車両を先導して走った。

もっとも、徳洲会が急に「いい人」の集団になったわけではない。神戸病院では救命救急の設備を整え、三床のベッドで急患に対応していた。心肺停止の患者が立て続けに搬送されてくる。しばらく経つと救急担当の看護婦が「もうこんなところで看るのは嫌です。私たちも震災の現場を見に行きたい」とごねた。

「あなたたち給料をもらって仕事に来たんやろ」と夏目が自制を促すと、「私たちだって見たいんです」と不満をぶちまける。仕方なく、一時的に彼女らを巡回診療班に入れると、行く先々で写真をパシャパシャ撮って顰蹙《ひんしゅく》を買った。物見遊山にかけては、三和銀行員の態度も目に余った。救急車に乗ってサイレンを鳴らし、どこにでも行けると喜んで走り回る。神戸病院の医局で医療チームが診療の打合わせをしていたら、自分たちも医局のテレビを見たいと言う。夏目が「医局は診療の司令塔、守秘義務もある。ここに入るのはやめてくれ」と断ると、「われわれも情報を把握したいんだ」と居直った。夏目は銀行員を医局から追い出した。

相変わらず行政に「許可」を求めて時間を浪費する幹部ドクターもいた。怠惰な事務職員もいる。徳洲会も平凡な組織の顔を持っていた。

救命救急を全共闘世代が統率し、ひと回り、二回り下の世代が現場で奮闘する一方で、医師も看護婦も事務職も玉石混交、それが徳洲会だった。

徳田がすべての予定をキャンセルして被災地に飛び込んだのは、震災後五日目の二一日だった。神戸病院のスタッフ・ミーティングで徳田は檄を飛ばした。

「忘れられ、見捨てられた怪我人や病人は、避難所だけではない。家庭のなかにも病院のなかにも、絶対にいる。こうした患者を掘り出そう」(『医師たちの阪神大震災』)

徳田の演説は続いた。

「勝負は恐怖心から始まるのだ。どこかに患者がいるのではないかという不安感、恐怖心から、救急医療は始まるのだ。その恐怖心は、愛に根ざしているのだ。

君の子どもが行方不明になったとしよう。君ならどうする。いつかは帰ってくると、ただ待っているだろうか。ひたすら待ちの姿勢でいるだろうか。いや、違う。警察に走り、消防署に駆けつけ、あちこち避難所に飛び込み、息子を見た人はいませんかと消息を尋ねまわり、一枚一枚布団を引きはがして見てまわるだろう。ついには、遺体安置所にまで行って、髪を振り乱してわが子の姿を求めるだろう。もし、悲しいことに……」（同前）

夏目は聞いているだけで痛々しかった。理事長、もうそんな段階ではないのです、いまは精神論よりも間質性肺炎の診断をつけ、呼吸不全の患者に挿管するのが先です、深部静脈血栓症のカテーテル治療をしなくてはいけないのですよ、と心のうちで語りかけた。

超法規的に動いていた夏目に保健所長から電話が入ったのは震災後七日が過ぎたころだった。保健所長は京大医学部の一年先輩の女医だった。

「先生、お願いだから、そろそろ小学校のあれ、引き揚げてもらえんかなぁ」

「ああ、巡回医療チームですか。そろそろですか」

「もうボチボチね。医療資源は大分投入されてきたし、保健所としても限界なのよ」

「わかりました。撤収します。黙認していただき、ありがとうございました」

「何、それ。キツイこと言わはるなぁ。ははは」

予想どおり、行政は区切りをつけてきた。

徳洲会は、阪神・淡路大震災での救命救急の経験をベースに「ＴＤＭＡＴ（徳洲会災害医療救援隊）」を創設し、国内だけでなく、国境を越えた医療支援に乗り出す。その後、ＮＰＯ法人化を機に「ＴＭＡＴ」と改称し、東日本大震災、熊本地震、ハイチ共和国のハリケーン被害の救命、救援へと活動の幅をひろげている。

盛岡は、風邪をこじらせて臥せったまま、テレビ画面に映る阪神・淡路大震災の惨状を、忸怩《じくじ》たる思いで眺めていた。神戸には親戚もいる。知り合いの医療関係者も多い。第一報に接し、「現地に飛び込もう」と起き上がろうとしたが、身体が動かなかった。

高熱は下がらず、口唇ヘルペスができてウィルスが体内で暴れまわっている。口内の痛みで夜も眠れなかった。いま神戸に行けば、二度と徳洲会から離れられなくなる。どうするか。行きたいけれど、このまま被災地に飛び込めば二重遭難でまわりに迷惑をかけてしまう。が、しかし……と悶々と日を送っていると、大学時代の同級生で羽生徳洲会病院でも一緒だった友人の医師が電話を寄越した。友人は長野県の佐久総合病院に勤めていた。

「ぐあいはどうだ。身体が動けば、こっちにこないか。佐久病院を見に来いよ」

佐久病院はＪＡ（農業協同組合）の保健・医療・福祉の支援事業を行う組織、厚生連の傘下にある。太平洋戦争末期、外科医の若月俊一が赴任し、診療所同然だった佐久病院は変貌を遂げていく。若月は農村では珍しい先駆的な手術を行いながら、「農民とともに」を合言葉にどんどん地域に入った。無医村への出張診療や健康手帳で人びととの保健意識を高める。いつしか佐久病院は「地域医療のメッカ」と呼ばれ、山間地の病院ではたぐい稀な、一〇〇〇床を超える大病院に発展していた。若月は、大院長として君臨した。

深々と冷え込む二月、やっと熱が下がった盛岡は信州に足を向けた。小海線の野辺山駅で下りると、早目に往診を終えた友人が待っていた。友人は四輪駆動のジープに盛岡を乗せ、見渡す限り雪でおおわれた八ヶ岳山麓を爆走した。

空は晴れ上がり、太陽のまばゆい光が純白の雪に当たって乱舞している。気温は氷点下一五度。南国育ちの盛岡にはすべてが新鮮だった。ハンドルを握る友人が、突然、叫んだ。

「おい、見えるか！」

微細な氷の結晶が、きらきら輝いて降っていた。小さな粒が白樺の樹間に差す陽光を反射し、妖精のタクトに合わせてワルツを踊っているようだ。初めて見たダイヤモンドダストだった。

「きれいだ。きれいだ。とてもきれいだ……」

不意に弟はこれを目にしたことがあっただろうか、と想念がよぎり、盛岡は言葉を失った。

数日後、佐久病院の秘書課から「若月先生がお会いしたいと申しております」と連絡が入った。医療界に入って以来、二か月ちかく仕事を休んだのは初めてだった。そろそろ始動しようと考えていた。いったん仕事を再開して走り出せば、若月とゆっくり話せる機会もないだろうと佐久病院を訪ねた。近くの料理屋に宴席が用意されていて、若月と友人ら数名の医師と膳を囲んだ。

若月は単刀直入に言った。

「こんど、こちらに来てくれるそうだね」

「いいえ。まだ何も決めていません」と盛岡は返した。酒も少々まわり、本音をぶつけた。

「古今東西の歴史をみても、五〇年も殿さまを続けた方を僕は知りません。どのような方か知りたくて、うかがいました」

若月は翁の能面に似た細い目を一、二度しばたいた。

「おもしろいことを言うね。虎ちゃんには僕が話すよ。任せてよ」

徳洲会で盛岡がはたした役割や、徳田虎雄との関係は友人を通して若月に伝わっていた。酔いに任せて、盛岡は、なおも若月に訊いた。

「なぜ、先生は、こんなにも長く、殿さまを続けることができたのですか」

「それは、愛だな」。若月は短く答えた。

宴席が終わり、ホテルに送られる車中で、「若月先生は院長職を後任に譲ったんだよ」と友人が教えてくれた。「愛」と答えた殿さまの寂しさが盛岡の胸中にひろがった。

時は止まっているようでも流れている。時代は、いつも過渡期なのだ。

盛岡は佐久病院を新天地に選んだ。

政局のキーマン

徳田は衆議院二回生にして永田町の風雲児として頭角を現した。

「自社さ連立政権」を率いる総理大臣、橋本龍太郎は、九六年九月下旬、衆議院を解散した。一〇月の総選挙は政界浄化、金のかからない選挙の名分のもと、初めて「小選挙区比例代表並立制」

で行われる。本来、憲法観や国防意識が異なる自民党と社会党の大連立には無理があった。権力ほしさの野合と批判が高まり、橋本は国民に信を問うた。

徳洲会は、三一の病院に職員一万人、医師二〇〇〇人を擁する巨大病院グループに成長していた。医業収入は年間一〇〇〇億円を軽く超え、税引き利益は一〇〇億円に及ぶ。関連会社も年間数百億円を売り上げる。

年々、病院の新設は難しくなるが、徳洲会は他の医療法人の病院を吸収、合併して数を増やす。バブルが崩壊しても拡大路線をひた走った。

徳田は、総選挙に向けて資金力にものを言わせ、自由連合の候補者を八八人も擁立する。衆院解散時点で、自由連合の国会議員は徳田を含めて、政党要件を辛うじて満たす五人だった。大量擁立で形勢逆転といきたいところだが、にわかづくりの候補者には飲み屋のマスター、運転手、多重債務者や、暴力団関係者とおぼしき人物もいた。

「衆愚政治をとことん徳田は推し進めるのか」と自由連合内で自嘲が洩《も》れる。

徳田は大量擁立に自由連合と徳洲会の宣伝効果を期待して巨費を投じた。じつは、得体の知れない、あまたの候補者を立てたのは一種の陽動作戦だった。舞台裏で勢力図を大きく塗り替える工作が進められていた。

選挙戦の最中、自民党幹部の亀井静香は、「選挙後の政局のキーマンは徳田虎雄だ。自民党の成績次第だけどね」「徳田がいろいろな動きをしている。その戦略をさずけたのは三塚博だ」（「週刊ダイヤモンド」一九九六年一〇月二六日号）と遊説先でコメントした。

三塚は自民党幹事長、大蔵大臣を務め、総理の座をうかがう派閥（清和会）の領袖だった。しかし資金力不足で新人候補の発掘に手間取っていた。三塚は幹事長時代に徳田に沖縄開発庁政務次官のポストを回し、恩を売った。徳田は三塚に会い、こう提案したという。

「選挙後に当選者を（自由連合に）分けてほしい。その代わり、その候補者の選挙費用のいっさいの面倒をみる」（同前）

徳田との面談を終えて、三塚は腹心の元秘書ら数人を自由連合の選挙対策に送り込む。徳田は三塚派の別動隊を演じる傍ら、新進党、民主党の当選可能な候補者にも手を伸ばした。もちろん選挙資金付きで、である。選挙後、こんな怪文書が撒かれた。

「今回の総選挙で（徳田は）新進、民主両党の立候補者25、26人に5000万円から1億円程の現ナマをバラ撒き、当選したら自由連合に参画する。その証文も取ってある」

舞台回しは写真週刊誌の記者H氏（久恒？）が行ったと怪文書は記す。徳洲会の医業収入の年間税引き利益に相当する一〇〇億円を徳田は使ったといわれる。

怪文書の真偽は不明とはいえ、徳田が選挙後の政局で新党のオーナーにのし上がり、政権のキャスティングボートを握ろうとしたのは明らかだった。選挙期間中に東京半蔵門の東條會館で開かれた奄美群島出身者の集会で、徳田は、聴衆を前にこう嘯いた。

「首相官邸で会いましょう」

だが、しかし、肝心かなめの徳田が、鹿児島二区で立候補したのはいいが、三〇代の新人候補に約三〇〇〇票の差をつけられ、まさかの惨敗を喫したのである。自由連合を軸にした新党構想は雲散霧消する。徳田マネーを注入された候補者のうち一六人が当選した。大金を使い果たし、新党樹立の大構想は、ただの空騒ぎに終わった。

まさに政界は一寸先が闇である。政界浪人に転落した徳田は、なおも意気軒昂だった。九八年の参議院選挙は「七月一二日（投票日）は消費税撤廃の日」と掲げ、神奈川県を除く、全選挙区に五五名の公認候補を立てた。候補者は「税革命で日本を再生する自由連合」「医療ビッグバンで無駄遣いをやめさせる」と連呼する。比例区で五〇万票を得たが、議席の獲得には至らなかった。得票率二％の政党要件だけはどうにかクリアする。

投票の翌朝、徳洲会東京本部に警視庁の家宅捜索が入った。嫌疑は、公職選挙法文書違反だった。東京本部から奄美群島出身の関係者に選挙応援要請文が発送されたことを警視庁は咎《とが》めた。選挙応援要請文は、徳田の妻、秀子が元国会議員秘書に作らせていたという。東京本部の女性職員が、連日、警察署に呼ばれて取調べを受け、泣きながら帰ってきた。

最後は徳田の秘書、能宗が、指揮、制作をしたという形で責任をかぶった。能宗は書類送検され、「公民権」を五年間停止される。

「組織を守るということは、そういうことです」と「能宗メモ」には書かれている。

浪人中の徳田は、石原慎太郎との関係を深めた。九九年三月九日深夜、石原は都内のホテルで徳田と密会した。翌日に東京都知事選の出馬表明を控えた微妙なタイミングで会っている。永田町雀は「徳田が石原の選挙スポンサーになった」と囁き合った。

写真誌に現場を撮られた石原は「都政についていろいろレクチャーを受けたが、医療のことだけはわからない。それで教えてもらっていたんです」（「ＦＲＩＤＡＹ」一九九九年三月二六日号）と答えている。

徳田の支援が効いたのか、石原は晴れて東京都知事の座を射止めた。石原と徳田の蜜月ぶりを、メディアは当たり前のように報じた。ふたりは、こんな対談をしている。

「とにかく日本の大病院でまともなのは、徳洲会だけだな。緊急医療態勢はできているし、手術でもなんでも安いし、医療ミスも聞かない。消毒薬を点滴に入れて患者を殺すという、典型的な医療ミスを犯したのは都立広尾病院じゃないか。責任関係はわからないけど、やっとしぶしぶ院長が辞めたんですよ。そんなの、あたりまえだって。死因のカルテ三回も書き直してね。徳洲会の病院にできることが、どうしてできないんだ、といつも言っている」（「新潮45」一九九九年一二月号）と石原が持ち上げる。

「そういえば、先だって都の衛生部から六、七人視察に見えましてね。都立病院の院長とかも入ってました。そういう人たちが民間病院のやり方も見ようという気を起こしてくれたのは、石原知事のおかげですよ」。徳田はヨイショの返礼をし、こう述べる。

「いま、知事の話にあったように、カルテを書き直すようなことがもしあったら、必ず責任をとってもらうというくらい厳しくしないから、日本の医療はいろんなところで問題が起こっているんですよ」

「ほんとにこの文明の時代に、一番大切な『命』が粗末に扱われている」（同前）と徳田は医療過誤批判を展開している。

対談が行われたころ、石原も診察を受けた湘南鎌倉病院は医療過誤で提訴されていた。手術中に輸血した血液でＧＶＨＤ（移植片対宿主病）を発症して亡くなった六五歳の男性の遺族三人が、湘南鎌倉病院を運営する徳洲会グループの医療法人を相手に損害賠償請求の裁判を展開中だった。横浜地裁は、二〇〇〇年一一月、徳洲会側に約五〇〇〇万円の支払いを命じる。医療過誤は他人事ではなく、身につまされる難題でもあった。

徳田が医療機器の安価購入を語ったくだりは興味深い。

「例えばＣＴとかの医療機器を買うとき、各メーカーから見積もりを出させるはずですが、都立病院はだいたい定価の八五％くらいで買っている。だけど、徳洲会の場合は、まず『半値八掛け二割引』から交渉を始める。つまり三二％以下なんです」

「なんで。もともと原価はそんなに安いわけ」と石原が問う。

「薬九層倍というじゃないですか」

「これは薬じゃなくて、機械じゃない（笑）」

「機械でも同じです（笑）」
「こういう仕組みがあるから、例えば十億円の機械を『知事、五億円で買いました』と言ってくるのも出てくる。値切ったふりをしても、まだ差額があるわけですよ。その差額はどこにいくのか。実際には間にいろいろ業者が入るわけですが、我々はメーカーと直接交渉ですからね」（同前）
「その差額はどこにいくのか」とは、言いも言ったり。「差額」を裏金にして選挙を戦ったのは徳田自身である。

ひとつのピリオド

阪神・淡路大震災で奮闘した夏目は、その後も、徳洲会内で採算が悪化した病院の「経営的救命」に当たった。震災時に野戦病院を担った神戸病院も脳外科が思わしくなく、夏目は以前勤務した大学病院の医局から専門医を呼び寄せ、黒字化させた。

そのまま神戸病院の院長に就任するかと思われたが、徳田は大学助教授の内科医を院長に選ぶ。助教授の臨床能力にはやや疑問符がついていた。徳田の人使いは独特だった。

「ほんとはおまえに院長をやらせたかったんやけどな。誰もが首を傾げる、あの院長を使えるのはおれだけやから、関西本部の近くの神戸に置いたんや」と徳田は夏目を説得（？）した。そして、組織の改革にやりがいを見出す夏目には「こんどゴルフ場が持っていた札幌の病院を買い取ったけど、潰れる寸前や。院長に就任して、オペレーションをしてくれへんか。他にできるやつがおらん」と言って、プライドを刺激する。

　徳田は、使えると見込んだ人間が金を欲しがれば金を、ポストを求めればポスト、色を欲すれば色、理想を追いたがればその対象を、瞬時に見分けて与えた。人間の欲望を掌握する勘は並外れていた。与えられた側は、自己実現の悦びにひたれる。徳田は自己実現の機会をおびただしく創出した。そうして人心を掌握し、徳洲会を拡大させた。

　徳洲会を支える医師の前で、徳田はしばしば「人間ウジ虫論」を説いた。

「人間なんてな、ウジ虫みたいにそこらを這いずりまわりながら、何をするかわからん生きものや。てんでんバラバラ、好き勝手をしよる。国会議員なんか見てみい、もっともひどいヤツらや。俺やおまえらもウジ虫。全然、まとまらへん。けどな、ウジ虫みたいな連中を、ガサガサ好きにさせてると、時々、すごい仕事をしてくれる。ウジ虫やからできる、でかい仕事がある。そこがおもしろい。徳洲会は、いろんなウジ虫がおってええんや」

　徳田の「人間ウジ虫論」は、インテリゲンチャを自任する医師の心を妙にくすぐった。ウジ虫と言われて単純に反発する者もいたが、徳田は平然と自分もウジ虫だという。ウジ虫のようにごそごそ這いずりまわりながら、大きなことを為す、不思議な存在なのだ、と。

　夏目は、札幌へ赴任した。任された病院は、ゴルフ場経営大手の緑営開発（後に民事再生）から買収したものだった。「札幌南青洲病院」と名づけ、改革にとりかかる。

病棟には五年以上も入院している患者がいた。医学的には必要ないけれど家庭の事情で病院に押し込まれた「社会的入院」患者が枕を並べている。看護婦長は本心を語らず、ゴルフ場の社員のような事務職は使いものにならなかった。

夏目は北海道大学病院の医局とのパイプをつくり、脳外科を筆頭に循環器科、呼吸器科を再整備して「けが（災害）救急病院指定」を受ける。病棟の増改築を行い、ＭＲＩを導入する。訪問看護ステーションも開いた。札幌南病院は劇的に変わった。

一方で、夏目は組織のがんと判断した職員を容赦なく斬った。夏目が院長で入った時点で前院長の首は飛んでいる。看護婦長、事務長も交代させた。過去に副院長で経営再建に当たった病院でも、院長、看護婦長、事務長の三役を躊躇なく、替えている。冷徹な合理主義者のイメージを夏目はまとった。

札幌南病院を建て直した夏目は、徳田の指示で、徳田病院の移転、新築で誕生した松原徳洲会病院に移った。肩書は「副院長」である。

関西の保守的な病院長たちは、「夏目を受け入れるな」と語り合っていた。徳田は、停滞気味の病院の院長に「夏目を投入するぞ」とささやく。夏目が入れば、経営は上向くが、院長、看護婦長、事務長の首が飛びかねない。院長たちが自己防衛のために夏目を遠ざけようとした。

松原病院での勤務を最後に、九九年九月、夏目は徳田と袂《たもと》を分かった。あちこちの病院の経営を好転させても徳田の評価は低かった。逆に批判されることすらあった。もはやイエスマンでなければ徳田とは一緒にやっていけない、と夏目は辞職を申し出る。

「おまえは天才や。診療の腕もピカイチやし、経営もできる。天才で、しかも高い理性を持っている。しかし、そんなヤツには徳洲会での仕事は続かんやろ。理性が邪魔や」

と、徳田に言われても夏目は反論する気にもなれなかった。なぜ、理性が邪魔なのかと問い質しても、返ってくるのは「人間ウジ虫論」だろう。

勝手気ままにウジ虫のように這いずりまわるのにも倦《う》んだ。祭りが終わったような侘《わび》しさを夏目は覚えた。徳洲会は、志も出身も多様な医者が徳田を神輿《みこし》に乗せて担いでいる。祭りの賑わいに惹かれて加わっていたが、もう年貢の納め時だった。

徳洲会を辞めた夏目は、大学の先輩が神戸に開いた吉田病院附属脳血管研究所に身を置く。高次脳機能障害学や義肢装具学などを学び直し、リハビリテーション医学に新境地を開いた。もう二度と徳洲会に出入りすることもあるまい、と思いながら日々を過ごした。

盛岡兄弟や夏目が去って、社会運動体としての徳洲会にひとつのピリオドが打たれた。


出る杭を次々とへし折った徳田は、二〇〇〇年六月の衆議院選挙に捲土重来《けんどちょうらい》を期した。キャッチフレーズは、「やる。」である。一体何をやるのかと問われると、「医療と福祉に全力投球」と徳洲会の原点を強調した。公約は、消費税の一時凍結から首相公選制、連邦制の推進、地方分権実現とあっちに跳ね、こっちに飛ぶ。じつに一二六人を擁立し、徳田は代議士に返り咲いた。

小泉政権下での初の国政選挙は〇一年七月の参議院選挙だった。「官から民へ」と社会保障を縮小させる小泉政権に徳田は対決姿勢をとる。「いまの改革では福祉が切り捨てられ、日本経済は浮上しない」と叫ぶ。医療福祉の充実を唱える一方で「小さな政府」の推進も訴える。無駄を削れば予算規模は小さくなる、との論法だが、話がねじれている。

この選挙で、自由連合は比例区で史上最多の四七名を公認した。大量のタレント候補を立てたために政党要件（得票率二％）を満たす票目当てと批判が浴びせられる。徳田は、「タレントとは、それぞれ有能な人が実践の場で成功と挫折をくり返しながら、ついに各分野でトップの座を射止めた人々。どこかの二世、三世議員よりはるかに才能に優れている」と意に介さなかった。自由連合の政見放送で、各候補は、こんな言葉を口にした。

「この何年間か、僕は、生き残れ、少年少女と言ってきました」（作家・野坂昭如）
「政治漫画家は、ごまんといますが、漫画家政治家はいません。国会報告は、ぜんぶ漫画でします」（漫画家・高信太郎）
「礼節を重んじ、真に強い日本に導きます」（格闘家・佐山聡）
「精神的悩み、経済的苦しみを受け入れてくれる社会をつくります」（歌手・千葉マリア）
「笑いをモットーに明るい社会を目ざします」（漫才師・若井ぼん）
「政治もプロレスも闘いです。気合いを入れてがんばります」（女子プロレスラー・堀田祐美子）

「ドクター中松！　フロッピーディスクを発明したドクター中松！　改革を発明するドクター中松！　改革の手術をするドクター、ドクター！」（国際発明協会会長・中松義郎）

「青森の大ばか者で終わるか天下を取るか」（会社社長・羽柴誠三秀吉）

自由連合は、比例区の議席獲得が注目されたが、得票は七八万にとどまり、当選者を出せなかった。選挙区でも鹿児島、沖縄以外の全区に四五名の候補者を出馬させたものの全員落ちた。自由連合は参議院の議席を失う。比例区、選挙区合わせて九二名の壮絶な討ち死にであったが、得票率は辛うじて二％を上回り、政党要件は首の皮一枚でつながった。

徳田の政治への野心は、何度蹴落とされても、一向に衰えなかった。

しかしながら、三和銀行の介入を招いた財務問題は、その後も徳洲会の病巣として残り続けていた。銀行は、いつまで徳田の政界漂流につき合うのだろうか。

徳田の体内で、破局へのカウントダウンが静かに始まっていた。

第五章　王国崩壊、生き残ったものは……

ＡＬＳ発症

王国の「戴冠」を方向づける会議が、東京半蔵門のダイヤモンドホテルで開かれた。

二〇〇一年一一月、徳洲会グループ約五〇病院の院長、副院長、看護部長、事務長が勢ぞろいした全国四役会議で、徳田は「医療法人徳洲会の副理事長に徳田哲が就任します」と発表した。哲は、徳田の長男である。埼玉医科大学を卒業して徳洲会に入職していた。徳田王国の次の総帥は哲、と後継指名したのも同然だった。

事前に徳田は、幹部たちに語っていた。

「おれも歳いって、グループ全体の何千億円もの債務保証を、自分のサインだけではできなくなってきた。銀行は、とにかく哲のサインもいる、と言って引き下がらん。哲に責任だけ負わせて何の権限も与えないのはおかしいやろ。徳田家の理念の象徴として哲を副理事長にしたい」

しかし、グループ内では異論が噴出した。

「社会的存在の徳洲会は徳田家のものではない。世襲を徳田理事長は否定してきたはずだ。子孫に美田を残さずと言ってきたのは嘘だったのか」

反発を抑え込んだのは、徳田の右腕、大番頭に成り上がった能宗克行だった。徳田に仕えてきた能宗からみれば、息子の哲は「ふつうの人」である。その凡庸さが、むしろ後継にふさわしいと思えた。

初代が革命を起こしたら、二代目は秩序の確立に取り組む。システムを整えるには才気よりも堅実さが求められる。哲本人は「自分に特別な能力はない」と明言し、「助けてくださいよ」とグループ内でも腰を低くしていた。哲の妻、恵子は薬剤師で、目端が利き、株式会社ケアネット徳洲会の社長を務め、介護関連事業に携わっている。

凡庸な哲を頂点に置けば、医師や看護師、パラメディック、事務職は「われわれで、なんとか支えよう」と団結できる。徳田の独裁体制から哲を中心にした集団指導体制に移るのが自然だ、と能宗は受けとめ、反対者を説得した。そうして哲は正式に副理事長に就いた。同業者も徳洲会は長男が二代目を継ぐだろうと眺めていた、が……。

四役会議で幹部人事を発表した徳田は、一呼吸おいて集まった病院長を叱咤《しった》した。

「院長にしてほしいと言ってくる人がいますが、その人たちは誰かが医者やスタッフを連れてきてくれると思っています。しかし、それはとんでもない間違いで、本来は院長がすべてをみるべきなのです。土地の手当てから設計、人事まで、院長がやらなければいけない。それを本部任せにしてはいけないのです」

院長の座にあぐらをかく医師には耳の痛い話だった。相変わらず、意気軒昂で、エネルギッシュに飛び回っている、と参会者は壇上の〝病院王〟を見上げた。

財務の今岡は四役会議に遅れて加わった。会議の合間にひと言、二言喋ろうと徳田に近づいた。

「ちょっと、こっち、こっち」と徳田は今岡の手を引っ張った。忠誠心の厚い今岡の顔を見てホッとしたのか、会場の隅の人けのない場所に彼を連れて行った。

そして左腕を押し出して徳田は言った。

「ここ、ちょっと触ってみ」

言われるままに今岡は徳田の左腕のつけ根を触った。プルプル震えている。「えっ」と驚きの声が洩れた。筋肉ではなく、スポンジのような柔らかいものに触れた気がした。

「理事長、どうしたんですか」

「これな、ＡＬＳ（筋萎縮性側索硬化症）っていう病気なんや」

徳田は「ＡＬＳ」とはっきり口にした。それは難病中の難病であった。

厚労省所管の「難病情報センター」は、ＡＬＳを「手足・のど・舌の筋肉や呼吸に必要な筋肉がだんだんやせて力がなくなっていく病気です」と定義し、こう説明している。

「しかし、筋肉そのものの病気ではなく、筋肉を動かし、かつ運動をつかさどる神経（運動ニューロン）だけが障害をうけます。その結果、脳から『手足を動かせ』という命令が伝わらなくなることにより、力が弱くなり、筋肉がやせていきます。その一方で、体の感覚、視力や聴力、内臓機能などはすべて保たれることが普通です」

病気の経過については、「常に進行性で、一度この病気にかかりますと症状が軽くなるということはありません。体のどの部分の筋肉から始まってもやがては全身の筋肉が侵され、最後は呼吸の筋肉（呼吸筋）も働かなくなって大多数の方は呼吸不全で死亡します。人工呼吸器を使わない場合、病気になってから死亡までの期間はおおよそ2〜5年ですが、中には人工呼吸器を使わないでも10数年の長期間にわたって非常にゆっくりした経過をたどる例もあります」と解説している。

ＡＬＳとは、身体の動きが奪われ、死に至る病なのである。

徳田が病院で正式にＡＬＳと診断されるのは翌〇二年四月なのだが、本人はもっと早く気づいていた。四役会議が終わってしばらくして、今岡は東京麴町の徳田のマンションを訪ねた。打合わせ中に、徳田は、いきなり床に寝転がった。

「ここから起きられへん。どうがんばっても体が言うことときかん」

と、昆虫が仰向けに手足をバタつかせるようにもがいてみせた。おどけているのではなく、本気で起き上がるのに苦しんでいた。ＡＬＳは徳田の予想を超えたスピードで体の自由を奪っていた。

病院の運営指導に当たる中川和喜が大阪本部で徳田と行き会ったときのことである。会議の休憩中に徳田が「おい、中川、一緒にトイレ行こうや」と声をかけてきた。「ええ、行きましょう」と中川が立ち上がると、「すまんが、肩、貸してくれ」と小声で言う。

「どうぞ」と中川が応じると学生が肩を組むような雰囲気で徳田は笑顔をつくり、会議室を出た。

男ふたりが仲良く話をしながら歩いているように見える。

大阪本部の洗面所への廊下は長かった。五〇メートルぐらいはある。徳田の脚は、すでに満足に動かなかった。徳田は跛行《はこう》を隠すように中川に体重を預けてつぶやいた。

「最近、体調が悪くてな。歩くのも難儀や。筋肉が動かなくなる病気にかかった。他人《ひと》には知られたくないからな、肩かしてほしいんや」。徳田の難病が公になれば、資金調達にしてもマイナスは計り知れない。徳田の債務保証を頼りに融資をしてきた金融機関の評価は下がるだろう。永田町の面々の動きも変わってこよう。

「ほんまですか、理事長。肩なんかなんぼでも貸しますけど」と中川は当惑した。

「まぁ、仕方ない。死ぬまで挑戦やな」。徳田は自らを奮い立たせるように言った。

病魔がひたひたと迫る不安を抱え、徳田は哲を後継者に指名したのである。

だが、哲への戴冠はそう簡単ではなかった。何よりも徳田自身の地位への執着が激しく、夢は膨らみ続けていた。増殖する不安を、欲望をかきたてて打ち消そうとする。そんな心理作用が働き、とても王位の委譲にはほど遠かった。徳田の野望は「世界」に向けられていた。

「世界中に二〇〇の病院を建設する。『生命だけは平等だ』の哲学で、人間主義の人道追求型病院経営を世界で展開し、世界平和に貢献したい」と徳田は大見得を切った。手始めにブルガリアの首都、ソフィアに一〇〇〇床規模の病院を建てる準備を進めた。投資額は約一〇〇億円。すでに現地に「トクダ・クレジット・エクスプレス・バンク」を設立していた。トクダ・バンクの開設は、病院建設に向けて「退路を断つ」徳田流のプロジェクトマネジメントの象徴だった。

当時、ＥＵ加盟を悲願とするブルガリアでは、さまざまな近代化が行われていた。医療面では国民に「国民健康保険」への加入が義務付けられた。しかし公的な国民健康保険を運営する組織はひとつで、独占の弊害が生じる。保険がカバーする範囲も狭い。専門的な治療に国民健康保険は利かず、患者は別途、医療実費を払わねばならなかった。

こうした状況で、徳田はソフィアに建てる病院を受診する患者向けのプライベート医療保険（トクダ保険）を着想したのである。あらかじめトクダ保険に加入した人に有利な医療サービスを提供する。その保険を運営するには自前の金融機関があると都合がいい。銀行は、日々の医療費の受け皿の他に医療機器や薬品の購入、職員の給与支払いにも利用できる。

さらに重要な意味がある。水面下の政治工作に銀行が不可欠だったのだ。

長くソビエト連邦の衛星国だったブルガリアは、冷戦構造の崩壊後に西側入りして日が浅かった。行政機構には社会主義体制時代からの賄賂がはびこっていた。病院を建てるには、保健省の大臣の関連企業への融資や、行政的な検査項目をクリアするための心付けを求められた。銀行は裏の財布にも使える。徳田は汚れ仕事を能宗に任せていた。

情勢を探っていた能宗は、ある日、欧州の金融危機の余波でブルガリアの銀行が傾き、約二〇億円で売り出された情報をつかんだ。入札の締め切りまで一週間しかなかった。すぐに徳田に伝えると、十分な信用調査もしないまま「買え！」と指令が出た。

「理事長は覚悟を決めた。何が何でも病院を建てるつもりだ」と能宗は直感し、これを買収した。傾いた銀行はトクダ・バンクに看板を替える。銀行を持ったからには、病院建設に突き進まねばならない。退路は断たれた。こんな大勝負は、若くて凡庸な哲にはできないだろう。

徳田は身体の自由を奪われる試練を受け、絶望感で心は千々に乱れたが、逆に頭は冴えわたる。脳の働きが衰えないのがＡＬＳという難病の特徴だ。しだいに「脳で生きる」徳田の幻想は拡大される。王座よりもさらに高い「神座」へと意識は向かう。肉体は消えようとも、精神を純化し、「生命だけは平等だ」の理念を生き永らえさせて神になろう、と大欲を燃やす。

世界にあまたの病院を建てれば、アルベルト・シュヴァイツァーやマザー・テレサのようにノーベル平和賞の受賞も夢ではない。虎は死して皮を留め、人は死して名を残す。徳田は病院をさらに増やし、神として永遠の崇拝を集めたいと希《こいねが》った。

ファミリーの眼

長男の哲への戴冠を阻むもうひとつの要因は、他の親族の行動だった。父親の発病を機に哲以外の娘や息子も、一線を越え、徳洲会の経営になだれ込んできた。それまで徳田は同族支配の愚かさを嘆き、親族を徳洲会本体には寄せつけなかった。

「近づくな！」と吼《ほ》える猛獣に、小動物が怯《おび》えるように親族は身を伏せていたのだが、父の病の悪化にともない、「創業者利得」をちらつかせて徳洲会に踏み入る。小動物にも貪婪《どんらん》な血は流れていた。身体が不自由になるにつれて徳田は、一人では生きていけなくなる。行動の幅が狭まると、血を分けた子どもたちは「心配」して父に近づく。すり寄る子を親は邪険にはできない。父にもたらされる情報は、日に日に限定される。

職員への徳田の口癖は「正しい情報だけを持ってこい。間違った情報で判断を誤れば、時間の無駄だ。俺の一分、一秒は、おまえの一時間よりも尊い」だった。しかし血族の壁で情報が遮られる。王の病は王国を軋《きし》ませ、やがて深い亀裂を入れていく。

徳田には女五人、男二人の子どもがいる。妻の秀子の伝記『塩一升の女』（出水沢藍子、出版企画あさんてさーな）に娘や息子の人となりが書かれている。伝記は徳田のＡＬＳの診断から九年後の著作で、やや先走る感はあるが、短い文章に秀子との親子関係の濃淡も表れており、興味深い。引用しておこう。

・長女　徳美　一九六三（昭和三八）年生まれ。東海大学医学部卒　医師。慈悲深い　母親のことをよく捉えて、理解している。読書好き　文芸書からサスペンス、古典までと幅広い。雑学大好き　几帳面。アメリカでＭＢＡ取得後、（株）徳洲会の社長。税理士の夫との間に一男あり。

・長男　哲　一九六五（昭和四〇）年生まれ。埼玉医科大学卒　医師　徳洲会副理事長。大らか

で陽性　発想がユニーク　読書家。ジョークが大好き「親父さんはぼくらのぶら下がり健康器」などと言う。妻恵子との間に五子あり　恵子は知的な女性　働き者　薬剤師。

・次女　美千代　一九六七（昭和四二）年生まれ。金沢医科大学卒　二つの眼科医院開業。頑張り屋さん。姉、兄たちが読書をしているのを見て、自分も負けじとがんばった。凜とした気性で仕事大好き。夫はアメリカ人の経営コンサルタント　一女の母。

・三女　真理　一九六八（昭和四三）年生まれ。東海大学医学部卒　産婦人科医。受験時の論文が素晴らしかったと、入学後、教授に褒められた経験がある。個性的にして家庭的。現在、ハワイ大学の学生　ＭＢＡ取得のためハワイ在住。婚約者あり。

・四女　ゆかり　一九六九（昭和四四）年生まれ。東京音楽大学卒　オペラ歌手（ソプラノ）。感性豊か　食べることと家事が大好き。西宮新人音楽コンクール優勝　宮崎日日新聞主催のコンクール声楽の部で二位　高校進学はしないと言い出したこともあった。良き伴侶に出会い、一女の母　夫は日本オラクル勤務。

・次男　毅《たけし》　一九七一（昭和四六）年生まれ　政治家（衆議院議員二期目）。転校先でいじめられることも多かった……他人を思う気持ちが養われた。坊ちゃん議員ではない。説得力がある。カナダでホームステイ、アメリカに語学留学。平成十六年帝京大学法学部に社会人入学する。実社会で勉強すると言い、上京してビル掃除やその他の肉体労働、ファミリーレストランでアルバイト。大阪で肉体労働の格好のまま電車に乗ると誰も傍に座らないよと話す。差別しない人間になりたいといつも言っている。学生時代は芸能人志望　大学進学もしたくないと言って親を困らせた。父親の秘書を十年務める。妻美加との間に三人の子がある　美加は優しく従順でねばりづよい女性。

・五女　真紀子　一九七二（昭和四七）年生まれ。金沢医科大学卒　形成外科医。自立心が強い子になった　人懐こい。「真紀ちゃんのお母さん」と高校卒業時に秀子の周りに学友が集まってきた。真紀子が友達に愛されているとわかってほっとした。虎雄の選挙のため、小学三年生から別居。弁当も作ってやれず、できあいの弁当が多かった　本を読むことで救われた。仕事熱心。秀子の知らないところで多くの人に助けられ成長したようである。平成二十一年度から徳洲会病院で勤務。

長男の哲よりも次男の毅の記述が多いのが目を引く。虎雄も秀子も、やんちゃで、医療界に進まなかった毅に期待を寄せていた。それぞれの妻との「嫁姑」の関係も文章に透けて見える。哲の妻でやり手の恵子と秀子はソリが合わなかった。

徳田の発病後、長女の徳美《なるみ》と次女の美千代の発言力が増した。徳美が社長を務める株式会社徳洲会は、グループの医薬品や食料品、医療材料を購入する窓口で、年商三〇〇億円ちかい安定企業だった。この株徳と、能宗が代表取締役のインターナショナル・ホスピタル・サービス（ＩＨＳ）、インテグレート・メディカル・システム（ＩＭＳ）、服部が代表取締役のインターナショナル・メディカル・リース（ＩＭＬ）などが絡んで選挙の裏金がつくられた。

これらの関連会社の役員には親族が名を連ね、手当が払われる。会社はファミリーの節税や、マンションの購入、転売にも利用された。

関連会社全体の金の流れを把握しているのは能宗しかいなかった。親族の疑いの目が彼に向けられるのは時間の問題だった。親族は人事にも介入した。

〇一年の暮れ、徳洲会の薬剤部門を整備し、企画部長の職にあった田中良子は、不意に今岡から呼び出された。田中が行くと、困りはてた顔で今岡が切り出した。

「理事長が、あなたに企画部長を外れて別のポストに移ってほしいって言うてるんやけど」

「どうしてですか？」と田中は聞き返した。

「家族が理事長に配置転換を迫ってるようや。理事長とあなたの間に何かあるんやないかって、疑ってるらしい」

「あほくさ」。田中は絶句した。そして、聞き返す。

「株徳の経理を、今岡さん、見てはるんですか？」

「いや。全然、触られへん」

「医薬品の取引だけでも年間二百数十億円でしょ。一〇％以上、丸々儲かるから、二十数億円がファミリーには転がり込む。十分と違いますか。そのうえ変に勘ぐって企画部長を辞めろですか。ファミリーに絵を描いて見せてるのは、証券会社上がりのあの人やね」

田中は、徳田家の「番犬」を自任する男、島田康作の顔を思い浮かべた。証券マンだった島田は、徳田病院が産声を上げたころに徳田夫妻に近づき、株式投資の指南役を務めた。徳田は政治資金をつくろうと株に入れ込んだ。徳田の株式投資は「買い」の一手だった。耳よりな情報をもたらされると豪快に買いまくる。だが、つかんだ株は「売り時」でもなかなか手放さない。独占欲が強かった。株を握ったままガラ落ちで大損したのは一度や二度ではなかった。島田は徳洲会グループの株式上場をもくろんだが、頓挫している。

能宗が「なんで島田さんとつき合うのですか」と聞くと「反面教師や」と徳田は答えたという。田中の耳の奥には内々の集まりで島田が洩らした本音がこびりついていた。

「僕はね、徳田家のため、徳田家の利益を一番に考えて動きます」。島田は秀子の伝記に、コメントを寄せている。

「最初本宅にお伺いしたときは、（秀子は）主婦としてお茶を出して下さいました。品の良いおとなしい人だなあという印象でした。理事長の代理として、これほどまで堂々となられるとは思いませんでした。ご主人と共に成長されたのですね。理事長が今あるのは夫人のおかげですよ。要所要所で夫人が（問題を）解決していました。ここまでくるには一山も二山も越えなければならなかったと思います。情報を収集するときも、夫人が力を発揮していました。ニュートラ状態の女性で、ゼロ、無色なので、どのような状況になっても対応していけるのですね」（同前）

秀子への讃辞が「偽らざる心境」として並んでいる。

徳田の体力が衰えるとファミリーは、ゴッドマザーの秀子を中心に結束した。「母親のことをよく捉えて、理解している」長女の徳美、「説得力がある」次男の毅が秀子にぴたりと寄り添い、島田がバックアップする。そこに次女の美千代が加わる。長男の哲と妻の恵子はやや距離を置き、他の娘たちも家族会でそれぞれの権利を主張する。こうして親族の砦が築かれていった。

田中が「右も左もわからず」に徳洲会に入って医薬品の添付書類を頭に叩き込み、一から薬剤管理に手をつけて四半世紀が過ぎていた。徳洲会は日本一の病院グループに成長した。システムは機能していたが、肝心の株徳がブラックボックスと化している。

「企画部長の次のポスト、どうする」と今岡が改めて問うと、田中はためらわずに言った。

「そんなんやったら、あたし、もう辞めますわ」

草創期からの生え抜きの幹部、田中良子も徳洲会を去った。数か月後、徳田に挨拶もせずに離れたのは忍びなく、東京本部を訪ねた。親族の影響力が高まり、大阪本部の中枢機能は東京に移されていた。徳田の仕事場に通されて、本人と向き合った。

「長い間、おせわになりました。ありがとうございました」と田中は頭を下げた。

「きみとの間で何かあるやろって、えらい責められてな」

徳田はそう言うとタオルで顔をゴシゴシと拭った。泣いていた。殺しても死なないはずの理事長が涙を流している。ＡＬＳは徳田を情にもろくした。

田中は一抹の寂しさを覚えた。理事長のバイタリティと強引さに負けまいと、医薬品メーカーの幹部と丁々発止やり合って格安の購入ルートを切りひらいた。

「選挙は研修や。白衣でふんぞり返るやつに庶民の心はわからない。選挙で頭を下げて人の気持ちを知れ」と徳田に命じられ、参議院議員選挙に自由連合から立候補した。政見放送で「安心して暮らせる老後を実現するため、全力投球でがんばります」と声を張り上げたが、ものの見事に落ちた。ふつうの企業や役所に勤めていたら経験できなかっただろう。懐かしい日々が走馬灯のように脳裏を駆けめぐる。徳洲会は田中の青春だった。

田中は徳田ファミリーの口出しに不吉な予感を抱きつつ徳洲会と決別し、薬剤関連の会社経営者に転身した。

オランダ銀行の〝やり方〟

巨大化する徳洲会は、親族の介入とは別に抜き差しならない問題を抱え込んでいた。ずばり「金」である。三和銀行の介入を断ってからも資金調達に危険信号が灯り続けた。業績は回復し、経営は上向いたのだが、資金の貸し手がなかなか見つからなかった。日本の銀行は、バブル崩壊後の金融ビッグバンで護送船団体制が崩れて競争力を落とした。「世界に二〇〇の病院を建てる」という徳田の野望につき合う気力も体力も失せていた。

徳田は一代で築いた王国を、どうやって後世に遺そうかと頭をひねる。資金を安定的に調達しなくては、病院を増やすのは難しい。病院が増えなければ神座は夢のまた夢だ。

そこで、徳田が新たなパートナーに選んだのは、外資系銀行、オランダのアムステルダムに本拠を置く「ＡＢＮアムロ銀行」だった。徳洲会の目の前に過去の銀行借入れとはまったく異なる地平がひらけた、かに見えた。

日本の銀行は、事業者の信用力を基礎に「担保」と「保証」をとって融資を行う。担保では不動産、とりわけ土地を重んじ、個人の債務保証を求める。それが「土地の値段は下がらない」という「土地神話」を生み、戦後、右肩上がりで地価は上昇した。だが、バブル崩壊で地価は大暴落し、土地本位の担保主義は限界に突き当たった。

一九九〇年代後半から二〇〇〇年代初頭にかけて、土地を買い漁った不動産会社は次々と倒れ、貸し込んだ金融機関も行きづまった。邦銀の力が落ち、外資系銀行の影響力が高まって担保主義の見直しが叫ばれる。巨大な国際金融資本が日本を射程に入れた。銀行は土地ではなく、事業の将来性、収益力を判断して金を貸すべきだ、と唱導する。

そこで浮上したのが「プロジェクトファイナンス」という考え方だった。これは、特定の事業が生みだす「キャッシュフロー（現金資金の流れ）」を返済の原資にした融資を指す。土地ではなく、稼ぎだす現金にターゲットを絞っている。欧米では、鉄道や電力のインフラ整備、石油、ガスの天然資源開発、プラント建設などにプロジェクトファイナンスが活用されてきた。長期的な安定収入を見込んだ融資方法である。

プロジェクトファイナンスを実行する金融機関は、対象の事業の将来性に深くかかわり、リスクを負担する。経営に口を出し、縛りもかける。リスク負担を分散するために事業内容を開示し、他の金融機関の参画を求めたり、債権（貸金の返還を請求する権利）を「証券化」して第三者に売って資金を調達したりもする。

徳洲会は、日本の医療機関ではいち早く、この新しい資金調達の流れにのった。邦銀から外銀へ取引先をドラスチックに変える。その相手が「ABNアムロ銀行」だった。

ABNアムロ銀行は、オランダ銀行とも呼ばれるが、オランダ中央銀行とは別物だ。英国のN・M・ロスチャイルド&サンズと提携している。一九世紀に蘭領東インド（現インドネシア）の植民地支配を支えたオランダ貿易会社にルーツを持ち、欧米で「ワンワールド・バンカー（国際金融勢力）」と称されるユダヤ系の大手投資銀行のひとつである。

徳洲会が、ABNアムロに差し出した返済原資は、なんと日々入ってくる「診療報酬」だった。まさに医療が生むキャッシュフローを担保代わりにしたのだ。

診療報酬が支払われるプロセスはこうだ。まず、私たちが医療機関を受診すると、かかった医療費の三割（年齢や収入によって異なる）を窓口で自己負担する。残り七割については、医療機関が患者の加入する保険の保険者（健康保険組合や市町村など）に毎月「レセプト（診療報酬明細書）」を送って請求する。保険者は診療行為が適正かどうかの「審査」をして医療費を支払う。

実際には、医療機関が多数の保険者にバラバラに請求したら事務負担が大きく、処理も煩雑になるので、保険者が業務を委託した「審査支払機関」にレセプトを送り、約二か月後に診療報酬は支払われる。

金融機関側から見れば、「診療報酬債権（レセプトで請求する権利）」は回収確実で安定的な資産と映る。必ず払われる売掛金だ。支払うのは公的機関であり、焦げつく怖れはない。審査にひっかかって減額されても影響は小さい。格付けの高い債権である。

しかしながら医療機関にとって診療報酬債権は「糧道」そのものだ。これを第三者に渡せば、病院の独立性が危ぶまれる。もしも、その金融機関が支払われた診療報酬を正当に分配しなければ、病院経営は逼迫する。下手をすれば病院を乗っ取られる。

診療報酬債権による金融は、手軽な半面、リスクが伴う。厚労省は診療報酬債権の流動化に消極的だった。ただ、民法上は診療報酬債権の第三者譲渡も認められている。診療報酬債権は、規制緩和の大合唱に押されて、新しい資金調達の標的にされていた。

徳洲会は、九八年ごろ、医療法人の診療報酬二か月分を担保にしてABNアムロ銀行から二〇〇億円程度の融資を受けた。前段階で、診療報酬が支払われる口座をABNアムロに設けたところ、それまで口座があった邦銀が「どうして口座を変えるのか。信用余力がなくなってしまう」と不平、不満をぶつけてきた。

診療報酬の支払い口座には、毎月、巨額のお金が転がり込む。銀行は、融資した病院に万一のことがあれば口座の診療報酬を差し押さえられる。診療報酬の支払い口座を持つことは、重要な信用余力だったのだ。

だが、徳田は、邦銀の不満には取り合わず、ＡＢＮアムロへ口座を移した。三和銀行に煮え湯を飲まされた恨みを晴らすかのように。

ＡＢＮアムロと徳田をつないだのは、国際金融ブローカーの和田誠一だといわれる。

「理事長と和田さんはときどき酒を酌み交わす間柄だった」と元幹部は証言する。

和田も謎の多い人物だ。香港と日本を行き来する国際金融ブローカーで、国宝や重要文化財の補修を行う「小西美術工藝社」の会長でもあった。下村博文元文科大臣とも親しく、下村の知人は「週刊文春」の取材に、次のようにコメントしている。

「下村氏はかつて板橋区で学習塾を経営していましたが、同時期に神奈川県内で塾経営をしていたのが和田氏です。彼は国際金融ブローカーとして知る人ぞ知る存在で、消費者金融の武富士や医療法人徳洲会の資金調達で名を馳せた人物。国内での資金調達が難しい企業に金融知識を駆使して海外から一千億円規模の資金を引っ張ってくるのです。香港と日本を行き来し、都内では高級ホテルを常宿としていましたが、海外の投資関係者を招いた時や和田氏の仲間との食事会の席などに下村氏を呼ぶのです」（二〇一五年四月九日号）

和田は政財界に深く食い込んでいるようだ。

ＡＢＮアムロの融資を受けて診療報酬債権の価値に目覚めた徳田は、〇二年五月、野村證券出身で日本警備保障（現セコム）、ソフトバンクで重役を歴任した大森康彦を医療法人徳洲会の専務理事に迎える。「現代的なグループ経営への転換」という触れ込みで、診療報酬債権の証券化を大森に託した。診療報酬債権を証券に変えて機関投資家に売り、市場から直接資金を調達しようというわけだ。日本の医療界では初めての試みだった。

大森が所管する新組織、経営戦略本部にファンドマネージャーのHが実務責任者として入った。大森とHは野村證券のアレンジで診療報酬債権を証券化しようと手順を踏んでいく。

「弱っている姿を、絶対に見せるな」

新たな資金調達の可能性が広がり、徳田の気力は持ち直した。挑戦し続けることがALSの進行を遅らせると信じ、体調の悪化に抗《あらが》って活発に動く。

〇二年夏にはブルガリアに行き、医師会会長らと医療スタッフの確保について話し合う。首都ソフィアでの病院建設が現実味を帯びた。その後、トルコ、ロシア、スウェーデン、オーストリアと精力的に病院施設を視察し、欧州の実情を目に焼き付ける。この欧州視察旅行には妻の秀子と長女の徳美、次男の毅も同行した。

〇三年五月、東京都内のホテルで毅の結婚式が盛大に催された。媒酌人は亀井静香で、都知事の石原慎太郎、元自民党幹事長の野中広務も出席した。徳田は次男を表舞台に出し、政治の後継者に指名する。徳田は医療と政治の二足のわらじを履いてきた。医療は長男の哲に、政治は次男の毅に、と片方ずつ継がせる方針を示す。もはや世襲を嫌っていた面影はなく、それぞれへの委譲のタイミングは病気の進行に委ねられた。

結婚したばかりで未熟な毅をすぐに選挙に出すのははばかられる。徳田は、一一月の総選挙に重たい身体を引きずって立った。自由連合は他に候補者を擁立せず、徳田の選挙区、鹿児島二区に集中した。鹿児島二区には指宿、南九州の町々と奄美群島が含まれる。徳田は徳洲会のセスナ機を使って離島もすべて回った。

選挙戦の舞台裏は、「徳田が倒れてはいかん」と異様な緊迫感がみなぎった。

奄美大島名瀬の選挙事務所は、群島全体の司令塔だった。過去の選挙と違って、「金打ち」は控えた。ライバルの保岡興治は鹿児島一区に移り、勝算は高かった。

保徳戦争の狂気にまみれた徳之島伊仙町でも、〇一年の町長選で徳洲会徳之島病院の院長を務めた大久保明が保岡派候補をうち破り、新町長に就任していた。盛岡正博が死にもの狂いで挑んだけれど届かず、弟の康晃を死へ追い込んだ町長の椅子を大久保は引き寄せた。大久保は、ＩＣＵ（集中治療室）で康晃の臨終を見届けている。保徳戦争の二の舞はこりごりだった。町民に「分断から融和」を訴え、引き裂かれた共同体を立て直そうと呼びかけた。

町長に就いた大久保は、従来の保徳派閥に準じた町職員人事を一新し、過去の支持と関係なく、職員を登用、配置した。保徳戦争に倦んでいた町民に安心感が広がる。選挙で「金打ち」をしなくてもいい環境ができあがりつつあった。

選挙戦は、表面的には穏やかで徳田有利だった。しかしバックステージは緊張に包まれていた。

選挙戦終盤、名瀬の事務所に選挙参謀から連絡が入った。

「これから理事長がそっちへ街頭演説に向かう。事務所にいる人間はみんな外に出して応援させろ。炊き出しのおばちゃんも、応援のタレントも、全員、外に出せ！」

事務所スタッフは命じられたとおり支援者をすべて街頭に出し、幹部だけが残った。

間もなく徳田を乗せた選挙カーが事務所と隣のビルの間に横付けされる。往来から見えないよう事務所とビルの間の狭い路地を、両肩を担がれた徳田がそろりそろりと移動する。裏口に回って事務所に入った。

私服の医師と看護師がついている。

すぐに徳田はソファーに寝かされ、酸素吸入が始まった。

「弱っている姿を、絶対に他人に見せるな！」

と、徳田は職員に厳命していた。たとえ支援者でも目撃させるな、と命じた。

ＡＬＳは全身に及ぶ神経性の病気である。徳田の手足の麻痺は進み、歩行が困難だった。舌や喉の筋肉が衰えると発語に支障をきたし、ろれつが回らなくなるが、まだ人前での演説は可能だった。

舌や喉が弱れば、食べ物をのみ込む「嚥下《えんげ》」ができなくなる。やがて自力呼吸の限界に至り、生命の維持が困難をきたす。それでいて感覚や脳の働きはずっと正常に保たれる。人間にとって苛酷な状態が続く。

「あと五分で演説です。スタンバイできています」

と、酸素吸入をしていた徳田に側近が告げる。うなずいた徳田の両脇をスタッフが抱えて起こし、ふたたび裏口から路地を抜ける。数人の男たちが徳田の身体を抱えて車の上に押し上げた。周囲はカーテンで目隠しされ、一連の動きは人目には触れなかった。

選挙カーの屋根に上がった徳田は、何ごともなかったかのようにマイクを握り、奄美の発展に全力を尽くすと演説した。

「清き一票を、自由連合の徳田虎雄にお願いします。徳洲会は、群島内に病院、診療所を次々と建て、離島医療に全力を傾けてきました。しかし、奄美の産業はふるわず、相変わらず土建政治がはびこり、発展から取り残されています。皆さんの清き一票を、徳田虎雄に入れてください。一〇〇倍にしてお返しします」

徳田は、島々をめぐり、離島医療、へき地医療の大切さを説き、四度目の当選をはたした。

だが、時は無慈悲に体力を奪っていく。衆議院の議席を死守したものの、年を越して体力が急激に落ちた。

国会が開いても欠席が続く。体重は七六キロから六六キロに減った。そして、〇四年二月、喉の筋肉が動かず、食べ物をのみ込めなくなり、「胃瘻《いろう》」がつけられた。

胃瘻とは、胃に穴をあけ、チューブを通して流動食や水分、医薬品を流し込むための処置である。

人間は口からものを食べられなくなると、心身に深刻なダメージを受ける。徳田は二四時間の看護体制が整った「葉山ハートセンター」で過ごす日々が増えた。

イギリスの銀行ＲＢＳに握られる

徳田の体調が悪化する一方で、徳洲会の資金調達には新境地が開かれる。大森とＨが取り組んでいた診療報酬債権の証券化が野村證券の協力で実現した。徳洲会グループ約五〇病院のうち八病院が、最高の格付けを取った診療報酬債権をＳＰＣ（特定目的会社）に譲渡、証券化し、野村信託銀行を通じて機関投資家に売り出した。八病院が市場から直接調達した額は、年間約二八〇億円に上る。医療界初の本格的な証券化であった。

「日本経済新聞」は、こう報じている。

「金融機関が診療報酬債権を証券化する事例はあるが、金融機関が債権を信用保証するのが一般的。徳洲会のように証券化に向けて財務管理体制を強化し、自ら第三者格付けを取得して運用するのは珍しい。市場からの資金調達を積極化するには証券化で財務体質を改善する必要があった」（二〇〇四年二月七日付）

日経が「財務体質を改善する必要」と指摘した背景には巨額の債務があった。

当時、徳洲会の負債は一三〇〇億円を超えていた。八病院の証券化でも効果は限定的だった。徳田の目は「外」に向く。そこへ、新たな外銀が接触してくる。

英国の「ロイヤルバンク・オブ・スコットランド（ＲＢＳ）」である。

ＲＢＳは、度肝を抜く提案をしてきた。徳洲会の医療法人だけでなく、株徳や関連会社を合わせた全事業をまるごと証券化し、それを担保に二〇〇〇億円を融資するというプランだ。全事業対象の証券化は前代未聞の荒業であった。

一八世紀初頭、ジョージ一世の勅許で創設されたＲＢＳは、従業員二〇万人を超える英国屈指の銀行グループで、典型的な「ワンワールド・バンカー」でもある。ＲＢＳの提示した「事業証券化」は「ホールビジネス・セキュリタイゼーション」といわれ、二年後にソフトバンクの孫正義もボーダフォンを買収する際にこの手法を使う。

金への独特の嗅覚を持つ徳田は、ビジネス界よりも早く、事業証券化に注目した。ＲＢＳの提案を受け、ファイナンシャルのプロ、Ｈに実現の可能性や条件の検討を命じた。

後にＨがＲＢＳとの交渉の顚末を説明した「聴聞通知書に対する回答」（「能宗メモ」）によると、彼は「危うさ」を真っ先に感知している。提案内容を調べると、前提となる倒産法制が英国のしくみに依存しており、法人をまたがる共同担保や管財人の権限などで日本とは大きな隔たりがあった。

現実的には証券化の可能性は低く、そうした制度リスクを考慮せずに拙速に契約を迫るＲＢＳの姿勢にＨは不信感を抱き、リスク報告を徳田にあげる。

ところが、徳田は「ＲＢＳとの契約協議を進めろ」と大番頭の能宗に命じた。

「理事長は守りに入った」と能宗は判じる。一度に二〇〇〇億円という巨額の資金を調達し、現存のグループ病院の効率を上げて地道に返済していく。ＲＢＳという大船に乗って、守りを固めるつもりのようだ。世界進出を叫んではいるが、本心はまとまった資金が早くほしいのだ。病状の進行が微妙に「守り」の判断に影を落としていた。

三月にＲＢＳロンドン本社の法人取引部長が来日し、徳田と面談した。

「経営の原点は何でしょうか」と徳田はいきなり質問をした。機先を制する、徳田らしい交渉術だ。考え込む法人部長を尻目に、徳田は先回りして持論をぶつ。

「徳洲会は、まず第一に『生命だけは平等だ』の理念・哲学で患者本位の真の医療を最も重視し、第二に、医療技術と接遇の教育でモラルを高め、第三は、数字合わせ。金利を下げイニシャルコスト、ランニングコストを抑え医療技術の向上で人件費が低くなり、経営はうまくいきます」

「それは徳洲会の『企業文化』ですね」と法人部長は応えた。その瞬間、徳洲会とＲＢＳの距離が縮まったと徳田は「徳洲新聞」（二〇〇四年一二月二〇日付）に述懐している。

金融・財務が専門のＨは、なおもＲＢＳとの契約に警鐘を鳴らした。契約内容には不可解な点が多く、検証するよう提言したが、結局、彼の意見は無視される。

一一月三〇日、ロンドンで、徳洲会の全事業の証券化を担保にＲＢＳが約二〇〇〇億円を融資する契約調印式が開かれた。医療法人徳洲会から副理事長の徳田哲、専務理事で湘南鎌倉病院を育てた外科医の鈴木隆夫、理事の秀子、同じく理事で哲の妻・恵子、事務総長の能宗らが出席した。調印式は哲が契約書に署名をして終了した。

RBSは、全事業の証券化に先立って徳洲会に八五〇億円のつなぎ融資を行った。

徳田は、RBSとの提携の狙いを職員にこう伝えた。

「RBSは、世界第6位、英国第2位の紙幣発券銀行であり、RBSから国際基準の信用を得て、世界中の銀行やアジア、アフリカ、ヨーロッパ、中南米等の開発銀行や世界銀行との交渉も容易になりました。

船にたとえると、国内の貨客船から世界のクイーンエリザベス号に乗り換えたことになるので、それ相応の身だしなみと品格が必要です。（略）

現在の英国の医療経済は破綻しており、RBSとの契約調印を知った英国大使館やロンドン市当局は徳洲会に大いに期待し、病院誘致に積極的で、土地を紹介してきました。

世界の医療は、金持ち中心の医療で、医療産業の利益や医師のための医療が普通で、徳洲会のような高品質で低価格の患者本位の医療は、どの国からも望まれています」（「徳洲新聞」二〇〇四年一二月二〇日付）

大船に乗った徳田は、夢を最大限に膨らます。ソフィアの次は「ロンドン、パリ、ベルリン、ニューヨーク、モスクワ、北京の六大都市で一年以内に病院を着工し、途上国への病院新設の弾みにしたい」と述べ、スタンフォード大学のケン・ブルーム院長、モスクワのルシコフ市長、中国の国際友好連絡会副会長・陳華、スウェーデン海外投資庁のカイ・ハムリック長官らと医療協力を進めていると明かす。アジアではコラソン・アキノ元フィリピン大統領らと協議をしており、アラブ、アフリカ諸国との連携にも触れた。

「徳洲会には、理論上は50カ国に来年一年間で着工できる信用があります」（同前）と言い放つ。いくらグループ内の広報誌の記事とはいえ、これでは大言壮語がすぎる。動かない身体とは反対に徳田の夢は世界を駆けめぐる。人によっては「妄想」ととらえるだろう。

王国の安定を損なう要因は、そこにあった。衰えていく肉体の現実と、膨張する夢の隔たりである。それが莫大な資金の重さと相まって王国を突き崩す負の力へと転じてゆく。内部崩壊へのカウントダウンは始まっていた。

ＲＢＳとの契約締結後、ファンドマネージャーのＨは、徳洲会を辞めた。契約内容があまりに偏っていると感じたからだ。契約では徳洲会グループの全資産の担保提供が条件づけられており、これでは財務戦略上の手足が縛られてしまう。ＲＢＳは実現困難なスキームを契約させ、フィーだけを先に取ろうとしている。その態度に財務・金融担当者として「協働はできない」と判断し、退職したのだった。

案の定、ＲＢＳは、契約から一週間もたたないうちに「ワンワールド・バンカー」の冷徹な本性を表した。能宗はＲＢＳの東京支社に呼ばれ、担当者にこう注意された。

「契約は全資産の担保提供が条件ですが、株式会社徳洲会の株も出ていませんね。担保がそろっていませんけど、どうなっていますか。これって契約違反ですね」

株徳の株式は、社長の徳美が握る。ファミリーの米櫃《こめびつ》を外銀に渡してなるものか、と抱え込んでいた。

担当者の口調は穏やかだが、鋭いトゲを含んでいる。契約違反なのだから、いつでもRBSは債務の返済要求ができる、と匂わせているのだ。やんわりと能宗を脅した。契約直後から、局面を有利に展開するトリガー（引き金）を相手に握られてしまった。

全身不随

徳田は、患者の自分と、医師である自分の間で厳しい決断を迫られていた。RBSとの契約前から主治医は徳田に気管を切開して「人工呼吸器」をつけるよう勧めていた。いよいよ呼吸筋が衰え、自力で息をするのが困難になってきた。主治医と看護チームは、不意に呼吸が止まりはしないかと肝を冷やし、びくびくした。

しかし、徳田は人工呼吸器の装着に言及されると、

「いや、まだだ。おれも医者だ。自分の容態はわかっている」と突っぱねた。

人工呼吸器の装着は、徳田にとって政治的な「死」を意味していた。人工呼吸器をつければ、生命の次に大切な「声」を失ってしまう。声は最も大切なコミュニケーションの道具だった。人生の

要所、要所で声を張り上げ、局面を打開してきた。声が出せなくなれば、間違いなく、政治活動に終止符が打たれる。「生命だけは平等だ」と叫び、医療革命を有権者に語るのを断念しなくてはなるまい。肉声を失うと、ネットワークシステムを使ったテレビ会議でグループの全組織に直接、指示を出すのも不可能になるだろう。

揺れ動く真情を、徳田は愛用の手帳に書き記した。

「一人では生きていけない。他人に助けられている。自力だけでは生きていけない。他人に助けられている。人生日々修行、死ぬまで修行」（二〇〇四年一〇月二一日）

「幸せとは何だろう？　やりたい事を一生懸命やることか…」（二〇〇四年一一月一六日）

徳田は、「まだ。まだ大丈夫だ」と人工呼吸器を拒み続けたが、ついに生命の危険が迫った。〇五年二月、徳田の気管は切開され、人工呼吸器がつけられる。

二四時間、完全看護の体制が敷かれた。昼も夜も人工呼吸器はシュー、プシューと音を立て、口内に溜まった唾液がズズーッと看護師の手で吸引される。時間がくると、ベッドがやや起こされ、流動食や飲み物が逆流しないよう胃瘻の管を伝って慎重に流し込まれた。

徳田の新しいコミュニケーション・ツールは、四角い透明なプラスチック製の文字盤に変わった。視線をキャッチする特異な感覚を持つ秘書が、ひらがなや数字、アルファベットが並ぶ画用紙サイズの文字盤を持って徳田の前に立つ。徳田が、ギロリ、ギロリと視線を動かすと秘書が一文字ずつ指して意思を表した。

身体はまったく動かなくなった。「全身不随」にして徳田は王であり続けようとした。

八月、首相の小泉純一郎は参議院で郵政民営化関連法案が否決されると、衆議院を解散した。いわゆる「郵政解散」である。小泉は、郵政民営化に反対して自民党を飛び出した亀井静香らに「刺客」を送る。ライブドア社長の堀江貴文をぶつけられた亀井は返討ちにするのだが、この選挙の前に徳田は「政界引退」を発表した。

地盤を次男の毅に引き継がせた徳田は、

「圧倒的な差をつけて勝て。相手の挑戦意欲を打ち砕くぐらいの差をつけて勝つのだ」

と、大号令を発した。徳洲会は人と金を惜しみなく、鹿児島二区に注ぎ込む。毅は初めての選挙に当選し、自由連合の代表に就任する。徳田の盟友、亀井が立ち上げた国民新党は候補者が足らず、離島医療の最前線に立つ医師、金城浩が同党候補で沖縄四区から立った。こちらはグループの支援を得られず、落選した。

毅は、翌年、「政治活動に幅広い選択肢を持たせたい」と自由連合を離れる。後任の代表に徳田が復帰するが、現職の国会議員がいなくなり、自由連合は政党要件を失う。日をおかず、毅は自民党に入党願いを出した。なかなかはしっこい。過去の因縁もあり、自民党鹿児島県連が猛反発した末に毅の入党は認められた。徳田が十数年かけて実現しなかった自民党入りが、いとも簡単に容認されている。徳田マネーが自民党本部の心象に響いたのは想像に難くない。

これで万々歳と毅やファミリーはもろ手を上げて喜びたいところだが、厄介な問題が残った。国会議員が消えた政党、自由連合の後始末である。自由連合は、徳洲会のグループ企業から九八年に約八億円、徳田が代議士に返り咲く二〇〇〇年に約二一億円、参議院選で大量擁立した〇一年には約四四億円を借り入れ、まったく返済していなかったのだ。

このまま自由連合が消滅すれば、少なくとも約七三億円もの借入金は事実上の献金となり、社会的指弾を浴びるのは確実だった。自由連合の清算は、裏金づくりを担ってきた能宗と、グループ企業の役員に名を連ねる徳田ファミリーの間の時限爆弾と化した。

徳田は政治の基盤を次男の毅に継承させた。

一方で医療を継ぐはずの長男、哲は、いつまで経っても継承の日を迎えられなかった。「日経ヘルスケア21」（二〇〇五年四月号）のインタビューで「理事長から『次は任せた』といった具体的な意思表示はあったのですか」と問われた哲は、こう答えている。

「一生言わないでしょうね。よく『患者さんのために医療をするという覚悟がなければ辞めろ』とは言われますが（笑）」

「これくらいの大きな組織になると、今まで徳洲会を支えてきた幹部や、理事長の理念に共鳴している若い人たちと一緒にやっていかないと無理だと思います。僕は個人戦は弱いんですよ。できれば団体戦でやりたいタイプなものですから、そちらの方でいけたらなあと思っています」

哲は、「集団指導体制」にこだわる。

「何十年後かに、誰かすごい傑出した人物が出てくるかもしれない。だから個人プレーではなく、『それまでみんなでつないでいきましょう』ということで、集団指導体制で経営していこうと思っています。アレキサンダーとかチンギスハンみたいな人が2代も3代も続いちゃったら、それこそ国が潰れますよ」

機を見るに敏な毅は政界で「親の七光り」に照らし出される。兄は地味に「集団指導体制」を説き続ける。親族間に微妙な力関係の変化が生じるなか、RBSとの契約問題がついに火を噴いた。

RBSとの対決

徳田は、いざRBSとの契約に沿った協働作業が始まると「縛りが強すぎる。窮屈だ」と言いだした。RBSは「新規事業については報告をしてくれ」と徳洲会に伝えていたが、徳田は「一々、銀行に相談していたら日が暮れる」と気に留めず、あれをやれ、これをやれと能宗に指示する。能宗が忠実に実行していると、すかさずRBSから呼び出しがかかり、「建築新聞に出ていた新規の施設プランは本当なのか」などと詰問される。

そんなやりとりのくり返しだった。徳洲会は契約に縛られて身動きがとりにくい。おまけに近江草津、東京西、湘南厚木と開院した病院も軒並み大赤字だった。全事業の証券化は見通しが立たず、つなぎ融資が財務を圧迫する。ＲＢＳは「契約違反」を事由とする返済要求のトリガーを握っている。閉塞感が漂うと、徳田は大胆な方針転換を命じた。

「ＲＢＳとは契約解消、他行への借り換えを考えろ」

あれだけ「クイーンエリザベス号」だ、「国際基準の信用」だ、とＲＢＳを持ち上げた舌の根の乾かないうちに見切った。全身不随の王は豹変する。経営者特有の勝負勘を働かせた。「退職したＨを呼び戻し、ＲＢＳとの折衝に当たらせろ」と指令を下す。

Ｈは、徳洲会退職後、総合商社の金融市場本部で証券化事業に取り組んでいた。「能宗メモ」に寄せた「徳洲会復帰に至る経緯」をもとにＲＢＳとの熾烈な闘いを再現しよう。

〇六年五月ごろ、副理事長・哲の妻、恵子がＨに徳洲会復帰の打診をしてきた。ＲＢＳとの契約に署名したのは哲であり、妻の恵子が契約問題の対応に当たるのは不自然ではなかった。東京紀尾井町のホテルニューオータニのレストランでＨに会った恵子は、こう語りかける。

「徳田理事長からもＲＢＳとの契約は徳洲会に合わないと指示がありました。秀子副理事長、株徳の徳美社長からも、ぜひあなたが復帰するよう交渉してほしいと依頼されています。主人の哲副理事長もぜひ戻ってほしい、と。ＲＢＳの締め付けは厳しく、一刻も早く、勤務している会社に退職の話を通してほしい。金融の専門家が徳洲会にいないからこういう事態になっているのだし、待遇は、専門家として医師並みの給与を払ってもいいとファミリーの間でも話しています」

他にも金融のプロはたくさんいるのに、なぜ自分なのかとHが問うと、恵子は答える。

「RBSとの解約のような大ごとは、理事長が能宗事務総長に任せる案件です。まず能宗総長に受け入れられる人でないとできません。一方で、能宗総長のそばで流されずに、総長の動きを私たち（秀子副理事長、徳美社長らファミリー）にも報告してもらう必要があります」

確かに重要案件は、すべて能宗が実務を取り仕切っていた。能宗は、日に何度も徳田に案件ごとの進捗状況を報告し、事実上、ふたりで判断を下す。そのやりとりにはファミリーといえども口をはさめないことが多かった。

親族は、能宗が徳田に何を話し、何を決めているのかを知りたがった。直接、能宗に聞けばよさそうだが、多忙な能宗はファミリーとのコミュニケーションに時間をあまり取ろうとしなかった。コミュニケーション不足が生じている。

「総長の動きを私たちに報告してもらう」は、言いかえれば「総長を監視してほしい」ともとれる。Hは「（徳洲会の）契約解除の意思が、ほぼ間違いなく本物」と確信し、徳洲会をRBSの束縛から解放することは「やり残していた仕事」と前向きに受けとめた。

その後、恵子の調整で、徳洲会東京本部で能宗と一年半ぶりにHは会った。能宗は、開口一番、

「きみの言っていたとおりだ」とHを迎える。

「RBSとのファイナンスは、グループ全体の証券化が実現できず、医療法人徳洲会単独へのつ

なぎ融資だけにとどまっている。そのうえ、向こうは株徳など関連会社の株式の過半数を持たせろと言ってきた。理事長もRBSを見切っており、借り換えを進めるように言われているんだ。また戻って実務を担当してほしい」

その場で待遇面の条件もつめ、七月下旬にHは徳洲会に復帰した。

能宗とHは金融チームを結成し、融資の借り換えへと動き出す。

その矢先、RBSは、つなぎ融資八五〇億円のデフォルト（債務不履行）の発生を指摘し、揺さぶりをかけてきた。特定医療法人徳洲会が病棟建設の許認可手続きの不備で「特定」を外され、法人税の優遇措置を停止されるおそれが生じた。それを材料に債務不履行が発生すると動揺を誘ってきたのだ。

金融チームは、たとえ「特定」が外されても大勢に影響はないと回答し、RBSの攻勢を押し返す。相手は強い対決姿勢で臨んできた。隙を見せたらおしまいだった。

借り換え先は、三井住友銀行を中心に新生銀行、アジアに根を張る香港上海銀行が候補に上がった。本命は三井住友だが、交渉を有利に進めるために香港上海銀行にも声をかける。最終的に三井住友を主幹事に新生を副幹事行とするスキームに落ち着く。RBSと同じく「ワンワールド・バンカー」の巣窟である香港上海銀行は外れた。

並行して、金融チームは、つなぎ融資八五〇億円の「期限前弁済」による解約の申し入れをRBSに突きつける。つなぎ融資には金融工学を駆使したデリバティブ取引も組み込まれていた。その解除を理由にRBSは四〇億円もの法外な手数料を要求してきた。

医療の最前線で、患者を診る医師や看護師の知らないところで、徳洲会の将来を懸けた熾烈な闘いが展開された。RBSの「長い腕」を振り払い、日本の銀行団に乗り換えられるかどうかで徳洲会の将来が決まる。王国の興廃は、この一戦にかかっていた。

金融チームは、国際ビジネス紛争に慣れた弁護士を雇って反攻に出る。借り換え先の三井住友の協力を取りつけ、手数料の要求額より一〇億円安く、デリバティブ取引を引き継ぐ形でまとめる。最も厳しい対立は、診療報酬の差し押さえをめぐる攻防だった。

借り換え交渉が大詰めを迎えたころ、RBSは、管理口座を置く「あおぞら信託銀行」に徳洲会への診療報酬の分配、支払い停止を命じた。診療報酬は財務の生命線である。徳洲会大阪本部は、月末のさまざまな支払いを控え、資金繰りに赤信号が灯る。

徳洲会の弁護士・金融チームは、RBS側との頭脳戦に集中した。相手は「貸付け人」の権利を掲げ、診療報酬を差し押さえようとぐいぐい攻め立てる。

それに対し、RBSは貸付け人だけでなく、「担保の管理・執行に責任を持つエージェント」の役割を負っている、と徳洲会側は法的に論証する。担保、つまり診療報酬債権をきちんと管理し、必要な処置をするのもRBSの責務と認めさせる。そのうえで、RBSはエージェント責任を全うしていないと反撃した。

相手の弁護士は、虚を突かれてうろたえた。RBSに都合のいい解約条件への誘導で頭がいっぱいだった。「エージェント責任」が突破口となり、診療報酬の差し押さえをはね返す。あおぞら信託銀行への診療報酬支払い停止の指示は解かれた。

神経をすり減らす交渉を重ね、一一月末、RBSとのつなぎ融資とデリバティブ取引の解消、三井住友銀行との約一二〇〇億円のシンジケート・ローン契約の締結が行われた。三井住友は過去のしこりにとらわれず、大型ローンを組んだ。

この時点で、医療法人徳洲会の手元には一〇億円の余裕資金しかなかった。デリバティブ取引の解約交渉で言われるままに四〇億円を払っていたら、債務超過という奈落に転落していただろう。

RBSとの離縁は正解だった。二年後のリーマン・ショックでRBSは破綻寸前に追い込まれる。徳洲会と契約したころに一四万四〇〇〇円だったRBSの株価は、〇九年一月には一一五〇円へ「九九％」も下落する。RBSは〇八年通期で約三兆七〇〇〇億円もの赤字を計上し、英国政府の公的資金約三兆円が注入されて株式の七〇％が国有化された。

そのどん底状態で、RBSの経営陣は過去最大規模のボーナスを支給し、猛烈な批判を浴びる。まさに「強欲資本主義」の体現者であった。

徳田虎雄の野性的な嗅覚は全身不随でも健在だった。RBSを見限り、日本の銀行団に乗り換えていなかったら……。徳洲会はバラバラに分断されて、ハゲタカ・ファンドに売り飛ばされていたかもしれない。

RBSと手を切った〇六年当時は、ある意味で徳洲会のピークだった。資金面も融通のきく邦銀に借り換えて、人心地つく。病院建設も急ピッチで進んでいた。

政治と医療の問題でも、能宗の「裏仕事」の効果が表れている。

国内では、千葉県市川市の国立国府台《こうのだい》病院の「天下り」民間病院への売却に能宗は反旗を翻した。厚労省が管轄する国府台病院は、東京都小平市の国立精神・神経センターに統合される方向で、公募による跡地の民間払い下げが決まった。入札には徳洲会を含む四法人が参加したのだが、厚労省は一向に売却の結論を出さなかった。

不審に思った能宗が調べてみると、厚労省は、公募前に官僚が大勢天下っている「国際医療福祉大学」への売却を決めた気配が濃厚だった。国福大は、看護師やパラメディックの養成コースを持っている。創設されて一〇年も経たないのに評議委員会議長に厚労省元事務次官、総長は元医務局長、学長に元健康政策局長と、同省課長級以上だけで七人、社会保険庁一人、文部科学省四人のOBを受け入れていた。

国福大の理事長、高木邦格《くにのり》は、医療法人高邦会のトップでもあり、病院買収による医療グループの拡大に辣腕をふるっていた。その手法は、徹底的に「公金」を活用するものだ。〇二年に国立熱海病院を買収した価格は、わずか三億五〇〇〇万円。時価の一割という安さだった。

高木は、厚労省と交渉し、国立熱海病院の職員の半数以上を引き受ける代わりに九割引のダンピング価格で買い取った。その傍ら、熱海市からは病院整備の名目で三〇億円の補助を受け、開院後三年間の赤字を熱海市と国に補填させたという。

国福大を含む高木グループは、公金を最大限に使う病院買収や医学部の新設に向けて、元官僚の天下りを受け入れて布石を打っていた。

能宗は、公金と天下りの組合せに憤った。裏方として、徳田の医療革命を実現させるために「人殺し以外は何でもやる」覚悟で汚れ仕事に手を染めたが、常に自力で道をひらいてきたという自負がある。徳田が政界に飛び込んだのも、自ら代議士になって力を持ちたいからだった。純粋に挑んだのだ。地べたに這いつくばって、徳洲会の陣地を拡大してきた。

ところが、新興の病院勢力は官と手を結び、公金を使って規模を拡大する。天下りの落下傘部隊が医療教育の舵取りをしている。これでいいのか、と頭に血が上る。

能宗は、結党時に億単位の献金をした民主党の元国会議員らを使って、国府台病院払い下げ問題を国会で取り上げるよう仕向けた。〇六年五月二五日、参議院の「行政改革に関する特別委員会」で、民主党の若林秀樹が質問に立った。

「国立国府台病院の売却先が、（天下りの多い）医療福祉大学ではないかと、ずっともめていまして、地元からもこれはおかしい、と。公募でコンペ方式を採ったら、その結論も出さない。第三者方式でやろうといったら、その結論も出さない。今日まで売却先が決まっていない。小泉総理、どうですか」

小泉は、あっさり「適切でない」と認める。

「お話を聞いた限りでは適切ではないなと思う点もずいぶんあります。よく事実を把握して、適切でない点は正していかなきゃならぬと思っております」

厚労大臣の川崎二郎は「国府台は、民間の識者を中心に、厚生省の人間はかまないで、きちっと透明な方法で（入札を）やらなければならない」と答えた。

この質疑を機にメディア報道が熱を帯びる。七月三日、厚労省は「入札自体を取りやめる」と前代未聞の白紙撤回をしたのだった。能宗はしてやったりと拳を握りしめた。

咽頭離断術

徳田の肉体は、ＡＬＳ発症後の「胃瘻」、「人工呼吸器の装着」に続く、三つ目の山にさしかかっていた。気管を切開して人工呼吸器をつけたが、口内の唾液が頻繁に気管に流れ込み、噎《む》せかえって危険だった。いつ肺炎を起こすかわからない。

主治医も手を焼き、徳洲会はある医師に「診てほしい」と依頼した。医師が医師に診察を頼むのは、よほど技量を認めているからだ。徳洲会の医師たちが頼った相手は、神戸の夏目重厚だった。阪神・淡路大震災の救急救援で現場指揮をし、ＴＭＡＴの原形をつくった夏目である。夏目は、徳田からの評価の低さにうんざりして徳洲会に別れを告げた。ふたたび徳洲会から声がかかろうとは想像もしていなかった。

「理事長が気管切開をしたんだけど、具合悪くて。いっぺん診てもらえないだろうか」

と、旧知の医師が夏目に連絡してきた。瞬時に徳田へのいろいろな思いが交々《こもごも》に浮かんだが、

「いいですよ」と夏目は応じた。徳田に会うのは、かれこれ七、八年ぶりだった。

葉山ハートセンターの徳田の病室を夏目は訪ねた。室内には人工呼吸器のシュー、プシューと、唾液を吸引するズズーッという音だけが響いていた。

夏目は、徳田の切り開かれた喉もとを見た。

「んんーん」と嘆息が洩れた。気管への唾液の流入が度を超えている。これでは、いくら吸引しても追いつかないだろう。気管と食道の状態がいびつに変化していた。

診察を終えて、夏目は徳田のベッドサイドに座って話しかけた。

「僕は、長年、ＡＬＳの患者さんを年に数例は診続けてきました。ＡＬＳは専門領域です。先生が状態を改善したければ、その方法をお教えしますが、どうですか」

「おれは、まだ、やりのこしたことが、たくさんある。がんばりたい」

「では、咽頭離断術を受けたらいいでしょう。要するに食道と気管を分離する手術です。そうすれば口にいくら唾液が溜まっても、気管には入らなくなります」

「わかった。それをしよう」

徳田は納得した。診断をつけた夏目が辞去しかけると、そこからが奇妙だった。医師団は「理事長の奥さんに咽頭離断術をする了解を取ってほしい」と夏目に依頼したのだ。「それは、あなた方、

主治医と医師団の役割でしょう。徳洲会と関係がなくなった僕が何で了解をとらんといかんのですか」と夏目は気色ばんだ。

「いや、われわれよりも、数多くALSを診ている夏目先生のお話のほうが、秀子夫人も安心して聞いてくれます。鹿児島のご自宅にいますので、そちらまで足を延ばしていただけませんか。どうか、お願いします」

徳田の生命を預かる湘南エリアの医師団は、徳田ファミリーのゴッドマザーを腫れ物に触るように扱っていた。どの医師も三度目の手術の決断にかかわりたくないのだろうか。御大に万一のことがあれば、責任を問われる、と尻込みしているのかもしれない。

夏目は、「しょうがないなぁ」と秀子に説明するために鹿児島に足を運んだ。秀子も咽頭離断術を了解し、その返事を徳田に伝え、お役御免、となるはずが、こんどは徳洲会から執刀医が夏目の病院にやってきた。術式について話してみると、その執刀医は実績が少なく、別の咽頭離断術が専門の外科医を立てるつもりだという。

紆余曲折を経て、徳田の気管と食道を分離する手術は行われた。術後は唾液の気管流入がなくなり、とたんに噎せなくなった。活力が戻った徳田は車椅子であちこちへ出かける。

徳田は横浜で開かれた「日本ALS協会設立二〇周年記念式典」に一患者として出席し、こう挨拶した。

「駆け出しの仲間の、徳田虎雄でございます。私は二〇〇二年四月一日にこの病気に気付き、急いで外国を訪問。世界二〇〇か国に病院をつくる準備に取り掛かりました。今の私は、呼吸も食事もしなくていい。これからが人生の勝負です」

もちろん、徳田は声が出ない。挨拶文は事前に「眼」で書いていた。徳田の事業への意欲は旺盛だった。

「現在、日本で一〇か所以上の病院建設プロジェクトを同時進行し、一二月一日にはブルガリアで海外初となる一〇〇〇床の徳洲会ソフィア病院がオープンします。人生は、苦しいことが多いほど豊かになる。神様は私の人生に苦労が足りなくて、もっと幸せにしてあげようとこの病気を与えられたと思っています。皆さんも幸せになりたければ、気管切開を受けたほうがいいと思います」

会場に笑いの波が立った。

「一日一日を、愛を込めてがんばること。そして過去はすべて正しかったと思い、夢ある未来を切りひらきましょう。これから一人でも多くの方に愛を込めて、笑顔で幸せにしていきましょう」

会場から万雷の拍手がわき起こると、徳田は、とっさに眼で、こう文字盤ボードに書きつけ、秘書に読ませた。

「ここにおこしいただきました、おなじなかまのみなさまと、おひとりおひとりと、ぜひあくしゅをしたい、とおもいます」

徳田は、壇上に上がってくる老若男女と、動かない手で握手をした。大衆の心をつかみ、人気を集めようとする。神の座を追い求める欲望はすり減ってはいなかった。

一二月、予定どおりブルガリアの徳洲会ソフィア病院が完成し、オープンした。ふり返れば、事業の発端は、九〇年代半ば、駐日ブルガリア大使のルーメン・セルベゾフと徳田の出会いだった。知人の紹介で徳洲会東京本部を訪問したセルベゾフは、ブルガリアの医療環境の劣悪さを嘆き、いかに近代化を必要としているかを語った。

その二週間後、徳田はブルガリアへ飛び、大統領や首相、ソフィア市長らと面談し、病院の建設を約束した。電光石火の早業だった。徳田は傾いた銀行を買収して「トクダ・クレジット・エクスプレス・バンク」を開設し、退路を断った。トクダ・バンクは、ブルガリアの政界工作に威力を発揮した。

ソフィア病院の建設実務は駐日大使の任期を終えて帰国したセルベゾフが担当した。彼は元ブルガリア共産党幹部で政官財に顔が利く。社会の裏も表も熟知していた。能宗はセルベゾフと組んで、障害を一つひとつ取り除く。長い助走を終えてソフィア病院は花開いたのである。国立文化宮殿で開院を祝うカクテルパーティが催された。

すべてが順風満帆のようだった。夢の世界進出で、徳洲会の勢いはピークに達した。

だが、高い山の頂《いただき》は狭く、足元は崩れやすい。徳田が手がけた大プロジェクトは、どれも夢と現実のギャップに喘《あえ》いでいた。投じたビッグ・マネーの復讐が始まる。

トクダ・バンク売却案

ＲＢＳに代わって大口債権者となった三井住友銀行は、真正面から徳洲会の財務部に質した。

「詳しく教えていただきたい。インターナショナル・ホスピタル・サービス（ＩＨＳ）からトクダ・バンクに二五億円、投資されていますね。ソフィア病院には株式会社徳洲会、ＩＨＳから合わせて一〇〇億円超の融資をされていますが、それぞれの財務、業務の状況はどうなっているのでしょうか」

ブルガリアの業務については、ソフィア病院の開院前に株徳のスタッフが現地に赴いたが、調査らしい調査はできていなかった。黒海沿岸の名所旧跡や、観光地にあるトクダ・バンク支店の視察に日程が割かれ、調査は後手に回っていた。

金融チームは、徳洲会の管理方式に則《のっと》って、セルベゾフに会社資料の提出を求めた。ソフィア病院とトクダ・バンクの経営を軌道にのせるには避けて通れない作業だった。金融チームは何度かソフィアに足を運び、徐々に実態が浮かび上がってくる。

トクダ・バンクの預金口座の情報と、ソフィア病院の元帳、科目明細を突き合わせると、ゆゆしき問題が浮上した。徳洲会グループの病院や健康保険組合がトクダ・バンクに預けた「円建て預金」が、バンク内のソフィア病院関連口座などへの資金移動を経て「外貨建てローン」に流用されていたのだ。

トクダ・バンクは「円」で預かった預金を、いくつかの口座を経由させて「ユーロ」や「ドル」の外貨建てローンに使っていた。ブルガリアは〇七年一月にEU（欧州連合）に加盟したが、失業率の高さや財政赤字が障って「ユーロ」は導入されなかった。ブルガリアの通貨「レフ」は国際的な信用力が弱く、多くの経営者は外貨建てで事業を営む。とはいえ、トクダ・バンクの外貨建てローンへの流用は徳洲会側には寝耳に水であり、三井住友との関係に悪影響を及ぼすのは必定だった。法律にもひっかかる。

金融チームは徳田に報告後、セルベゾフとの厳しい交渉をくり返し、〇八年五月ごろ、すべての預金を円建てに戻した。その四か月後のリーマン・ショックでユーロは大幅に下落する。預金の円建て転換が遅れていたら元本の毀損は避けられず、徳洲会は医療、金融の両面で非難を浴び、メディアの餌食にされていただろう。

トクダ・バンクは、徳洲会の財務の「がん」に変わっていた。業績が不安定で毎年のように徳洲会に増資を求めてきた。徳洲会の負担の高まりが予想され、金融チームは預金問題をきっかけにトクダ・バンクを早急に売却する方向に舵を切る。三井住友銀行の欧州支店の情報を参考にして、バンク売却の方途を徳田に提案した。

しかし、徳田は首をタテに振らなかった。トクダ・バンクに投資したIHSにはファミリーが役員でぶら下がっている。トクダ・バンクと密接なソフィア病院の債権者は株徳で、こちらは長女の徳美が社長だった。ファミリーはブルガリアにも利権を持っていた。

「バンクを売るなら景気が過熱しているいましかない」と金融チームは徳田に上申するが、認められないまま、リーマン・ショックが襲いかかってくる。バンクの資産はガタ落ちし、売却の時機を逸した。トクダ・バンクは売るに売れないまま徳洲会に残った。

ソフィア病院は、スタートしてすぐ、経営の壁に突き当たった。要するにどんぶり勘定だった。財務諸表の作成や、資金繰り、株徳やIHSとの融資契約の整理、保険財政危機への対応など、金融チームは課題をリストアップして処理した。外部の専門家の助言を得て、三井住友を筆頭とする金融機関の「強い懸念」を何とか払拭した。

一連の財務、金融問題の処理中に、徳田ファミリーと、実務を総轄する能宗事務総長との間にすきま風が吹く。関連会社を砦とするファミリーには、実務を一任された能宗の行動は不可解で仕方なかった。何を隠しているのか、と疑いを募らせる。

「能宗がおかしい。能宗はけしからん」

と、ファミリーは全身不随の家長の耳元でささやく。

徳田は、一笑に付し、「だいじなことは、のうそうに、きけ」と応じる。徳田と能宗の間には、首領と配下の関係を超えた絆《きずな》が存在した。それは「人殺し以外は何でもする」共犯的関係による紐《ちゅう》帯《たい》であった。

能宗が多くの秘密を知っても、徳田は信頼した。理由は簡単だ。どんなに能宗が経営的実力を蓄えようが、彼は徳洲会のナンバーツーにはなれないからである。医師免許を持っていない能宗は、大番頭はこなせても医療法人の代表には就けない。医師のナンバーツーを潰してきた徳田は、能宗なら安心して経営の片棒を担がせられた。

能宗は、いわば「危険物処理係」だった。徳田が夢に向かって驀進《ばくしん》したあとにまき散らした毒物や爆発物を静かに処理してきた。墓の中まで持っていく秘密もある。徳田と能宗のつながりは、少々の横やりでは断ち切れそうになかった。

だが、〇八年秋、一本の新聞記事が時限爆弾の導火線に火をつけた。

「自由連合72億円返さず　徳洲会側貸し付け　事実上の献金か」

と、大見出しが「朝日新聞」の一面トップに躍った（二〇〇八年一〇月二〇日付）。

政党要件をなくした自由連合の借入金問題が白日の下にさらされた。

能宗とファミリーの緊張関係の雲行きが変わった。

自由連合の資金源

自由連合に貸し付けられた原資は、徳洲会の利益だった。それを株徳に集約し、関連会社のＩＨＳ、ＩＭＳ（インテグレート・メディカル・システム）、ＩＭＬ（インターナショナル・メディカル・リース）を経由して、徳田虎雄の個人保証を担保に自由連合へ貸していた。政治資金規正法の盲点をついて、献金ではなく「融資」にしている。

政治資金規正法は、政党が一企業から受け取れる献金の上限を資本金に応じて一億～七五〇〇万円、個人献金は一人二〇〇〇万円までと限定している。

ただし、借り入れについては金額に制限がない。献金の量的制限が骨抜きにされている。

徳洲会グループは、この盲点をつき、新聞報道よりも多い八七億円を自由連合に貸しつけた。未収利息を入れて一〇〇億円超の返済が滞っていたのである。

能宗は朝日新聞の取材に対し、強気のコメントを出した。

「借入金は自由連合の政策を流布するため主に選挙運動に使った。企業でいえば資金が回らなくなったのは事実だが違法ではない。医療を良くするためという信念に基づいており徳田虎雄でなければあんな選挙はできなかった。徳洲会グループは自力で収益をあげ、余力を政治活動に回している。へき地や離島の医療など国がやらないことの重要性を流布するためにも政治活動は必要だ」

さらにこう付け加える。

「企業でいえば（借入金は）広告宣伝費にあたり、徳洲会の収益規模に照らせば巨額とはいえないだろう」（同前）

選挙は徳洲会の広告宣伝と読み取れる。違法ではなくても、社会的に批判される物言いだ。徳田は借入金について「すべて自分が責任をとる」と公言した。それまでに国税庁は何度も徳洲会へ査察に入っており、自由連合の始末を誤ると、徳洲会本体の財務処理に飛び火しかねない。政党の「倒産」は前例がなく、騒動が長引いて政治資金規正法の借入枠に制限がつくようになれば、同様に多額の金を借りている自民党はじめ与野党が動揺する。自由連合の債務問題は、政府も触れてほしくない政治資金の臍《へそ》だった。

徳洲会内で自由連合の後始末は重要課題に浮上する。

金融チームは、資金の流れにそったオーソドックスな処理を考えた。大半の貸付金は、株徳から出て、IHS→IMS→IMLときて、徳田の個人保証で自由連合に入っている。これを逆にさかのぼって返せばいい。まず、保証人の徳田が、現金ではなく、評価の高い株徳の「株」でIMLに代位弁済する。その株が、IMS→IHS→株徳と戻り、株徳が自社株で返済を受ける、という筋書きだ。当然、この動きをみて国税庁は入ってくるだろう。

金融チームは、国税出身の税理士、公認会計士、さらには徳田の自宅が選挙区の鹿児島にあるので管轄の熊本国税局にも、この流れで処理をしても大丈夫かと、確認をとった。借入金は政治活動に使われたので問題はなさそうだった。

ただ、徳田が個人保証をした文書が正式に作成されていなかった。期日を遡って文書をつくる必要があった。能宗は、ファミリーを呼んで返済のスキームと、バックデートで個人保証の文書に徳田のサインがいることを説明する。

「国税は自由連合に入るので、IHSやIMS、株徳にも国税は行くと思います。みなさん、身のまわりはきれいにしておいてくださいね」と能宗は念を押した。

九分九厘、この方法で自由連合の債務問題は決着する、と金融チームは確信していた。

ところが、「株を返済に使うのは納得できない」「バックデートで個人保証の文書を作るのは偽造だ。理事長に脱税をさせるのか」と親族は真っ向から反対した。

能宗とファミリーの間に深い溝が生じた。

ファミリーは徳洲会の顧問弁護士らと、金融チームがつくったスキームを再検討する。睨《にら》み合ったまま時間が流れ、二〇一〇年一二月二四日、東京本部四階の会議室でファミリーと金融チームの関係者が一堂に会した。

会議は紛糾した。ファミリー側の弁護士は、徳洲会の顧問の正統性を主張し、金融チーム側の弁護士に口出し無用と迫る。あげくは「弁護士会の懲戒」をほのめかす。

「自由連合は破産させればいい」

「理事長の右のポケット（ＩＭＬ）から左のポケット（自由連合）に金を移して何で悪いんだ」と、暴言が飛び交う。

徳田本人は、積極的な処理を嫌い、うやむやにしておこうと決めた。

徳田の心の天秤は親族の側にコトリと傾く。

年末に徳田家の家族会議が開かれた。父親の前で娘や息子はまくしたてた。

「能宗は脱税の手助けをして、理事長を犯罪者にしようとしている」

「もう事務総長を能宗に任せてはおけない」

「あいつは、きっと裏金を着服している。許せん。証拠を見つけて追い込んでやろう」

「徳洲会に裏切り者はいらない。辞めさせよう」

能宗は裏切り者のユダに仕立てられた。イスカリオテのユダは、イエス・キリストの会計係をしていた。度々、横領を働いたことがイエスや弟子たちにばれそうになったので、敵対勢力にイエスの居場所の情報を銀三〇枚で売り、裏切ったという。能宗はユダだったのか。

徳田家の家族会議が終了するや、出席していた親族の一部が、能宗の懇意にしているメディア関係者のもとに慌てて駆け込んだ。親族にも能宗の実力を買う者がいた。

「大変だ。能宗が事務総長を辞めさせられる。責任をとらされる」と報《しら》せた。

能宗本人に、「ファミリーの包囲網が敷かれた」と伝えられる。

「やれるものなら、やってみろ」と能宗は傲然と肩をそびやかした。

能宗の自信は、徳洲会に入職して三十余年の経験と膨大な情報、そして徳田との揺るぎない関係に根ざしていた。親族がいくら論《あげつら》っても理事長は動じないと信じていた。

年が明けて、春の足音が近づき、東日本大震災が発生した。徳洲会は、ＴＭＡＴを被災地に派遣し、救急救命の最前線を支える。東京電力福島第一原発が爆発し、十数万人の住民が住み慣れた家を追われ、全国に散らばった。

震災の混乱で、ファミリーと能宗の確執も〝水入り〟状態になったが、やや世情が落ち着いた一一年秋ごろから、ファミリーは弁護士を通じて能宗の行動調査を始めた。じつに一年がかりで能宗の業務上の動きが洗い直される。

王国の崩壊

徳田は、新築移転した湘南鎌倉病院の最上階、一五階の広い特別室に移った。

能宗へのまなざしが、明らかに変わった。能宗が、副理事長の哲を中心とした集団指導の組織体制を進言すると、予想もしなかった答えが返ってきた。

「医療法人徳洲会は長女の徳美に、特定医療法人沖縄徳洲会は長男の哲、社会医療法人社団木下会は次女の美千代に継がせたい」

徳田は、大きな眼をギロリ、ギロリと文字盤の上を動かして、そう意思表示をした。病院数が七〇に近づいた徳洲会は、いくつもの医療法人の集合体だった。木下会には千葉西病院を中核に千葉県内の病院や介護施設などが集まっている。沖縄徳洲会には沖縄、奄美の諸病院だけでなく、ドル箱の湘南鎌倉病院も含まれる。これらの徳洲会グループを、子ども三人に分割して継承させる、と徳田は言ったのだ。

「何を血迷っているんですか、理事長」と能宗は胸の内で叫んだ。

徳洲会は家族のものではない。こんなに露骨な財産分与をすれば徳洲会の統制は乱れ、分解するだろう。徳田哲にグループの総力を結集しなくてはまとまらない。能宗は、あえて口には出さず、抵抗した。副理事長の哲を立てて動く。ファミリーの意向に反論をぶつける。

徳田と能宗の絆はぷつりと切れた。

能宗が一五階の特別室にルーチンワークの報告に行くと、徳田は憤怒《ふんぬ》の炎を眼にためて、こう告げた。

「のうそうは、じむそうちょうを、やめるべき」

それだけである。何の説明もない。能宗は事務総長の辞職勧告を受け流す。反発も、疑問も呈さず、聞いて聞かないふりをした。周囲には秘書や医師、看護師たちもいた。

しばらく経って、徳田は、また怒りを込めて意思を表した。

「のうそうは、じむそうちょうを、やめるべき」

またも、能宗は聞き流す。徳田もそれ以上、言葉を費やさない。内心、辞めさせられるものなら、辞めさせてみろ、と能宗は受けて立とうとした。理事長は辞表を出すのを待っている。しかし自分から辞める理由はない。両者の意地と意地が激しくぶつかった。もはや信長と、その草履を懐で温めた藤吉郎のような関係ではなかった。徳田は、三たび、宣告した。

「のうそうは、じむそうちょうを、やめるべき」

それでも能宗は辞表を書かなかった。辞める理由がないのだから書けない。まさかファミリーに嫌われているので辞めます、とは書けまい、と開き直った。

二〇一二年九月二七日、能宗は、徳田によって事務総長と徳洲会専務理事の職を解かれる。徳田は能宗を切った。能宗は湘南鎌倉病院の総責任者で、徳洲会副理事長の鈴木に「理事長に会わせてくれ」と哀願するが、許されない。鈴木に解任理由を質しても、明確な答えは返ってこなかった。ヒラ職員に降格した能宗の不満をよそに、ファミリーと徳洲会は毅の衆議院議員選挙にエネルギーを傾ける。

一二月の総選挙は、自民党が民主党を破って政権復帰する節目となった。毅は、この選挙に自民党公認で鹿児島二区から立った。

毎度のごとく徳洲会の職員に応援の大動員がかけられた。主に千葉県の社会医療法人木下会、沖縄県の特定医療法人沖縄徳洲会、そして地元の社会医療法人鹿児島愛心会、この三つの医療法人の看護師、薬剤師、事務職員らが地域研修の名目で鹿児島二区に入った。

派遣された職員は欠勤扱いにされ、ボランティアとして選挙運動に携わる。支払われなかった給料は、後のボーナスで補塡される。派遣職員には、賞与のときに「鹿児島地域研修手当」の金額が書かれた紙が配られる。紙には「読んだら破棄するように」と、ひと言添えてある。長年の選挙活動をとおして徳洲会が確立した裏のノウハウだ。職員派遣の指示書は四年前の総選挙でも同じように各病院に送られていた。

千葉県の薬剤師たちは薩摩半島南部の約一九〇〇世帯を担当し、訪問をした。病院の事務長らの幹部は、「大差をつけて、相手陣営にもう勝てないと思わせる完全勝利を勝ち取ろう」と叫び、地元企業への挨拶回りに力を注ぐ。一部のグループ病院は人員不足に陥ったが、職員は選挙区を離れるのを禁じられ、医療より選挙運動が優先された。

徳洲会恒例の「組織ぐるみ」選挙が行われ、毅は当選した。政権に返り咲いた自民党の安倍晋三総裁は、東京プリンスホテルで開かれた「徳田たけし君と語る会」に出席し、「徳田君にも今後、大きな役割を果たしていただきたい」と激励した。

毅は、総理に就任した安倍の覚えめでたく、国土交通大臣政務官のポストを与えられる。選挙区の鹿児島や奄美群島に公共事業を引っ張れる立場に就いた。

土建政治を敵視した徳田の息子がその中枢に入ったのは皮肉であるが、親族は勝利の美酒に酔った。勝てば官軍とばかり、徳田ファミリーと徳洲会は、獅子身中の虫と化した能宗に最後通牒《つうちょう》を突きつける。一三年一月二一日付で、一般社団法人徳洲会懲罰委員会は能宗に「聴聞通知書」を送付した。徳田虎雄の指示、命令の「代行者」でありながら、責務を全うせず、徳田の意に反して、諸行為を行ったと断罪する。

内容は、金融チームと徳洲会の顧問弁護士の対立、メディカルツーリズムに関する元国会議員への報酬、病院建設の受注業者と亀井静香の事務所との関係、「徳洲新聞」の制作を受注した久恒との契約、住吉連合系の暴力団との交際、ＩＨＳの仮払金と選挙、葬儀社からの裏金など多岐にわたっていた。

「聴聞通知書」の先に「懲戒解雇」が用意されているのは、明らかだった。

能宗は、三三年仕えた徳田の肉声、いや意思を直接確かめたかった。仮に「能宗よ、俺は気が変わった。世襲の否定ではなく、娘や息子も能力をつけてきたので、家族を中心に徳洲会を次の世代に残したい」と言われれば、全力で徳洲会の医療現場を説得し、軌道修正してもいいとさえ思った。徳田に会わせてほしい、と再三徳洲会の幹部に申し込むが認められなかった。直接、指示を仰ごうとしたが、無視される。

徳田が自分を背中から斬ろうとしている。徳田との共犯的関係は消えた。理事長、裏切りましたね。裏切られたら、僕も闘わなきゃいけない。能宗は、A4判、八三頁に及ぶ「聴聞通知書に対する回答」(「能宗メモ」)をしたため、一月二九日付で懲罰委員会に送った。

回答には、諸行為への反論だけでなく、きわめて具体的に徳洲会グループの実態が時系列にそって赤裸々に詳述されていた。能宗と徳田しか知らない事実も盛り込まれている。

その内容を多くの徳洲会関係者に確かめてみると「八～九割は事実。ただ、能宗も自分の都合の悪いことには触れていない」という解釈で共通していた。この文書をもって能宗が潔白だというつもりはないが、その後の「徳洲会事件」の進展をみると、非常に重要な資料といえるだろう。因果応報、「能宗メモ」はアリの一穴となり、徳田王国が崩れていく。

ファミリーにとって痛烈だったのは、「能宗メモ」に記された毅の「準強姦」事件だった。

「毅代議士は(元五輪金メダリストの柔道選手と)同じ準強姦罪に当たる行為で、民事裁判で損害賠償請求され、1000万円を払って示談しています。毅代議士は平成16年2月、結婚して半年が過ぎたころ、知人を通して知り合った19歳（当時）の未成年の女性に酒をすすめ、酩酊させた後、ホテルに連れ込んで泣きながら抵抗する女性に対して性行為に及んだというもの。19年2月に提訴され、5月に示談が成立。その示談金1000万円のうち徳洲会で800万円が用意されました。議員の資質ではなく人間の資質として失格の男性になります」

徳田は「酒と女には気つけろ」と言っただけで、不祥事を黙認したという。「能宗メモ」を裏付けるように「週刊新潮」（二〇一三年二月一四日号）が毅の準強姦事件を報じる。毅は「一身上の都合により」政務官を辞任する。新潮報道を事前に察知した内閣官房が更迭したともいわれる。事件について毅は「被害女性との和解に守秘義務がある」として語らなかった。

二月一三日、湘南鎌倉病院一五階で一般社団法人徳洲会の社員総会が開かれ、能宗の理事解任が決まった。解任理由は住吉会系の暴力団員との交際だった。そして一般職員の就業規則に基づいて能宗は懲戒解雇される。ファミリーと能宗は、全面戦争に突入した。

解雇された能宗は反撃に出て、選挙の内部資料を東京地方検察庁にごっそり持ち込んだ。親族は能宗が約二億九〇〇〇万円を横領して元衆議院議員が社長を務める会社に流したと主張し、徳洲会グループは業務上横領と背任容疑で能宗を刑事告訴した。

能宗が検察に提供した資料から、二〇一二年暮れの「組織ぐるみ選挙」の詳細が明らかになる。東京地検特捜部は、内偵捜査を進めたうえで、九月、徳洲会各所の強制捜査に踏みきった。翌月、徳田虎雄は、強制捜査を受けた責任を取って徳洲会グループの要職を退くと表明する。後任の医療法人徳洲会の理事長には、親族の哲ではなく、湘南鎌倉を牙城とする鈴木隆夫が就任した。

一一～一二月にかけて、特捜部は公職選挙法違反容疑で、長女の徳美、次女の美千代、そしてゴッドマザー、秀子を逮捕、起訴する。その過程で、東京都知事の猪瀬直樹が一二年の都知事選に立候補する前日、衆議院議員会館で毅から五〇〇〇万円を受け取っていた事実が発覚。現金は徳洲会の強制捜査後に返却され、猪瀬は個人的借用と述べた。都議会が百条委員会設置を決める前日、猪瀬は知事辞任を表明した。

検察は、徳田を選挙運動の「総括主宰者」と認めたが、ALSを患う本人が公判に耐えられないと判断し、起訴猶予処分とする。一四年三～八月にかけて親族と徳洲会幹部一〇人全員の有罪が言い渡され、執行猶予付きの判決が確定した。毅は、衆議院議員を辞職し、連座制が適用されて鹿児島二区から五年間の立候補禁止に処せられる。王国はあっ気なく瓦解した。

警視庁が業務上横領容疑で能宗を逮捕したのは二〇一三年一二月三日だった。徳洲会グループの関連会社の資金、合計三〇〇〇万円を着服したとして警視庁は能宗の身柄を拘束する。それから、じつに六一九日も能宗は勾留された。否認を貫く能宗は、一五年八月、ようやく「逃亡や証拠隠滅の恐れがなくなった」と東京地裁に保釈を認められる。懲罰的な起訴後勾留は「人質司法」といわれる。

かつて北方領土問題に絡むあっせん収賄容疑で逮捕された鈴木宗男の未決勾留期間は二二〇日、ライブドア事件で証券取引法違反に問われた堀江貴文の未決勾留は四〇日だった。能宗の勾留期間がいかに長いか想像がつくだろう。

能宗の保釈を最も恐れたのは誰か。政権の司令塔、首相官邸だったともいわれる。

一年七か月ぶりに娑婆《しゃば》の空気を吸った能宗は、ふと恩讐をこえて徳田虎雄の強靭な意志に感服した。おそらく全身不随となった時期から親族は「能宗が悪い。能宗はけしからん」と徳田に吹き込んだだろう。それから五年も六年も、徳田は「落ち」ないで自分に仕事を任せてくれた。六一九日も勾留され、毎日のように同じ尋問を受けて自由のない環境の厳しさが骨の髄までしみた。理事長は、身体が動かないままずっと耐えていたのだ。やはり傑物だな、と能宗は思う。友人と久しぶりに好きな麻雀に興じて、やっと自由を実感できた。

刑事と民事の長い裁判が待っている。

そして、病院が残った

公職選挙法違反と、政治と金の疑惑が渦巻く一連の事件は、徳洲会グループの屋台骨を揺さぶった。事件発覚後、大勢の職員が退職した。徳洲会はいつ分裂してもおかしくはなかった。徳田一族と能宗が去って主導権を握った新理事長、鈴木隆夫の手腕は未知数だった。

ファミリーの裁判が行われていた一四年六月、「週刊文春」に「告発スクープ 徳洲会マネー2億7千万円を食った〝永田町の怪人〟」という記事が掲載された。すると、一週間経つか経たないかのうちに、鈴木は、朝日、読売、日経の全国紙に「声明」と題して次のような謝罪広告を掲載した。

明石散人様

当会は、当会の内部文書の流失により、平成26年6月26日号の週刊文春に明石氏の人格を全く無視した『徳洲会マネー2億7000万円を食った永田町の怪人』と題する記事が掲載され、明石散人氏のペンネーム及び実名が公表されたことについて深くお詫びいたします。

明石散人氏は、これまで当会を含めた徳洲会グループから報酬を受け取っていないにもかかわらず、このような当方が否定する記事が掲載されたことにより、明石散人氏に多くの分野で多大な被害を与えたことについて、重ねて深くお詫びいたします。

平成26年6月26日

医療法人徳洲会理事長鈴木隆夫

医療法人沖縄徳洲会理事長鈴木隆夫

一般社団法人徳洲会代表理事鈴木隆夫

じつに奇妙な謝罪広告だ。鈴木は縮み上がっているようだ。明石を徳洲会に紹介したのは毅だったといわれる。次女の美千代と鈴木、明石は連携していると文春の記事は伝える。

医療機関の徳洲会グループは、徳田王国の崩壊とともに解体されるとみられた。少なくとも、「組織ぐるみ選挙」に積極的に職員を派遣した千葉の社会医療法人木下会、社会医療法人鹿児島愛心会は運動員買収に深くかかわっている。のべ五千数百人の職員をを動員しており、「社会医療法人」の認定が取り消される可能性が高かった。

社会医療法人は、救急医療やへき地医療、周産期医療などとくに地域に必要な医療を提供する法人を選んで認定されている。この認定を受けると、医療保健業の法人税は非課税となる。物品の販売や不動産貸付などの「収益事業」も営めて、有料老人ホームや高齢者専用賃貸住宅の業務も行える。医療と介護の垣根を取り払って、より幅広い事業が展開できるのだ。グループのなかでも社会医療法人は、二一世紀の超高齢社会にフィットした事業体と期待されていた。

社会医療法人の目的は、あくまでも良質で適切な医療の提供である。病院業務そっちのけで選挙運動に血道をあげて許されるはずがない。千葉と鹿児島の社会医療法人は、資格剝奪が常道だろう。徳洲会内部でも、そう推測する者が少なくなかった。

ところが、社会医療法人は存続した。認定は取り消されなかった。

なぜだ。創業者一族の徳田王国が崩壊し、政治と金の膿で組織がどろどろになりながら、どうして社会医療法人の金看板は外されなかったのか……。

東京霞ヶ関、祝田通りを挟んで日比谷公園に面した中央合同庁舎五号館に厚労省の内局が入っている。新聞や雑誌が連日、徳洲会事件を書き立てていたころ、ある医師が厚労省を訪ねた。旧知の官僚と対座した医師は、おもむろに切り出した。

「徳洲会が大変なご迷惑をおかけして、まことに申しわけありません。医療界全体の危機と感じて、うかがいました。徳田家の人たちや、元事務総長が何かをしたのか、われわれは知りません。司直の手で真実が解明されるのを待つしかないと思います。

ただ、これだけは申し上げたい。いま、この瞬間も六七病院、約二万七〇〇〇人の職員たちが全国の地域で懸命に医療を支えています。医師や看護師たちは膨大な数の患者さんを診ています。北海道、東北、関東、関西、九州、奄美や沖縄のへき地、離島でも全力で医療に取り組んでいます。それは紛れもない事実です。よく『組織ぐるみ』と言われますが、人と金を動かしていたのは徳田さんとファミリーです。医療の現場は、与《あずか》り知らぬところです。病院や介護施設の現場はひたすら、生命を救いたい、患者さんを治したい、治らなければ見守りたいと愚直に取り組んできました。だから徳田家の人や幹部の動機がどうであれ、あれだけ巨大な組織になったのです。誰が上に立とうが、医療は医療なのです」

官僚は、医師の目をのぞきこんで口を開いた。

「徳洲会は、民間で一番大きいけれど、むしろオンリーワンですね。あれほどの規模で、日本の北から南まで意思疎通できるのは珍しい。学閥のピラミッドと関係なく、先生方が後進を育てているのもオンリーワンでしょう。介護関連施設の評判も届いています」

「日本中で毎日走っている救急搬送の三十数回に一回は徳洲会の救急車が出動しています。七〇年代の救急たらい回しの時代から営々と救急医療に取り組んできた結果です。現実に徳洲会は医療の基盤をなしています。徳洲会の職員たちは、誰もが徳田さんの語る理念を愚直に信じて働いてきました。どうか、徳洲会の医療を、患者さんと職員を守っていただきたい」

と医師は語った。

官僚は、黙って聞いていた。

「徳洲会は徳田本人はもとより徳田一族と完全に縁を切る、経営には一切タッチさせない方向で事態の収拾を図ろうとしています。創業家との絶縁という大手術をもって、医療組織としての徳洲会を生き永らえさせたいのです。どうか御理解いただきますようお願い申し上げます」

官僚は「次がありますので」と言って、腰を上げた。徳洲会は徳田とファミリーを経営の要職から完全に外した。莫大な〝対価〟が徳田家に渡った。徳洲会内の創価学会集団からも政府に陳情が行われたと言われる。

医師の陳情が効いたかどうかはわからない。ただ、国税庁は管轄する特定医療法人沖縄徳洲会の「特定」の資格を取り消し、法人税の軽減が廃止されたが、厚労省は木下会、鹿児島愛心会の「社会医療法人」の認定を外さなかった。

ならば、厚労省は徳洲会を守ったのか。半分は当たり、半分は外れている。厚労省が守ったのは厚労省自身であろう。社会医療法人の認定を取り消せば、経営的うまみが消え、木下会や鹿児島愛心会の医療、介護事業は立ち行かなくなる。地域に張りめぐらせた救急、外来、入院から高齢者介護に至るネットワークは寸断され、機能不全に陥るだろう。

そうなれば、徳洲会に代わって誰が地域の医療を背負うのか。民間病院に余裕はなく、都道府県や国の公立病院はただでさえ赤字まみれで、採算性の低い医療や介護事業には参入できない。認定を取り消して、もしも徳洲会の中核病院が閉鎖に追い込まれたりすれば、地域の医療は破綻し、厚労省に責が及ぶ。厚労省は徳洲会を守ったようで、じつは自らが築いた体制を守ったのであった。

徳田王国が崩れ去り、生き残ったのは……徳田が立ち上げた現場の医療だった。

受け継ぐ者たち

「ドクターヘリ、エンジンスタート、ドクターヘリ、エンジンスタート！」

二〇一七年夏、奄美大島の鹿児島県立大島病院の救急医に出動指令が下った。喜界徳洲会病院から重症患者の病院間搬送の要請が入ったのである。

前年末の「奄美ドクターヘリ」の運航開始以降、群島間の救急医療は目覚ましく進歩した。以前、喜界島で救急患者が発生すると沖縄県の自衛隊ヘリに出動を求めていた。要請からヘリが着くまで二〜三時間はかかった。自衛隊ヘリには喜界病院の医師と看護師も乗り込み、奄美大島の名瀬徳洲会病院に患者を搬送する。喜界島に医師、看護師が戻るまでの半日から一日の間、病院のマンパワーは著しく下がった。

この厳しい状況が、奄美ドクターヘリの運航で劇的に改善した。五〇キロ離れた奄美大島から飛来するドクターヘリの所要時間は、わずか一五分。しかも医師が搭乗してくる。へき地であれ、離島であれ、人が住むところに医療は求められる。しかも徳洲会の奄美、沖縄の離島医療は経営的に黒字を保っている。中核病院と離島病院、診療所が密接に連携して医療を展開してきた結果だ。交通の便が悪い島のなかで患者を送迎し、経費を切りつめ、効率的な医療を積み重ねてきた。

喜界徳洲会病院の院長、浦元智司は、偽らざる心境をこうつづっている。

「関西出身の私がなぜ離島か、いまだ自問自答します。先祖の墓を守らないといけないのではないか。二十数年続けた脳外科医としての技能が消えるのではと不安もあります。

そんな時、ふと思い出すのは『愛郷無限（あいきょうむげん）』の言葉。解釈はいろいろあるでしょう。私にとっての愛郷は土地そのものではなく、今、目の前にいる人を愛する気持ちです。その実践のためには関西人としてではなく、脳外科医としてでもなく、人として医師として、もてる力を最大限活用するしかありません」（「徳洲新聞」二〇一四年一〇月一三日）

そして、「喜界島が最後の1世帯、1人になっても踏みとどまるしかないですね。医療者ですから」と離島の病院長は記す。

奄美大島を飛び立ったドクターヘリが、紺碧の空を、まっすぐに離島を目ざして飛んでゆく。その下を水鳥が海の青、空の青にも染まらず、漂っていた。

あとがき

医療法人幹部の「彼」は、徳洲会事件の公職選挙法違反で拘置されていた。三度目の逮捕である。こんどは実刑かと周囲は冷や冷やし、約五千通の減刑嘆願書が裁判所に提出された。図らずも、娘の結婚式と勾留が重なった。つらいめぐり合わせだね、不憫だな、と仲間がそっと見守っていると、彼は式場に姿を現した。驚いた。裁判所が「勾留の執行停止」を行い、しばし花嫁の父を解放したのだ。取調べに応じていたとはいえ、異例の判断である。実刑は免れた。

収監覚悟で、彼を選挙運動に向かわせたものは何だったのだろうか。世間には徳洲会に「宗教的な匂い」を感じとる人が少なくない。徳田虎雄氏の「私利私欲を捨てて患者に尽くす。医療革命に全身全霊を捧げる。医療は患者のため、政治は国民のため」といった言動には、ある種の怪しさがつきまとう。かく言う私も、そう感じるひとりだった。

彼に「徳田さんのカリスマ、徳田教に洗脳されたのですか」と率直に訊ねてみた。

「それは違いますね。徳洲会の基本は医療現場なんですよ。当たり前に患者さんを助けたい、と医師や看護師だけでなく、事務職も働いています。現場の一般職員にとって、大幹部と徳田ファミリーの確執なんて、コップのなかの嵐でしょう。ある時期から現場を回すために選挙が避けて通れなくなったんです。自由連合の選挙を全国でやったでしょ。あのまま続けていたら、職員の負担も金も続かなかった。徳洲会はもっと大きなトラブルに巻き込まれたでしょう。人の離反もあった。神が、徳田さんに、医療へ回帰しろ、とALSという試練を与えたのかもしれない」

彼は冷静だった。「基本は医療現場」という発言に、そうかと目が開かれた。宗教団体は「魂の救い」を掲げるが、徳洲会は人を病気から救おうとする。現場の医療は、リアルに積み重ねられており、教祖の託宣で左右されたりはしない。本来、まったく別物なのだ。

それを混同視するのは何らかの偏見があるからだろう。徳田氏と徳洲会を本格的に取材しようと思い立った。すぐにアプローチしたが、壁は厚かった。事件の衝撃で亀が甲羅に首を引っ込めたように徳洲会中枢は防御を固め、正面からの取材要請は断られる。個別に徳洲会の現職、OB、関係者に接触し、扉を叩いた。草創期から徳洲会を築いてきた「アメリカ帰り」や「全共闘世代」の医師、看護師、パラメディック、「七人衆」の事務系幹部たちは高齢化している。去った人も多い。いまインタビューをしなくては時機を逸してしまう、と焦るほど空回りをした。

重い扉が開いたのは、あるキーパーソンの「そろそろ遺言を残しておこうか」のひと言からだった。数十時間のインタビューの後、人から人へと取材のリンクがつながった。関東各地から大阪、神戸、中部、九州、奄美大島、徳之島、沖縄本島……と足を延ばし、時代の証人たちの話に耳を傾ける。国会図書館や大宅壮一文庫で古い資料を掘り起こした。

訪れた取材地では、徳之島の二つの風景が網膜に焼き付いている。橋から眺めた、原生林が生い茂る深いV字谷と、面縄のサンゴ礁の海岸である。谷に人類の原初のエネルギーを感じ、サンゴ礁の海からは人智を超えた運命の悲しさが迫ってきた。その事情は本文に記してある。

また、ある病院長は、事件の渦中で警察に事情聴取された職員たちに「申しわけない。私が悪かった。二度と嫌な思いはさせない。もう選挙にはかかわらない」と謝罪していた。その足で独居老人の往診へと向かった。七人衆の多くが徳洲会を退職した。闘病中の人、家族と離れた人、裁判を抱えている人、さまざまだ。彼らの無名性の奮闘なくして徳洲会の発展はなかっただろう。

本書を執筆するに当たり、自分にルールを課した。私の視点で、場面《シーン》を連ねて描く、物語性にこだわった。ノンフィクションとは何かという議論もあるが、この群像劇は物語の枠に入れたほうが人に伝わると直観したからだ。主要な登場人物は、すべて実名である。

緘口令がしかれたような状況で、取材にご協力いただいた方々に、心より、厚く御礼を申し上げる。長い道程につきあってくれた平凡社の福田祐介さんに感謝したい。

徳洲会をひと言で表すのは難しい。徳田教といった安易な烙印はとても押せない。医療改革の運動体であり、政治の暗部を背負いながらも、現に医療を支える巨大インフラでもある。

執筆を終えたいま、ひとつだけ、確実に言えることがある。

徳田氏と、氏に伴走して旧態依然たる医療をあらため、無人の荒野に病院の砦を築いてきた人たちにとって、徳洲会とは……、かなり長めの「青春」そのものだった。

二〇一七年一〇月　　山岡淳一郎

徳洲会関係年表

一九三八年	徳田虎雄、兵庫県高砂市で生まれ、二歳で両親の故郷、奄美群島の徳之島に移り住む。小学三年のとき、病気の弟が医師の診療を受けられず、亡くなった。
一九五九年	徳田、大阪大学医学部に入学。六三年ごろに一家は大阪に合流する。親族の美容院経営をサポートするが、他人に騙されて損失を被る。
一九六六年	徳田、医師国家試験に合格。麻酔科医として出発。幾つもの病院の当直アルバイトを掛け持ちし、大家族を支える。救急患者のたらい回しが社会問題化する。
一九七三年	大阪府松原市の医療空白地のキャベツ畑を買収し、徳田病院を建てる。
一九七五年	医療法人徳洲会設立。「三六五日、二四時間診療」を標榜。大阪府大東市に野崎徳洲会病院が開院。岸和田徳洲会病院（七七年）、八尾徳洲会病院（七八年）、沖縄南部徳洲会病院（七九年）と立て続けにオープン。「アメリカ帰り」の医師たちを院長に抜擢する。「生命だけは平等だ」をキャッチフレーズに離島医療、へき地医療にも進出していく。
一九八〇年	医師会との対立を乗り越え、茅ケ崎徳洲会病院を開設。
一九八三年	埼玉医療生活協同組合羽生総合病院を開設。徳田、衆議院選に「奄美群島区」から出馬し、落選。現金飛び交う選挙戦は、保岡興治との「保徳戦争」と言われる。
一九八六年	札幌東、仙台、神戸、垂水、名古屋、千葉、徳之島、長崎北と一年間に八つのグループ病院を建設。徳田、衆議院選で二度目の落選。地域医療計画策定の影響で、湘南鎌倉病院が「個人病院」として開設される（八九年）。「医療革命」の実践部隊として脚光を浴びる。

一九九〇年	急速なグループ拡大で財務状況が悪化。三和銀行が経営に介入してくる。徳田、三度目の衆議院選挙で当選する。選挙に三〇億円の裏金が投じられる。
一九九一年	徳之島の伊仙町長選挙に徳洲会ナンバーツーが出馬。壮絶な保徳代理戦争がくり広げられ、投票箱が開けられず、町長不在へ。
一九九三年	衆議院選挙で徳田が再選される。渡辺派での自民党入党が決定していたが、医師会の猛反対で阻まれる。将来の自民党入りを視野に、無所属議員の踊り場的政党として「自由連合」を立上げる（九四年）。
一九九五年	阪神淡路大震災、徳洲会の救急医師団が活躍（後のＴＭＡＴへ）。
一九九八年	自由連合は参議院選に大量のタレント候補を擁立するが、当選者ゼロ。このころ、徳洲会はオランダのＡＢＮアムロ銀行から融資を受ける。親族が社長の株式会社徳洲会を設立（九九年）。徳洲会の関連会社の役員に親族が名を連ねる。
二〇〇二年	徳田、筋萎縮性側索硬化症（ＡＬＳ）の診断を受ける。親族の経営関与が強まる。
二〇〇四年	徳洲会は野村證券のアレンジで「診療報酬債権」の証券化を実現。機関投資家から資金を調達する。英国大手銀行、ロイヤルバンク・オブ・スコットランド（ＲＢＳ）から徳洲会全事業の証券化による二〇〇〇億円の融資提案を受ける。
二〇〇六年	ブルガリアのソフィアに「トクダ・ホスピタル」開院。トクダ・バンクが支援。
二〇〇八年	「自由連合七一億円返さず」「事実上の献金か、量的制限骨抜き」と朝日新聞が報じる。
二〇一二年	衆議院選で次男・毅、三選をはたすも、徳洲会職員の大動員で公職選挙法に抵触。

二〇一三年	徳洲会事務総長が懲戒解雇。徳田ファミリーとのバトルを展開。徳田の妻、娘たちが公職選挙法違反で逮捕、起訴される。東京都知事・猪瀬直樹が五〇〇〇万円を毅から受け取っていた事実が発覚。前事務総長は業務上横領容疑で警視庁に逮捕、起訴。六一九日勾留される。徳田毅、議員辞職（一四年）。一連の騒動は「徳洲会事件」と呼ばれる。
二〇一五年	選挙運動にかかわった特定医療法人沖縄徳洲会は国税庁より「特定」を取り消される。
二〇一七年	徳田王国が崩れ去り、一族の関与を断った後も、徳洲会は七一病院、年商四二〇〇億円、約三万人の職員を擁し、日本最大、世界屈指の病院グループを維持している。

参考文献

『生命だけは平等だ。』（徳田虎雄・ＰＨＰエディターズ・グループ　二〇〇七年）
『徳田虎雄　外伝』（徳洲会新聞編集室・主婦の友インフォス情報社　二〇一一年）
『徳洲会はいかにして日本最大の医療法人となったのか』（石井一二・アチーブメント出版社　二〇〇九年）
『徳洲会　徳田虎雄の野望と虚像』（「医療者と市民の会」取材班・ぱる出版　二〇〇一年）
『トラオ　徳田虎雄　不随の病院王』（青木理・小学館文庫　二〇一三年）
『塩一升の女　徳田秀子物語』（出水沢藍子・あさんてさーな　二〇一一年）
『撃滅　山口組VS一和会』（溝口敦・講談社＋α文庫　二〇〇〇年）
『医師たちの阪神大震災』（中谷和男・ティビーエス・ブリタニカ　一九九五年）
『もっと良い病院にする方法』（夏目重厚・東洋出版　二〇〇六年）

山岡淳一郎（やまおか じゅんいちろう）
1959年愛媛県生まれ。作家。「人と時代」を共通テーマに、近現代史、政治、経済、医療、建築などのノンフィクション作品のほかに、ジャンルを超えて執筆活動を展開。時事番組の司会、コメンテーターも務める。著書は『気骨——経営者 土光敏夫の闘い』（平凡社）、『逆境を越えて——宅急便の父 小倉昌男伝』（KADOKAWA）、『後藤新平 日本の羅針盤となった男』『田中角栄の資源戦争』『あなたのマンションが廃墟になる日』（いずれも草思社）、『国民皆保険が危ない』（平凡社新書）、『医療のこと、もっと知ってほしい』（岩波ジュニア新書）、『原発と権力』『インフラの呪縛』『長生きしても報われない社会——在宅医療・介護の真実』（いずれもちくま新書）、『日本はなぜ原発を拒めないのか——国家の闇へ』（青灯社）ほか多数。東京富士大学客員教授。ネットチャンネル「デモクラシータイムス」同人。

神になりたかった男 徳田虎雄
医療革命の軌跡を追う

発行日————2017年11月22日　初版第１刷

著者————山岡淳一郎
発行者————下中美都
発行所————株式会社平凡社
東京都千代田区神田神保町3-29　〒101-0051
電話　(03)3230-6583［編集］
(03)3230-6573［営業］
振替　00180-0-29639
印刷・製本———図書印刷株式会社
装幀————岡本洋平

ISBN978-4-582-82486-5　NDC分類番号289.1
四六判(19.4cm)　総ページ320

平凡社ホームページ　http://www.heibonsha.co.jp/